관광청 설립을 통한

# 관광대국으로 가는 길

김근종 저

백산출판사

# Preface

세계관광기구(UNWTO)에 따르면 2020년 1분기 동안 전 세계 입국자 수는 22% 감소한 6,700만 명이 줄었고, 동년 3월에는 입국자 수가 57% 급감하였다. 코로나19로 인한 관광산업의 피해가 이루 말할 수 없다.

코로나19 이후 관광의 수요가 폭증할 것을 예상하여 관광정책을 새롭게 수립할 필요가 있다고 본다. 중국은 코로나19 이전 세계 최초로 비정부, 비영리 관광조직을 세워 2017년 7월 월드투어리즘얼라이언스(WTA)라는 조직을 결성하여 가맹회원 36개국 165개 단체 및 기업으로 출범하였다. 코로나19 이전만 해도 중국의 해외여행객 수는 2017년 기준 1억 5,000만 명이나 된다.

일본의 관광청과 홍콩 정부 관광국은 관광교류를 위해 2019년을 "일본-홍콩 관광의 해"로 정하여 상호 관광객 방문을 위한 협력체계를 구축하였다. 뿐만 아니라 일본은 베트남 관광총국과 일본 관광청의 관광협의를 위한 MOU도 체결하였다. 물론 대한민국의 경우에도 한국관광공사가 베트남과 이와 유사한 행사를 하였지만 필자가 강조하고 싶은 것은 보다 상급기관의 청 단위나 관광부 단위의 행정조직으로 편성된 협력과 협약이 아닌 것이 매우 아쉽다는 것이다.

관광으로 사람들의 왕래를 이루기 위한 행사는 모든 이념을 초월하기 때문에 가장 쉬운 방법으로 국가 간 교류를 촉진시킬 수 있다. 대한민국이 이제는 코로나19 이후에 대비하여 관광청을 하루빨리 세워 국가 간의 교류를 활성화시키기 위한 전략을 세울 필요가 있다. 이미 중국은 비영리조직을 중심으로 36개국이나 되는 나라와 관광 협력을 이끌어내기 위한 플랜을 가동시켰다. 일본이 관광청을 설립하여 관광정책을 추진하는 것과 달리 대한민국은 아직 관광청을 설립할 생각조차 하지 않는 것은 관광산업을 전략산업으로 인지하지 못했기 때문이라 생각한다.

우선 일본의 경우 국토부처에 편입한 형태로 관광청을 설립 운영하고 있다. 일본은 관광 선진국으로 세계 4위의 국가이다. 프랑스에서는 관광산업의 중요성을 인식하여 국가의 전략산업으로 다루어 정부의 주요 핵심부서인 경제부처에 편입된 형태로 장관의 직급으로 편성되어 운영된다. 즉 경제재무부 소속으로 되어 있다. 프랑스는 국가관광위원회, 최고협의기구와 같은 조직을 갖추어 지속적으로 관광현안에 대한 문제를 심도 있게 다룬다. 스페인에서는 관광이 산업부처 편입형태의 조직으로 운영되고 있으며 에너지디지털부에 소속되어 관광과 디지털을 연계하여 관광조직으로 확대시켰다. 스페인의 경우 각 지역마다 독립적인 형태로 운영하고 있으며 관광위원회라 하여 민간과 공공이 복합된 조직으로 되어 있다. 우리나라와 관광 순위가 다소 비슷한 뉴질랜드의 경우에는 관광부 소속으로 되어 있으며 독립된 형태로 관광조직을 운영하고 있다. 헝가리의 경우에도 2016년 관광청을 설립하여 독자적으로 운영되고 있다.

대한민국이 관광청을 설립하여 운영하려면 다른 부처에 편입된 형태를 취하기보다는 별도의 관광청을 독립시켜 운영하는 방안을 고려해 볼 필요가 있다고 생각한다. 왜냐하면 지정학적으로 남과 북으로 나누어져 그 어느 때보다 남북교류와 유라시아 국가와의 공조가 매우 필요하기 때문이다. 지금까지는 주로 외교부나 정부의 지도자가 나서서 교류를 진행하였다고 하면 이제부터는 관광청을 중심으로 관광교류를 해야 할 것으로 본다.

타국과의 교류차원과 남북관계, 유라시아 철도연계 등 종합적인 차원을 고려할 때 관광청과 같은 행정조직과 민간기업이나 단체의 협회와 같은 조직이 공동으로 나서야만 관광청이 외교적 기능까지 수행할 수 있다고 본다. 소속은 관광청으로 하고 그 산하에 공사, 민간기업 및 민간이 중심이 된 협회의 조직을 모두 관광청 하나로 통합하여 운영하는 것이 가장 좋은 방안이 될 수 있다. 관광청에서는 종합적인 정책 수립 시 각 단체와 정부가 협의하는 행정기구로서의 역할만 수행하는 것이다. 왜냐하면 지금까지 정부에서 수립한 관광관련 정책이 현장과 서로 맞지 않는 경우가 많았기 때문이다. 또한 지자체 단위마다 관광관련 공사, 협회, 센터 등 유관기관의 단체는 서로의 관광정책에 대해 불만과 불편사항이 많이 발생하기 때문이다.

따라서 이런 문제를 해결해 주거나 정책적으로 정부에 직접 건의하거나 행정적인 컨트롤 타워 기능이 전혀 없는 상황에서 관광의 발전방안을 모색한다는 것 자체가 어불성설이다. 장기적인 관점에서 볼 때 대한민국이 관광대국으로 가는 데 있어 한반도 중심의 유라시아 국가를 선도할 수 있는 대한민국의 관광청 설립이야말로 이 시대의 요청사항이라 하겠다.

끝으로 본 책이 완성되기까지 국회에서 관광청 설립추진포럼의 주최자로서 개최해 주신 이상민 의원님과 백산출판사 진욱상 사장님, 신신호텔그룹 김운장 대표님께도 감사를 드린다.

저자 김근종

# Contents

## 01 한반도 평화, 관광으로 길을 찾자



## 02 지역경제 활성화, 관광산업을 육성하자

## 03 포스트코로나19, 관광의 변화에 주목하라

## 04 대한민국 관광대국, 서비스문화를 정착시키자



## 05 관광 선진국으로 가는 길, 국내관광정책

## 09 대한민국 차기정부에서 해결해야 할 과제

# 한반도 평화, 관광으로 길을 찾자

## 제 1 부

# 관광은 평화로 가는 여권
(Tourism is a passport to peace)

1-1

코로나19로 인해 전 세계의 여행과 항공이 멈추어버렸다. '관광은 평화로 가는 여권'이라는 사실이 무색할 정도로 코로나19로 인해 여행을 가지 못한 지도 벌써 1년을 넘어섰다. 이대로 계속해서 지구촌의 여행이 멈추어버린다면 아마도 상상하기 힘들 정도로 여행 마니아들에게는 큰 충격이고 슬픔이 아닐 수 없다. 그러나 전 세계가 코로나19와 같은 전염병의 확산을 방지하기 위해 불철주야 노력하는 상황에서 코로나19도 머지않아 종식될 것으로 본다.

국제연합(United Nations)에서는 1967년을 국제관광의 해로 정하면서 "관광은 모든 사람들, 모든 나라의 정부가 찬양하고 권장할 가치가 있는 기본적이면서도 가장 바람직한 인간 활동"이라 하였다. 각 나라마다 관광을 적극적으로 권장하였다. 그 당시만 해도 전 세계가 관광이라는 용어 자체에 익숙하지 않은 상황이어서 국제연합에서 이런 운동을 펼친 것은 아마도 관광을 통해 전 세계의 평화를 이루려는 의도가 내재되어 있었다고 볼 수 있다.

대한민국은 이미 오랜 분단의 역사를 가지고 있다. 분단의 벽을 허물기 위해 하노이 회담을 비롯하여 수십 번의 남북정상회담은 물론 미국, 중국, 러시아 등 여러 나라의 정상들이 머리를 맞대고 남북통일이라는 구호를 내걸고 외쳤지만 결국 돌아오는 것은 북한의 핵무장으로 모든 것이 어려워진 상황이다. 과연 이대로 놓아 둘 것인가. 미래의 세대들에게도 남북의 분단역사를 넘겨주는 것은 매우 슬픈 일이다.

정부에서는 이런저런 이벤트를 포함한 모든 수단과 방법을 동원 남북의 분단 현실을 타파하고자 많은 노력을 기울였다. 물론 여러 가지 좋은 방안도 도출해 낸 것은 사실이다. 이제는 남과 북이 복잡한 문제를 가지고 대화할 것이 아니라 단순한 것으로부터 방안을 모색해야 한다. 그리고 주변국이 동의하는 것을 해보자. 그것은 바로 남과 북이 합의하고 주변 유라시아 국가들이 동조하는 관광에서 그 답을 찾아야 한다. 관광객의 왕래는 상호 국가 간의 합의가 있다면 큰 문제가 되지 않으며 단순히 철도만 연결해도 가능한 일이다. 철도가 안 되면 도로만 연결해도 가능하다.

대한민국에는 다른 나라에 존재하지 않는 비무장지대라는 것이 있다. 70년 이상을 그 누구도 직접 밟아보지 못한 청정자원이 그대로 보존된 지역이다. 1967년 국제연합에서 주창한 "관광은 평화로 가는 여권"이라고 전 세계의 국가들에게 홍보하던 것을 이제는 비무장지대에서 유엔과 함께 "관광은 비무장지대에서 평화로 가는 길"을 찾자는 슬로건을 내걸어야 한다. 그렇다면 우선 이런 행사를 전 세계를 대상으로 하는 것도 중요하지만 일단 공간적 범위를 비무장지대와 인접한 나라, 유라시아 철도의 인접국가 등을 중심으로 평화로 가는 여권의 상징으로 비무장지대에서 시작하는 것으로 하여 러시아, 중국, 터키, 몽골, 북한, 한국, 카자흐스탄, 우즈베키스탄, 투르크메니스탄, 키르기스스탄, 타지키스탄 등을 중심으로 관광협력공동체를 구성하자. 이를 통해 서로 왕래를 자유롭게 하고 유럽에서 사용하는 유레일패스권과 같은 유라시아패스권을 발행하여 통행권 소지자에게는 철도와 항공, 도로 등의 이용을 통해 나라마다 구역을 정해서 그 지역에서만이라도 자유롭게 여행을 하도록 하자.

여행의 자유가 이들 지역에서 행해지면 다음으로는 경제협력, 문화협력, 안보협력, 교통협력 등의 협력체계가 자연스럽게 구축된다. 주목적은 무엇보다 북한의 개방을 관광으로 이끌어내기 위해서이다. 북한의 경우 관광특구를 만들어 관광으로 외화를 벌어들이고자 많은 노력을 기울이고 있다. 북한에서는 마식령산맥의 스키장이나 관광특구지역을 선정하여 외국인 관광객을 유치하고자 노력하고 있다. 그러나 북한 독자적으로는 한계가 있다는 것을 북한 스스로가 너무도 잘 알고 있다.

이제 관광을 통해 새로운 세상을 만들어 나가자. 그 중심에 대한민국과 북한이 있다. 그러나 이러한 일들은 남북의 협력으로 가능하지만, 만약 북한이 개방을 허용하지 않는다면 기차를 타고 내리지 않고 통과만 하는 것으로 한다면 큰 성과를 이룰 수 있다. 물론 이 역시 어려운 일이다. 평화로의 여권을 보장하는 열차가 운행된다면 유라시아 철도의 출발점이 되는 부산을 찾는 외국인 관광객은 대기자 예약이 밀려 수년을 기다려야 비로소 자기 차례가 올지도 모른다. 이때 북한지역을 통과하는 열차에 대해 교통 통과세만큼은 북한이 모두 가져가도록 하고 요금 자체도 북한에서 정하도록 한다면 아무리 요금이 비싸도 부산으로 가는 열차는 유럽인들로 인해 매일 만실이 될 것이 분명하다.

# 관광대국, 남북교류협력으로 이루자

1-2

헌법 제4조에 "대한민국은 통일을 지향하며 자유민주주의적 기본질서에 입각한 평화 통일정책을 수립하고 이를 추진한다."라고 명시되어 있다. 대한민국과 북한은 한반도를 중심으로 오랜 기간 역사와 문화, 언어 등을 공유했으나 이념의 대립으로 남한과 북한으로 분단되었다. 그러나 2000년대에 들어서는 정권 차원의 화해 분위기가 점차 조성되고 민간에서도 남북협력사업이 활발하게 진행되어 통일에 대한 관심이 높아졌으나 최근에는 북한의 핵무장 등으로 인해 화해 분위기에서 다시 긴장의 분위기가 감지되고 있다.

2010년을 전후로 한 시기에는 금강산 관광객 피살, 북한의 3대 세습 문제 등으로 남한과 북한은 긴장감이 더욱 높아졌으며, 민간 교류도 차츰 침체되었다. 한국경제가 직면한 인구절벽, 장기불황, 전쟁위험, 실업문제 등을 극복하여 높은 수준의 성장을 이룩하기 위해서는 남북통일이 필요하다는 실용적 관점에서의 통일론도 계속 제기되어왔다. 통일이 대한민국과 북한 사회 전체에 미칠 막대한 영향을 고려한다면 상호 간의 이해는 매우 중요한 과제가 될 것이다.

대한민국이 관광대국으로 가는 길에 있어 중요한 것 중 하나를 꼽으라고 하면 당연히 북한 관광이다. 여행의 욕구를 발동시키는 것 중의 하나는 바로 미지의 세계 즉 한번도 가보지 못한 곳에 대한 호기심이 가장 크다. 북한은 개방이 어려운 나라이다. 오랫동안 폐쇄되어 온 나라이며 전 세계를 보아도 한반도가 남북으로 나누어져 서로 가지 못하는 나라는 전 세계에 단 한 곳도 없다. 유일하게 남과 북이라는 두 곳의 나라이다. 바로 이러한 이유 때문에 전 세계의 관광객들이 관심을 갖는 것이다.

김정은 시대의 북한관광을 연구한 윤인주(2015년)는 북한 당국이 2013년 이후 발표한 경제특구 중 관광기능이 명시된 6곳을 분석, 북한의 개방유형은 '적극적 부분개방'모델로 아직 '이행기 모델'에 진입하지 못한 것으로 평가하였다. 연구에서 보듯이 북한은 부분개방을 모색하면서 전면 개방에 대한 두려움이 있는 것이다. 왜냐하면 오랫동안 폐쇄된 나라에서 관광이라는 특구를 선정, 외국인 관광객에게 전면 개방한다는 것이 결코 쉬운 일이 아니기 때문이다.

2014년 북한의 관광수입은 3,069~4,362만 달러 수준으로 중국이나 서구권으로부터의 외자유치는 별다른 진전을 보이지 못하고 있다고 한다. 북한 자체의 자본만으로는 관광특구를 조성한다는 것 자체가 힘들다. 이런 이유로 인해 최근 러시아와의 협력으로 관광 인프라를 개발하려는 시도가 있었다.

김철원 · 이태숙(2008)의 금강산 관광객을 대상으로 한 연구에서 금강산 관광경험을 통해 북한 및 통일문제에 대해 더욱 긍정적인 인식을 가지게 된 것으로 나타났다. 특히, 여행 일정이 길수록 통일인식이 긍정적으로 변했다는 응답률이 높아진 것으로 조사되었으며, 개별관광객이 단체나 가족관광객보다 긍정적인 인식변화를 가져온 것으로 나타났다.

대한민국이 관광대국으로 가는 길에서 무엇보다 중요한 것은 남과 북이 협력하는 일이다. 이는 상호소통이 이루어지지 않으면 절대 힘든 것이 협력이다. 연구의 결과에서 도출된 것과 마찬가지로 협력은 상호방문에서 이루어질 수 있다. 금강산관광과 같은 관광의 경험을 통해 북한을 이해하고 통일문제에 대해 남북의 모든 국민들이 공감대를 형성할 수 있는 여건을 조성해야 한다. 우선 단기적이라도 남한 관광객이 북한을 방문할 수 있는 여건을 정부차원에서 조성해야 한다. 이는 관광경험을 통해 북한에 대한 이해도를 높이고, 남북관계를 긍정적으로 보는 경향이 높으며, 무엇보다 통일문제에 남과 북이 긍정적으로 반응하는 경향이 있는 것으로 연구에서 나왔기 때문이기도 하다. 남한의 관광객이 북한을 방문하여 북한에서 지정하는 특정지역을 방문하면 통일과 관광의 연계성도 높아진다고 볼 수 있다.

관광은 평화의 여권이나 다름없다. 관광을 통해 평화가 이루어지고 이를 통해 남북이 소통하고 세계가 소통하는 것이다. 왜냐하면 관광을 통하면 친숙도가 형성되기 때문이다. 이는 친숙도와 관련한 연구의 사례에서도 알 수 있는데 자주 만나고 자주 보고 자주 방문하는 것은 대한민국의 관광대국으로 가는 길에서 아주 중요하다. 전 세계의 관광객들은 남한과 북한을 동시에 관광하기를 원한다. 부산에서 신의주를 거쳐 저 멀리 유럽까지 가는 열차를 타는 것이 전 세계 사람들의 꿈이자 희망일 것이다. 대한민국과 북한은 전 세계의 인구 77억 명이 죽기 전에 반드시 여행하고 싶은 지역의 1순위가 될 것이 분명하다.

# 관광으로 남과 북이 소통하자

1-3

남과 북이 이념과 정치, 주변국과의 이해관계 등으로 70여 년 동안 서로 왕래하지 못하고 있다. 무엇으로 남과 북이 소통할 것인지를 심각하게 고민해 보자. 부산에서 기차로 출발하여 신의주를 거쳐 유라시아 대륙으로 달려 종착지인 유럽까지 도착하는 여행은 아주 오래전부터 전 세계인의 꿈이었다. 이런 희망은 수십 년 동안 해보았지만 아직도 이렇다 할 결과는 이루어내지 못하고 그저 꿈 같은 이야기로 공허할 뿐이다.

그 해답은 바로 관광에 있다. 관광을 통해 유라시아 지역 내 국가들과의 상호 소통이 오직 해당 국가의 자유로운 여행을 통해 최종적으로 남과 북이 가로막혀 있는 철벽을 무너트릴 수 있다. 즉 북한의 개방을 유라시아 지역의 국가 간 관광협력체를 구성하여 한국과 러시아가 사증면제협정을 체결함으로써 자유로이 이동하듯 관광을 통해 모든 개방과 소통이 이루어진다는 사실을 알아야 한다. 왜냐하면 여행은 정치적 목적 없이 순수성을 목표로 하기에 가능한 일이다.

관광을 통해서 국가 간 이해관계, 문화교류, 교역, 교육 등 다양한 것을 이룰 수 있다. 왜냐하면 어떤 일을 추진하기 위해서는 우선 사람들이 만나야 하는데 가장 쉬운 것이 상호국가에서 서로 보여줄 수 있는 것은 그 나라의 관광자원이다. 여러분이 어떤 나라에 가서 가장 먼저 하고 싶은 것이 있다면 방문한 곳의 가장 유명한 관광지를 보는 것이리라. 그리고 그 안에서 음식, 문화 등 다양한 것을 경험하면 이를 통해 이민족 간에 서로 소통하고 이해를 한다는 사실에 주목하라. 그 다음에 비즈니스가 이루어진다.

러시아는 미국을 견제하기 위해 '신유라시아주의'를 표방하여 유라시아 국가 간 상호 협력체계에 박차를 가하고 있으며 중국은 '신(新)실크로드 전략'으로 유라시아 교통체계구축을 통해 대륙으로의 진로를 개척해 나가며 터키는 '범(汎)투르크 연대정책'을 통해 카자흐스탄, 키르기스스탄, 우즈베키스탄 등과의 범투르크주의를 표방하며 이들과의 교류가 이루어지고 있다. 몽골은 유라시아의 중심부를 통과하는 지정학적 위치를 최대한 활용하여 '트랜짓 몽골 전략'을 수립하여 주변국가와의 비자면제협정, 문화교류사업 등을 활발하게 추진하고 있다.

대한민국에서는 과연 어떠한 정책으로 이들과 교류 및 협력을 이루어낼 것인가? 지금까지 그 해답을 찾기 위해 많은 노력을 기울였다. 그러나 북한이라고 하는 장벽에 가로막혀 아무 일도 할 수 없었다. 이제는 그 해답을 관광에서 찾아야 한다.

대한민국이 역점을 두어 '신남방정책과 신북방정책'의 접점을 모색하는 도구로 상호 국가 간 방문을 통한 상호이해증진을 양국민의 자유로운 여행이 중요한 역할을 한다는 사실을 잊지 말아야 한다. 문재인 대통령도 2020년 1월 14일 신년기자회견에서 '중국 시진핑 주석의 방한은 한·중 관계를 획기적으로 도약시킬 것'이라고 강조한 것은 바로 상호 국가 지도자의 방문에 이어 양국민의 자유로운 방문이 이루어질 것이기 때문이며 이것이 바로 관광이다.

대한민국의 신남방·신북방정책과 중국의 최대사업이라고 할 수 있는 일대일로(一帶一路: 중국주도의 신실크로드 전략) 사업을 연계하는 것은 매우 중요하다고 본다. 중국이 중국주도의 신실크로드를 통해 철도를 연계한 것은 유라시아 중심에서 중국이 주도권을 행사하기 위한 것이다. 그러나 유라시아 최종 출발지와 종착역이 부산이라는 것을 전 세계에 홍보할 수 있는 아주 중요한 계기를 만드는 것이다. 부산이라고 하는 도시는 대한민국만이 가질 수 있는 큰 세계적 관광자산(觀光資産)이다. 대한민국은 이런 큰 자산을 지금까지 제대로 활용하지 못한 것이 매우 아쉽다. 이제부터라도 전 세계에 알려야 한다. 그러기 위해서는 유라시아 국가와의 연대가 매우 중요하다. 연대의 고리를 찾아야 한다.

유라시아 모든 국가의 관광청과 연계하여 상호국가 방문을 자유롭게 할 수 있도록 한다면 현재 남과 북이 가로막혀 있는 장벽을 우리 손으로 절대 해결할 수 없다고 포기할 것이 아니라 중국이나 몽골, 러시아 등의 나라에서 먼저 북한을 설득하여야 한다. 북한 역시 상호 국가 간 방문을 정치적, 경제적 어떤 이해관계가 없이 순수한 관광을 통해서만 해결할 수 있다고 이해할 것이다. 이미 우리는 금강산 관광을 통해 이런 경험을 직 · 간접적으로 해보았다.

# 한국-북한-중국-몽골-러시아 고속철도특위를 구성하자

1-4

유럽과 아시아를 잇는 대륙 횡단철도, 통합화물철도 네트워크로서 영어로는 Trans-Asian Railway(TAR-아시아 횡단철도)라고 부른다. 싱가포르와 이스탄불을 잇는 거리가 무려 1만 4천80킬로미터(8,750마일)에 달한다.

1950년대에는 항공기 산업이 발달하지 않은 시대로 주로 교통수단이 철도에 의존하던 시대였다. 철도 개설 이후 교통량의 급증을 예상했지만 문제는 이들 철도가 개설된 나라의 정치적 이념문제 등으로 갈등이 발생, 결국은 타국의 노선을 이용할 수 없는 상황에 저하자 수십 년간은 철도가 활성화되지 못하였다. 그러나 이후 80년대 후반 들어 소련이 해체됨과 동시에 이들 지역에도 철도사업이 본격화되면서 유라시아 철도가 다시 세상의 주목을 받게 되었다.

이제는 고속철도가 대륙을 횡단하고 남과 북을 이어 유라시아 국가와의 관광교류를 활발하게 이루어놓을 것이다. 종전에는 교통수단이 대부분 항공에 의존하였지만 한반도와 유라시아 지역의 입지적 조건을 볼 때 이제는 고속철도가 한반도 지역의 평화에 크게 기여할 것으로 본다.

남한, 북한, 중국, 몽골, 러시아 5개국의 나라가 참여하는 고속철도특위를 구성하라고 제안하고 싶다. 대한민국 단독으로 참여하는 특위는 큰 의미가 없다. 우리들만의 참여, 우리들만의 방식으로 특위를 구성하여 고속철도에 대한 미래 계획을 세우는 것은 유라시아 중심의 한반도에서 큰 의미가 없다고 본다. 특히 대한민국의 경우 남과 북이 가로막혀 있어 고속철도의 벽을 허물기가 결코 쉽지 않기 때문이다.

대한민국이 주도적으로 나서 이들 4개 국가의 정치관련 의원들과의 교류가 중요하다. 단순히 민간차원에서의 특위나 협의체 구성도 중요하지만 이들은 정치적으로 해결이 불가능하다. 막대한 예산이 소요되는 고속철도사업에는 각 나라의 정치인이 참여하여 이를 5개 국가 공동으로 공론화시켜 정기적 세미나 및 관련 정책토론회가 매년 국회에서 개최되도록 힘을 모아야 한다. 가칭 '5개국 고속철도협의회' 또는 '유라시안철도건설기구', '5개국 고속철도 발전협의회' 등을 만들어 대한민국이 먼저 나서 협의체를 구성하라. 그리고 5개국이 돌아가면서 주최가 되어 연속적으로 세미나 및 발표회를 개최하여 고속철도의 개설에 따른 5개국의 상호이익에 대해 토론하고 정기적으로 간행물도 발행하여 배포해야 한다.

이제는 철도가 아주 중요한 시대가 왔다. 2006년 11월 10일, 유엔 아시아태평양지역담당 경제사회위원회의 일환으로 17개 아시안 국가들로 구성된 유라시아 철도망 협정에 모두 서명을 하였으며 철의 실크로드로 명명하였고 2009년 6월 11일에 발효되었다. 물론 참가국들은 대한민국, 네팔, 라오스, 러시아, 몽골, 방글라데시, 베트남, 스리랑카, 아르메니아, 아제르바이잔, 우즈베키스탄, 인도, 인도네시아, 이란, 벨라루스, 중국, 카자흐스탄, 터키, 태국, 파키스탄이다. 북한이 빠진 것으로 되어 있다. 사실 유라시안 철도가 활발하게 움직인다고 하더라도 다른 나라와 달리 북한의 장벽으로 인해 대한민국은 유라시아 지역으로의 이동이 불가능한 상태다.

대한민국-북한-중국-몽골-러시아 고속철도 특위를 구성하라고 제안하는 이유는 이들 협정에 서명한 북한을 제외한 17개국들은 자국의 이익을 위해 매우 중요하기 때문에 서명하였다고 본다. 대한민국 역시 마찬가지다. 그러나 중요한 것은 북한이 빠져 있기 때문에 대한민국으로서는 중국, 몽골, 러시아 국가와 함께 북한을 독려하여 회원국을 대표해서 정기적으로 모임을 개최, 북한이 참여하도록 유도해야 할 것이다. 북한의 경우는 대부분 상당수의 협의체에 포함되어 있지 않다. 대한민국으로서는 유라시안 철도가 매우 중요하며 대륙의 전진기지로 활용하여 물류, 관광 등에 있어 엄청난 경제적, 문화적 가치가 크다는 것을 잘 알고 있다. 중요한 것은 북한이 동참하는 5개국이 우선적으로 세미나, 정책협의 등을 개최하면서 북한의 변화를 유도하는 것이다. 상황에 따라서는 5개국의 정상이 철도문제를 해결하기 위해 나서야 한다. 다른 이슈에 우선해서 철도문제가 매우 시급한 과제라고 본다.

이제는 대한민국–북한–중국–몽골–러시아 5개 국가가 유라시안 철도의 발전을 위해 나설 때가 되었다. 우선 이들 5개 국가의 모임과 정기적인 주제를 대한민국에서 주도적으로 건의하고 주최하는 것에 대해 재원을 아끼지 말아야 한다.

# 대한민국 U-Road전략 플랜을 세워라

1-5

대한민국 부산이 유라시아 철도의 종착역이자 출발역이다. 부산은 이제 대한민국의 도시이자 유라시아 중심의 도시가 될 날이 머지않았다. 그렇다면 대한민국에서 U-Road 전략 플랜을 세워야 한다. U-Road 전략과 유사한 플랜을 만들어 이미 오래전에 중국에서는 '신(新)실크로드 전략'을 세워 전 세계를 대상으로 적용시키고 있다.

고대의 실크로드를 따라 경제건설을 구축하는 것은 물론이거니와 전략을 통해 중국이 중심이 된 유라시아 교통·물류 중심체계를 구축하려는 데 그 의의가 있는 전략이다. U-Road는 대한민국이 중심이 된 유라시아 도로망구축에 대한 협력체계를 구축하는 교통망이라고 할 수 있다.

실크로드는 총 길이가 무려 6,400킬로미터에 달하며 중국 중원지방을 시작으로 파미르고원, 중앙아시아 초원, 이란고원을 지나는 장정의 코스로서 중앙부분, 남쪽부분, 서쪽부분, 북쪽부분으로 나누어진 아주 긴 코스인데 결국 지중해와 로마로 이어지는 길이다.

중국은 오랜 역사적인 루트를 따라 러시아와 중국의 '상하이협력기구(SCO)'를 중심으로 실크로드의 경제, 물류, 교통 전략 등을 수립하여 이를 통한 광역두만강개발계획(GTI)을 통해서 최종적으로 남과 북을 연계한 복합물류시스템을 구축하려는 의도가 있다.

중국에서 한반도와 공동으로 복합물류시스템을 구축하려는 시도는 대한민국으로서는 U-Road와 같은 좋은 플랜을 새롭게 수립하여 이를 중국과 연계하는 시스템을 구축할 필요가 있다. 이렇게 되면 중국과 대한민국의 중간에 있는 북한으로서는 결국 중국과 한국을 포함한 복합물류시스템 구축방안에 대해 제안을 받아들이지 않을 수 없으며 이는 결국 U-Road 플랜을 대한민국에서 수립하여 중국의 신실크로드와 연계할 정당성을 확보한 것이나 다름없다.

교통을 중심으로 이어진 국가와의 협력은 매우 중요하다. 현재 대한민국의 큰 걸림돌은 누구나 다 아는 바와 같이 북한이다. 북한에서 길을 내주지 않으면 결국에는 하늘 길이나 돌아서 바다를 건너는 수밖에 없다. 결국 이것은 도로를 통하는 것보다 비용 면에서 엄청난 소모가 따르며 속도 면에서도 물량을 공급하는 데 있어 엄청난 손실이다. 이미 중국은 상하이협력기구를 통해 중앙아시아 국가와의 다양한 교류사업을 시작하였다. 이들은 회원 간 소통과 모임, 협력, 협치 등을 통해 자주 만나고 회의를 개최한다.

일단 유라시아 지역과 협력체계를 구축하기 위해서는 가장 핵심적인 테마를 가지고 이들과 지속적인 협의를 해야 한다. 가칭 U-Road 협력기구를 대한민국이 중심이 되어 먼저 유라시아 국가에 제안하라는 것이다. 이런 기구를 설립하여 도로망이 연결된다면 국가 간 자유무역체계 체결, 유라시아 국가와의 단일교통시스템 구축, 대한민국의 기술과 자본이 투입된 광물자원 개발, 저렴한 중앙아시아 국가의 인건비를 최대한 활용하여 유연한 노동시장까지 협의가 가능한 일이다.

러시아의 경우 미국과 항상 라이벌 관계를 의식하기 때문에 한반도의 역할이 매우 중요하다. 물론 미국과의 관계도 중요하지만 일단 연결이 되고 이동이 가능해야 국가 간 소통과 협력이 이루어진다고 볼 때 U-Road와 같은 플랜을 대한민국이 주도적으로 먼저 수립해야 한다.

가칭 U-Road의 플랜을 수립하여 지속적으로 북한을 포함한 중앙아시아 국가는 물론 러시아, 유럽 등 세계의 주요 국가와 교통을 협의하는 것이 무엇보다 중요하다.

중국은 이미 2014년부터 2049년까지 약 35년간 일대일로(一帶一路)의 진행을 통해 중국의 육·해상 신실크로드 경제권을 구축하고자 중국에서 전력을 다해 쏟아붓는 중국의 국가핵심전략이다. 일로는 여러 개의 길을 의미하는 것이 아니라 단지 하나의 길로 중국이 유라시아를 연결하겠다는 야심찬 계획이다. 동남아시아-서남아시아-유럽을 연결하는 길이다. 이들을 구축하는 데 있어 가장 중요한 것이 소요예산을 어떻게 확보하느냐에 달려 있다. 그러나 중국은 자신들이 설립하고자 하는 아시아인프라투자은행(AIIB)과 400억 달러 규모의 신실크로드 펀드를 조성한다고 한다.

대한민국은 처음과 끝을 모두 가지고 있는 나라이다. 이것을 어떻게 활용하고 홍보하고 유라시아 국가와의 연계를 구축할 것인지 대한민국도 미래의 100년을 내다볼 수 있는 플랜을 수립해야 한다. 그것이 바로 U-Road 플랜이다.

# 유라시아 국가 관광상품을 공동 개발하자

1-6

남과 북이 협의하여 부산을 출발해서 베를린까지 여행을 간다고 상상해 보자. 상상이 현실로 곧 이루어질 수 있을 것이다. 문제는 지금부터 철저하게 준비를 하자는 것이다. 가장 핵심적으로 다루어야 할 것이 유라시아 열차를 통과하는 나라의 대표적 관광상품을 대한민국이 주체적으로 앞장서서 개발하자는 것이다. 예를 들어 관광상품을 나라별로 대표적인 것 1~2개를 중심으로 개발하는 것이다. 예를 들면 '실크로드 투어', '성지순례', '템플스테이' 등 나라별 대표성이 있는 관광상품을 개발하여 전 세계의 여행시장에 홍보하는 것이다.

관광상품을 개발하는 과정에서 주제에 따라 크게 개발, 관광객 참여형 개발, 체험형 개발 등으로 구분하여 관광상품을 개발하자. 유라시안 열차가 통과하는 지역을 중심으로 관광상품이 개발되면 부산에서 베를린까지 가는 것이 아니라 중간에 예를 들면 몽골까지만 가는 철도여행 상품이 된다. 몽골역에 내려 거기서 몽골의 대표성 있는 관광자원을 2박 3일 하고 다시 열차에 탑승하여 다음 목적지까지 가서 다시 관광일정에 맞추어 3박 4일 등 열차를 타고 내리면서 관광을 하는 것이다. 대부분의 열차여행은 최종 목적지에서 관광이 이루어지나 유라시안열차의 경우 최종 목적지까지 최소 6개월간 여행이 이루어진다. 아마도 여행광이 아니면 6개월이 소요되는 여행을 하기가 쉽지는 않다. 그러나 여행의 수요는 단기적으로 떠나는 사람도 있지만 평생 마지막으로 떠난다는 생각으로 여행하는 사람의 경우 6개월도 긴

여행이 아니다.

대한민국이 중심이 되어 유라시안 열차 통과역을 중심으로 해당국가와의 협의를 맺어 공동으로 관광상품을 개발한다면 크게 인기가 있으리라 본다. 관광의 형태는 모험관광, 등산, 체험관광 등 이루 말할 수 없이 많다. 유라시안 국가를 중심으로 철도가 닿는 지역의 관광상품을 전 세계에 공동으로 홍보하고 판매한다면 그 수요는 엄청날 것으로 예상된다.

코로나19로 인해 여행의 중요성을 전 인류가 깨달았을 것으로 확신한다. 만약 코로나19와 같은 전염성이 강한 병을 치료할 수 있는 강한 백신이 개발된다면 유라시안 열차 관광상품은 관광객으로 넘쳐날 것이다. 사람들은 자신이 살아오면서 지금껏 겪어보지 못한 경험을 한 후, 삶에 대한 의욕이 여행이라는 것으로 분출될 수 있다고 확신한다. 이제는 관광이 인류의 삶을 변화시켜 줄 수 있는 유일한 도구라고 생각한다.

유라시안 철도여행을 대한민국이 주도적으로 개발하는 데 인접 국가들을 설득하여 공동으로 관광기획단을 구성하여 가칭 유라시안 철도여행상품을 만들자. 이제는 대한민국이 주체적으로 나서야 한다. 남북 공동 관광상품 개발, DMZ 관광상품 개발, 한국–네팔 히말라야 트레킹 코스 공동개발, 한국–몽골 칭기즈칸 유적지 관광상품 공동개발, 공자학원개설 등 유라시안 중심의 국가와 대한민국이 관광으로 공유할 수 있는 것을 찾아야 한다.

관광은 이념을 초월하고 정치를 초월한다. 관광을 통해 통일을 이루고 유라시안 국가와의 관광연대를 구상하자. 가장 좋은 대안이 바로 유라시안 관광열차를 구상하는 일이다. 이제 77억의 인구를 대상으로 여행이 시작되는 시대가 머지않아 올 것이다. 유라시안 열차를 한번이라도 타본 사람은 국내에 0.001%도 되지 않을 것이다. 유라시안 국가들 역시 자신들의 나라를 제외하고는 별반 다를 리 없다. 이제는 관광의 시대가 온 것이다. 여유를 갖고 관광하는 것이 아니라 삶이 힘들고 지칠 때 여행을 하고 삶이 여유가 있을 때도 관광을 한다.

이제 관광은 세계의 공통어가 되었다. 그리고 삶에서 가장 중요한 활력소이다. 이 모든 것을 유라시안역을 통과하는 지역의 관광상품을 대한민국이 공동으로 개발하여 우리가 관광대국으로 가는 길을 우리 스스로 열자.

# 유라시아 지역과의 유대관계를 모색하라

1-7

한반도가 중심이 되려면 무엇보다 중요한 것이 지금부터라도 유라시아 지역과의 유대관계를 모색하는 것이다. 유대관계 없는 국가 간의 협력과 협치는 절대 불가능하다. 유라시아 지역에서 필요한 것을 찾아야 하고 대한민국이 가지고 있는 즉 유라시아 지역에서 필요한 것이 무엇인지를 찾아야 한다.

러시아는 이미 신유라시아주의에 대한 정책을 표방하면서 이들과의 관계성을 갖기 위해 많은 노력을 기울이고 있다. 이는 미국의 유라시아 지역으로의 확대를 견제하기 위해 소위 말하는 신유라시아주의 "오원교(2005. 유라시아주의는 러시아의 국가적 정체성을 찾는 데 있어 불가분의 개념으로 20세기 초 고전적 유라시아주의에서 시작되어 신유라시아주의로 발전됨)"를 표방하며 CIS(Commonwealth of Independent States, 독립국가연합, 구소련의 후신. 1991년 12월 21일 옐친 러시아 대통령의 주도로 11개국 정상이 벨라루스의 수도 민스크에 모여 연합의 설립에 서명함으로써 1922년의 소연방조직을 폐기하고 탄생함. 한국문화관광연구원 자료 인용)를 주창함으로써 주변 국가들과의 연대를 통해 해당 지역주의를 강화하는 것을 주목적으로 하는 기구라고 할 수 있다.

러시아는 신유라시아주의를 통해 문화적 연대를 주창하며 러시아가 유라시아 지역 문화의 유대성이 결코 미국과의 문화에 견주어 전혀 뒤처지지 않는다는 확고한 신념을 가지고 출발, 유라시아연대에 중점을 두고 있다.

유라시아 경제 공동체를 구성하여 이들 지역 간의 관세동맹을 체결함으로써 역내

세관 통과절차를 폐지하여 무역의 자유를 보장하였다. 이들 국가 간의 협력과 협치를 러시아가 신유라시아주의를 주창하면서 이루어낸 것이라고 할 수 있다.

향후 대한민국이 이들 유라시아 지역과의 연대를 위해서는 러시아에서 신유라시아주의를 주창하는 것과는 달리 한반도의 지리적 장점을 최대한 살려 우리만이 가지고 있는 IT기술, 철도기술, 관광관련 전문가 집단 등을 활용하여 연대를 모색해야 할 것이다. IT기술이 접목된 철도기술은 대한민국이 이들 지역의 나라보다 훨씬 앞서 있기에 이를 제대로 활용하면 큰 가치를 생산해 낼 수 있다.

신실크로드의 연장선으로 대한민국의 KTX와 같은 고속전철을 남과 북이 협력하여 이들 유라시아 지역과의 연대를 모색한다면 남과 북이 공동으로 발전할 수 있는 좋은 방안이 될 수 있다. 하드웨어적인 관계성보다는 보다 소프트한 차원에서 처음은 접근할 필요가 있다. 철도나 여행과 같은 소프트한 것은 대한민국의 '관광청' 설립으로 이들 지역에서 이미 설립되어 운영하고 있는 '관광청'과의 공동협의를 통해 무엇보다 여행의 자유가 이루어지는 것을 전제로 행해진다면 나머지 부분은 자연적으로 해결이 가능하다고 본다. 여행의 단계별 전략을 다음과 같은 방식으로 전개해 나가보자. 가칭 "한반도-유라시아 관광공동체 발전단계플랜"을 세우는 것이다.

한반도-유라시아 관광공동체 발전단계계획

| 연도 | 주요 내용 |
|---|---|
| 2022 | 대한민국 유라시아 지역 국가에게 관광청장이 직접 여행공동협의체 구성제안 |
| 2024 | 유라시아 지역 관광청장단 대한민국초청간담회 및 여행공동체 설립 및 운영 |
| 2026 | 유라시아 지역 철도건설, 남북철도 협의 및 유라시아 연계 철도 구성단 운영 |
| 2028 | 유라시아 지역 비자면제 체결 |
| 2030 | 유라시아 지역-한반도 지정관광지 관광무료단계별 체결 |
| 2032 | 한반도 포함 유라시아 세계여행상품 공동판매 체결 |

| 연도 | 주요 내용 |
|---|---|
| 2034 | 유라시아경제공동체를 통한 관세동맹, 경제동맹, 문화동맹, 노동계약 체결 |
| 2036 | 유라시아 지역 유한하정책(가칭 유라시아-한반도-하나로 정책) 체결 |

필자는 이와 같은 플랜에 의해 여행 및 관련 협약이 이루어져야 한다고 본다. 물론 하나의 계획이지만 이런 계획들을 유라시아 지역과 연대해서 먼저 정부차원의 지도자가 할 것이 아니라 '관광으로 길을 내자'는 슬로건을 갖고 계획을 수립한다면 단계적으로 일을 수행할 수 있다. 일단 길을 내고 난 후 이들 지역과의 소통과 협의는 자연적으로 이루어진다. 북한과의 협의가 최우선이지만 유라시아 지역과의 연대를 이끌어내어 보자.

# 실크로드의 최종 종착지는 한반도이다

1-8

중국인들이 오랫동안 서방세계와 교역해 온 길이 실크로드라는 사실을 모르는 사람은 없다. 그러나 놀라운 사실은 실크로드의 최종 목적지가 한반도라는 사실을 대부분의 사람들이 잘 알지 못한다는 것이다. 이미 역사적 고증을 통해 아주 오래전에는 한반도의 동양 사람들이 서양의 문화와 교류는 물론 무역을 했다는 사실을 알면 놀랄 것이다.

실크로드와 한반도의 관계를 부각시켜 한반도와 유라시아와의 관계성을 부각시킬 필요가 있다. 국립중앙박물관(2010)의 "세계문명전-실크로드 둔황"에 따르면 신라시대의 왕릉에서 로마 글라스 계통인 유리그릇이 출토되었으며, 경주 괘릉과 흥덕왕릉에서도 이국적인 서역인 모습의 무인상이 발견되어 사람들을 깜짝 놀라게 하였다. 이런 역사적인 유물을 통해 볼 때 한반도 사람들이 서방지역 사람들과 교역했던 증거로 보인다. 실로 놀라운 일이 아닐 수 없다.

중국의 실크로드가 서방지역으로 이어지는 것은 물론, 한반도의 종착지로서 교역이 이루어졌다는 것 자체는 서양 사람들이 한반도 지역을 방문, 이들 양쪽 진영의 사람들이 오고간 것이다. 이런 역사적 고증을 통해 대한민국에서는 유라시아 지역과 유대적인 관계를 모색할 필요가 있다. 모든 길이 로마로 통한다고 볼 때 모든 길의 종점은 한반도의 마지막 끝에 있는 도시인 부산이다. 그러나 섬을 연결한다면 아마도 제주도가 현대판 유라시아 육로의 종점이 될 것이다. 물론 철도나 도로가 바다 밑으로 연결되었을 때의 이야기다. 그렇지 않으면 통일 이후의 이야기다.

정목일(2007)의 "세계역사문화기행-실크로드" 문학관에 따르면 신라 승려 혜초는 우리나라 최초의 문학서이면서 기행문집인 왕오천축국전을 집필하였다. 집필의 주요한 내용 모두가 실크로드를 통해 서역까지 진출한 자신의 경험을 토대로 만들어진 책이라고 볼 때 이미 신라시대부터 여행이라는 것을 통해 기행문이 작성되었음을 알 수 있다. 그 당시의 실크로드는 사람이 걸어서 긴 여정을 간 것이고 지금으로 비유하자면 이제는 유라시아 철도를 이어 서방지역으로 가는 것이 다른 것이다. 실제적으로 혜초의 왕오천축국전은 관광이라고 하는 관점에서 살펴보면 매우 의미있는 저서이다. 그 당시의 시대적 배경으로 볼 때 이미 여행이라고 하는 것을 승려인 혜초가 기행문을 작성함으로써 여행의 목적인 미지의 세계에 대한 호기심, 낯선 곳에 대한 탐구 등 다양한 목적이 함유된 여행 책을 쓴 것이나 다름없다. 지금이야말로 승려 혜초의 서방세계에 대한 탐구가 역사적 진가를 발휘하였다고 본다. 여행이라는 관점에서 볼 때 매우 가치 있는 일이라고 할 수 있다.

이제 대한민국에서 실크로드를 통해 수천 년 전의 역사를 재현시킬 축제를 바로 한반도에서 다시 만들어야 한다. 물론 유라시아 지역 및 서방세계와의 연대를 통해서 이루어야 할 것이다.

경주세계문화엑스포조직위원회(2011)의 "이스탄불-경주세계문화엑스포 2013 기본계획 및 타당성분석-연구책임: 류정아"에 따르면 우즈베키스탄 사마르칸트 지역의 아프라시압 궁전벽화에 고구려 사신으로 추정되는 인물 2명이 발견되었다고 한다. 아프라시압 궁전벽화의 제작연대는 7세기 중반으로 추정, 이런 것을 종합해 보면 터키인의 조상인 돌궐과 고구려가 활발하게 교역했다는 증거로 볼 수 있다.

대한민국이 남과 북으로 분단되어 철도나 도로를 이용하여 한반도가 유라시아와 단절된 지도 어언 70년이 넘어섰다. 6·25전쟁 이후 남과 북의 교류는 끊어져 상호 교류가 거의 없는 것이 안타까운 현실이다. 아주 오래전부터 교류와 왕래가 있었다는 사실을 볼 때 한반도와 유라시아와의 관계성은 이제라도 회복시킬 필요가 있다. 그것은 바로 길로 이어지는 것이다.

한반도의 종착지, 유라시아의 종착지인 대한민국은 오로지 정상들의 협의와 회의를 통해 상호 소통을 이루는 것도 매우 중요하나 이런 역사적인 사실을 가지고 역사와 문화 전문가들인 학자들의 교류를 통하는 방법도 아주 좋은 방안이 될 수 있다. 이는 바로 정치와 이념을 떠나 오로지 사람들의 왕래가 자유로운 여행을 통해서만 가능한 일이다. 이런 일을 구체적으로 실현하자면 무언가 공동의 조직을 통해서만 가능한 것이다.

# 한국-몽골-중앙아시아 5개국과 교통협약을 체결하라

1-9

몽골은 원래 사회주의체제를 유지해 온 국가이다. 그러나 소련이 해체됨에 따라 1992년 자유민주주의 체제로 전환되어 과도기에 지도층의 부정부패로 사회적으로 큰 혼란을 겪었던 나라이기도 하다. 그러나 몽골의 경우 지정학적 위치에서 볼 때 유라시아 인접 국가로부터의 접근이 용이하며 철도나 도로의 연결에 있어 중심적인 위치에 있다 보니 주변 국가로부터 협력의 제안을 많이 받기도 하였다.

몽골의 인구는 3,318,932명(2021년 기준)으로 세계 134위로 세계적으로 영토는 방대한데 인구가 너무 적은 것으로 언급된다. 1960년대 100만 명이 채 되지 않았음을 감안하면 그야말로 폭풍 성장이 이뤄진 셈이다. 인구수로는 아주 작은 국가이지만 국토면적으로 볼 때는 한반도의 약 7.4배에 달할 정도로 매우 큰 면적의 나라이다. 한겨레신문(2014년 8월 5일자)에 따르면 비전을 통한 유라시아 대륙과의 전략적 연계를 '트랜짓 몽골리아'전략으로 주변 국가들로부터 큰 호응을 얻고 있다고 한다. 특히 중국과 러시아로부터 지속적으로 협력을 체결하고자 하는 제안을 끊임없이 받고 있다. 그 이유는 몽골의 지정학적 위치가 유럽과 아시아를 연결하는 곳에 있기 때문이다. 한때 몽골은 유라시아 대륙은 물론이거니와 한반도의 동해까지 연계하는 지정학적 전략을 세워 교통망의 허브 역할을 수행하려는 계획을 가지고 있었다.

현재 대한민국에는 몽골인들이 상당수 거주하고 있으며 이들은 특히 의료관광치료 목적차 한국을 방문하기도 한다.

대한민국은 우선 몽골의 지정학적 위치를 최대한 활용하여 한반도-몽골 철도협약을 체결하여 지속적으로 관리할 필요가 있다. 대한민국은 몽골과 1990년 3월 26일 수교를 하였으며, 북한은 1948년 10월 15일 몽골과 수교를 맺었다. 물론 남과 북이 서로 분단된 현 상태에서는 어렵겠지만 북한과 연계하여 남쪽까지 연결될 수 있는 조건을 몽골이 북한한테 제안한다면 북한으로서는 수용할 가능성이 높다고 본다. 북한의 경우 독자적으로 어떤 일을 수행한다는 것 자체가 쉽지 않다. 바로 이런 점을 감안하여 인접국가 중 지정학적 위치에 있어 많은 장점을 갖고 있는 몽골을 중심으로 교통관련 시스템에서는 몽골이 직접 관여토록 재정지원을 하는 것이다.

중앙아시아 5개 국가와 대한민국이 유라시아 중심의 문화 관광체제를 공유하고 교통망을 구축하려는 시도가 매우 중요하다. 박병인(2009)의 “중국의 대중앙아시아 경제협력과 전망”에서는 20세기 초 중앙아시아 5개국은 소련에 편입되어 약 70년 동안 공동의 역사를 공유해 왔으나 소련이 해체됨에 따라 5개의 독립국가로 독립하였다고 한다. 고재남(2006)의 “중앙아시아의 전략적 부상과 전망”에서는 영국의 지리학자 매킨더가 유럽과 아시아 지역을 연결하는 중앙부에 위치한 중앙아시아 지역을 유라시아 중심축인 심장부로 설명한 것만 보아도 중앙아시아 지역은 교통의 요지라고 할 수 있다.

대한민국이 향후 유라시아 중심의 관광대국으로 가는 길에서 가장 우선적으로 해결해야 할 것이 바로 교통전략이다. 어떻게 보면 대한민국은 이제 남과 북이 서로 분단으로 왕래할 수가 없고 여기에 삼면이 바다로 둘러싸여 있어 교통학적인 면에서는 상당한 장애적인 부분이 많다. 이런 장벽을 허물어뜨리지 않고서는 무역뿐만 아니라 유라시아 국가와의 연대교류는 매우 힘들며 이런 상황이 향후에도 지속된다면 관광은 물론 모든 부문에서 힘들고 단절되어 버린다.

한반도를 중심으로 한 유라시아 국가와의 연대는 남과 북의 교통체계가 연계되고 유라시아 전역을 통과할 수 있는 교통시스템을 구축하는 것이다. 적어도 대한민국에서는 이들 지역에 교통관련 연구소를 설치하고 특히 철도연구소는 중앙아시아 지역과 공동으로 연구하면서 남과 북이 공동으로 일을 추진하도록 해야 한다.

미국은 이들 지역에 에너지자원 개발을 위한 투자를 원조성으로 진행하고 있으며 일본 역시 에너지자원에 많은 관심을 갖고 투자하고 있다. 여기에 중국은 가장 활발하게 에너지, 농업, 기타 사회간접시설에 투자하면서 이들 지역과의 연대를 모색하고 있다. 러시아 역시 사회간접자본에 투자하고 있으며 이들 국가는 모두 어떻게 하면 중앙아시아 국가와의 협약을 체결할지 고민하고 있다.

이런 모든 것을 감안할 때 대한민국에서는 이들과 어떤 협약과 투자를 해야 할 것인지를 고민해야 한다. 그 해답은 바로 교통투자이다. 중앙아시아 국가와의 교통관련 투자는 도로시설, 철도시설 등의 시설에 새롭게 교통체계를 갖추도록 투자를 아끼지 말아야 한다. 대한민국은 교통으로부터 단절된 나라임을 명심해야 한다. 대한민국이 관광대국으로 가려면 우선 교통문제가 해결되지 않으면 그 길은 무척이나 험난하다.

관광대국은 바로 유라시아 철도를 한반도와 연결하는 것이다.

# 유라시아 지역과 MOU를 체결하라

1-10

동북아시대 대한민국이 관광의 중심이 되려면 유라시아 지역의 국가들과 MOU를 늘려야 한다. 물론 MOU를 많이 체결한다고 해서 당장 어떤 일이 이루어지는 것은 아니지만 말이다.

일의 성사와 관계없이 대한민국에서는 이들 지역과의 지속적인 교류가 향후에는 남북관계 개선에도 확실한 도움이 될 것이라 확신한다. 한국과 러시아가 사증면제협정을 위한 MOU 체결, 한·러 공동의료관광협약, 한국과 카자흐스탄과의 자원개발 MOU 체결, 한국과 중국과의 관광협약 MOU 체결 등 민간단체는 물론이거니와 정부단체 등 MOU 체결의 수를 지금보다 100배 이상을 늘려 유라시아 지역과의 교류를 성과 여부와 관계없이 지속적으로 이루어야 한다. 특히 관광분야는 상호교류에 있어 아주 큰 역할을 할 수 있다. 유명관광지를 상호 국가 간에 정하여 그 해당 관광지를 방문하는 관광객에 대해서는 상호 항공요금, 숙박요금 등에 대해 파격적인 할인제도를 적용시켜 준다. 특히 대한민국보다 개도국의 경우 적극적으로 이를 적용시켜 국내관광의 활성화가 이들 지역으로부터 유입되도록 지속적으로 관리할 필요가 있다.

이제는 유라시아 지역과의 관계성을 그 어느 때보다 높여야 한다. MOU 체결은 국가 간의 교류를 활발하게 이루어지게 할 뿐만 아니라 국가 간의 벽을 쉽게 허물어버릴 수 있다. 특히 문화관광의 교류는 장벽을 쉽게 무너뜨릴 수 있다는 사실을 알아야 한다. 무역의 전제하에 이런 것을 행하기에 앞서 관광산업에 종사하는 사람뿐만 아니라 정부차원의 교류에 힘쓰다 보면 자연스럽게 무역이 이루어지고 만들어진 제품이 저절로 수출로 이어진다. 여기에 관광객의 이동이 바로 무역이다.

대한민국에는 문화산업교류단체가 많이 있다. 국제교류단체도 있다. 문화 ODA 사업과 같은 단체들이 유라시아와 연계해 이들의 행사에 정부차원에서 적극적으로 재정지원을 해주어야 한다. 예를 들면 지금까지 자체적으로 문화엑스포를 개최하던 것에서 가능하면 이들 유라시아 지역과 공동으로 개최하는 것에 온 힘을 기울여야 한다. 또한 유라시아 지역과의 공동 관광상품 개발을 통해 이를 전 세계를 대상으로 공동으로 홍보하고 판매하는 방안을 고려해야 한다. 가칭 한-유라시아 패키지 상품을 개발하여 교통, 숙박, 관광지, 식사, 가이드 등의 모든 비용을 하나의 티켓으로 판매하고 ONE-STOP으로 관리하는 것이다. 즉 공동으로 협의하고 공동으로 판매하는 방안이다. 물론 이런 것을 하려면 정부에서의 적극적인 참여가 필요하다. 외교부와 문화체육관광부에서 적극 협조하고 지원해야 할 것이다. 바로 이런 이유 때문에 관광청의 설립이 필요하다는 것이다. 남북한이 협력해야 이 모든 것을 이룰 수 있지만 독자적으로라도 유라시아 지역과의 항공협정 등 다양한 협력을 모색하면서 이들 나라와 함께 남과 북이 관광의 교류를 활성화시키고자 노력하는 것이 무엇보다 중요하다. 관광은 이념적, 정치적 갈등을 해소할 수 있기 때문에 오직 관광만이 평화를 이룰 수 있다고 확신한다. 단지 관광을 통해 경제적 이득을 취하는 것도 중요하지만 더욱 중요한 것은 남과 북의 갈등을 관광으로 해결하자는 것이다. 남과 북은 이미 오래전 금강산 관광을 통해 교류한 적이 있기에 얼마든지 가능한 일이다.

과거 대한민국에서는 '유라시아 아트 익스프레스'라는 프로젝트를 수행한 사례가 있다. 물론 유라시아 지역의 국가와 연계한 프로젝트다. 전문가의 입장에서 한 가지 제안하고 싶은 것은 유라시아가 공동으로 관심을 가질 수 있는 핵심테마를 선정하여 유라시아 지역과 공동으로 축제를 개최하는데 이 행사는 전적으로 참가국이 비용을 지불하는 방식이다. 매년 마치 올림픽행사와 같이 4년마다 한 번 할 수 있으며 아니면 격년으로 하는 방안도 고려해야 한다.

# 한·일, 한·중 관계 관광으로 해결하자

1-11

한국과 일본, 한국과 중국은 가장 가까운 나라이면서도 가장 먼 나라이기도 한 것 같다. 한국과 일본은 아주 오래전부터 관계가 좋지는 않았다. 최근 위안부 문제로 더욱이 관계가 나빠졌다. 물론 일본의 태도가 문제다. 일본의 사과는 독일의 사례에서 많이 배워야 할 것으로 본다. 그러나 이런 양국 간의 관계를 관광을 통해 해결하자는 제안을 하고 싶다. 불과 얼마 전까지만 해도 일본의 관광객이 한국을 방문한 것과 한국의 방문객이 일본을 방문한 것을 비교해 보면 양쪽 모두의 나라에 큰 이익이 된 것은 사실이다. 사실 관광은 평화의 원동력이다. 사람과의 관계성을 놓고 볼 때 물론 이념적 갈등을 제외한 순수한 이동을 전제로 볼 때 낯선 곳을 방문하는 것은 인간의 욕구 중 호기심을 발동하는 데 있어 중요하다. 이런 호기심차원에서 양국의 관광객 이동은 매우 중요하다. 사실 양국 간의 갈등은 양국 모두가 장기적인 관점에서 볼 때 이익보다는 손해가 더 클 것으로 본다. 관광은 평화의 여권이기 때문에 이를 통한 관계회복을 시도하는 것도 하나의 방법이 될 수 있다.

얼마 전 사드 문제로 발생한 중국의 금한령에 대해 알아보자. 금한령이라고 하는 것은 중국 내 한류 문화 콘텐츠 사용금지와 대한민국과의 문화교류 또는 관광을 못하도록 중국당국이 금지한 행위 일체를 일컫는 말에서 나온 것이다.

금한령이 내려진 이후 한국을 방문한 중국인 관광객은 급격히 줄어들었다. 그 이유 중 하나는 바로 2016년 사드설치에 따른 보복조치의 하나라고 보는 견해가 지배적이다. 금한령 기간 동안 중국을 제외한 동남아시아 관광객 수는 증가하였지만 관광으로 인한 중국인들의 소비성향을 비교해 보면 중국을 따라갈 수 없다. 중국인 관광객의 씀씀이가 그만큼 크다는 의미이다. 이들의 쇼핑에서 지출하는 금액은 상당한 액수에 달한다. 이로 인해 중국인 관광객이 많이 몰리는 지역, 예를 들면 제주도나 부산, 서울의 명동은 한때 중국인 관광객들로 만원이었으나 지금은 텅 빈 상태이다. 물론 국가적인 관점에서 볼 때 사드는 분명 자국정부의 보호차원에서 필요한 것이다. 그러나 중국의 관점에서 볼 때 자국에 피해가 온다고 생각하면 이 역시 중국관점에서 생각할 수밖에 없다. 사실 사드문제는 중국이 너무 민감하게 반응을 한 것이다.

이제는 관광을 통해 모든 것을 해결하자고 제안하고 싶다. 정치적인 것을 제외하고 순수한 관광의 목적으로 자국을 방문하는 것에 대해서는 국가 간에 협의를 할 필요가 있다. 중국의 사드문제로 상호 방문객이 줄어들고 한국과 일본의 위안부 문제로 갈등이 야기되는 것과는 달리 순수한 관광자원과 이국적인 문화를 찾아 자국을 방문하는 것에 대해서는 상호 국가 간 이해의 폭을 넓히는 것이 모든 국가에 이익이 될 것이라고 본다. 물론 관광의 특성상 하나는 정치적 안정과 안보 등에 많은 영향을 미치는 것이 사실이다. 그러나 문제는 이런 갈등이 오래가면 갈수록 양국 모두 이익보다는 손해가 클 것으로 본다. 물론 필자의 관점에서 보는 견해이기는 하지만, 이제는 가까운 나라가 서로의 나라를 관광목적으로 자유롭게 방문할 수 있도록 외교적 채널을 통해 지속적인 노력을 기울여야 할 것으로 본다.

대한민국이 관광대국으로 가는 시점에서 해결해야 할 과제 중 하나가 바로 이런 갈등적인 요인을 해결할 수 있는 해법을 찾는 것이다. 갈등의 해결 없이는 코로나

19 이후 대한민국이 3,000만 명 이상의 외국인 관광객을 유치하는 데 있어 한계가 있다. 인접한 국가에서 방문하지 않으면 이런 수치를 달성한다는 것 자체가 무리이다. 바로 관광교류를 통해서 이념 간 갈등, 정치적 갈등 등의 모든 갈등요인을 해결할 수 있다. 모든 것을 한꺼번에 해결하려면 힘든 것이다. 국가 간 정상끼리 해결할 수 없는 것이 있다. 그래서 민간 교류가 중요한 것이다. 국가의 정상끼리 해결할 수 없는 난제들은 오히려 민간단체가 해결할 수 있는 것이 많다. 그중 하나가 관광의 행정을 담당하는 최고 책임자가 만나서 평화적으로 해결하는 것으로 아주 좋은 방법 중 하나이다.

# 지역경제 활성화, 관광산업을 육성하자

## 제 2 부

# 관광을 국가전략산업으로 육성하자

2-1

세계의 주요 국가에서 관광을 국가전략산업으로 육성하기 위한 방안을 다각적으로 모색하고 있다. 스페인, 뉴질랜드, 태국, 일본 등의 나라에서 관광은 이제 국가의 경쟁력을 좌우할 정도이므로 정부차원에서 직접 나서 관광산업을 육성함으로써 고용 창출 및 지역경제의 활성화를 도모하고 있다. 그러나 대한민국은 코로나19로 인해 관광산업이 직접적으로 큰 타격을 입은 나머지 관광에서의 큰 비전을 기대하지 않는 것도 있지만 문제는 코로나19 이후에 급격히 늘어날 수 있는 관광수요에 대한 대처를 정부차원에서 직접 나서야 할 시점이 왔다.

1950년 6·25전쟁 이후 대한민국은 엄청난 발전을 거듭해 왔다. 개발도상국의 인식 아래 국가의 어려운 여건을 물리치고 각 산업분야에서 열심히 일하여 오늘날 대한민국이라는 부강한 나라가 탄생한 것이다. 이러한 밑바탕에는 관광산업에 종사하는 많은 사람들이 큰 역할을 하였다고 본다. 고용창출, 지역경제의 활성화, 국가의 GDP 향상 등 관광으로 인한 크고 작은 기여가 국가차원에서 볼 때 큰 도움이 되었다.

이제는 국가적으로 관광을 전면적으로 컨트롤할 수 있는 강력한 중심조직이 필요하며 이러한 조직을 통해 관광정책을 펼쳐나가야 할 시점이다. 위기 뒤에 기회가 찾아온다. 코로나19로 인한 관광산업의 침체는 필자가 생각건대 그리 오래가지 않을 것으로 전망된다. 일단 현재 실시하고 있는 관광진흥법과 시행령을 통한 국가관광 전략회의의 기능을 더욱 강화해야 할 것으로 본다. 여기에 차관조정회의의 기능과 권한에 대한 명확한 설정이 필요하다. 단지 보여주기 식의 행정으로는 관광의 전략산업으로 가는 길에 있어서 큰 이익이 되지 않는다. 관광정책을 입안하는 공직자들은 관광에 대한 인식부터 먼저 제고한 후 관광의 중요성과 이로 인해 파급되는 경제적, 사회적 가치에 대한 이해가 필수적이다.

지금은 지방분권시대로 지방과 정부가 상호 협조하여 관광정책을 수립하고 예산 및 각종 지원제도가 이루어져야 한다. 일방적인 행정으로는 지방의 분권시대에 큰 도움이 되지 않는다. 이를 해결하기 위해서는 무엇보다도 관광의 전문성 행정에 기반을 둔 관광정책이 펼쳐져야 한다.

관광의 범위는 매우 넓다. 단순히 먹고 자는 것만을 해결해 주는 것이 관광이 아니다. 관광을 산업적인 측면에서 접근해야 관련 정책을 수립하는 데 큰 도움이 된다. 산업은 일자리 창출과 경제의 활성화, 지역경제에도 큰 도움이 된다.

2018년은 지금까지 관광산업관련 정책을 수행하면서 가장 뜻 깊은 해였다고 생각한다. 왜냐하면 국가관광 전략회의라는 정부주도하의 정책이 처음으로 시행되는 해였기 때문이다. 그나마 관광정책의 컨트롤 타워 기능을 수행하는 정부기관의 참여는 매우 뜻깊은 일이다. 그러나 이런 행사가 단지 일시적 현상으로 끝난다면 관광산업의 발전은 절대 기대할 수 없다.

# 관광산업 발전시켜 일자리를 창출하자

2-2

대학을 졸업하고도 갈 곳이 마땅치 않다. 이렇다 보니 젊은이들이 방황할 수밖에 없다. 기업에서 일자리가 창출되고 젊은이들이 일자리가 있어야 하나 기업에서 생산이 제대로 돌아가려면 만들어진 제품이 판매되고 기업에서 일자리 창출을 할 수 있는 여력이 되어야 한다. 즉 돈이 있어야 한다. 그러나 제조업의 경우 일자리 창출이 만만치가 않다.

직장이 없으면 결혼도 어려워지고 결국 대한민국은 저출산과 독신으로 살아갈 수밖에 없다.

세계 주요 국가의 관광산업에서 나타나듯이 관광으로 인해 많은 일자리를 창출하였을 뿐만 아니라 관광산업을 주력산업으로 하는 나라에서는 엄청난 외화도 벌어들였다. 통계에 따르면 전 세계에서 매년 새로 창출되는 일자리 10곳 중 1곳은 관광산업에서 생긴다고 한다. 결코 작은 수치는 아니다.

국제관광이사회의 보도 자료에 따르면 경제선진국이라고 할 수 있는 미국, 영국, 프랑스, 일본, 독일 이들 5개국에서 발생한 취업자 수를 조사해 본 결과 농업의 1.7배, 제조업의 3.8배, 자동차공업의 4.8배, 금속공업의 6.2배에 달할 정도로 관광산업에서 발생하는 일자리 창출은 아주 높다. 특히 관광산업에서 발생하는 수입 중 외화 수입은 전체 수입 중에서 20%를 넘는다고 하니 관광산업을 이제는 소비성 산업이라 하여 경시할 일이 아니다. 뿐만 아니라 이들 5개국의 관광산업에서 발생하는 관련 산업의 증가세를 비교해 보면 농업의 3.1배, 자동차산업의 3.6배, 금속공업의 4.3배, 방직산업의 5.6배에 달해 앞서 언급한 나라에서의 관광산업은 빠른 속도로 성장하고 있다. 관광산업이 빠르게 성장하면서 이들 나라의 관련 산업에서의 고용창출도 높아져 실업률이 그만큼 줄어들게 되었다.

선진국이라고 할 수 있는 5개국에서 관광산업에서 창출되는 일자리만 보아도 정부차원에서 관광산업을 육성시킬 필요가 있다. 최근 코로나19로 인해 관광산업 전체가 막대한 타격을 입고 있지만 머지않아 코로나19가 종식된다면 관광산업은 국가차원에서 매우 중요하게 다루어야 할 것이다.

관광산업은 연관산업으로의 발전을 확대시켜 결국 관련 산업은 물론 관광산업에서 필요한 제품들의 구매를 촉진시켜 결국 전 분야에서 고용이 창출된다. 예를 들면 호텔기업에서는 인력이 필요할 것이고 여기에 호텔 내에 투입되는 각종 소비제품은 물론이거니와 전기, 전자, 각종 리넨류, 식음료, 기물 등 상당수의 제조업 제품들이 요구된다. 호텔은 인적 자원에 의존하는 비율이 타 산업에 비해 월등히 높다. 예를 들면 객실 200개의 호텔이라고 하면 최소 객실당 0.5명만 되어도 100명의 인원이 필요하다.

과거에는 개발도상국에서 자국 내의 관광자원으로 인해 관광산업이 번창하였지만 지금은 개발도상국뿐만 아니라 선진국 모두가 관광산업에서의 외화획득과 고용창출, 관련 산업 번창 등의 멀티 효과로 인해 앞다투어 관광산업을 발전시키기 위한 각종 전략을 정부차원에서 힘쓰고 있다.

대한민국이 관광의 대국으로 가는 길에 올라서려면 무엇보다도 관광을 단지 소비성이라고 하여 무시할 것이 아니라 관광산업에서 무엇이 창출되는지를 면밀히 검토해야 한다. 관광산업은 종합산업이다. 관광객이 한 나라를 방문할 때는 음식, 숙박, 교통, 오락, 상품, 인터넷 등 다양한 것을 구매한다는 사실을 잊어서는 안 된다. 이 모든 분야에서 일자리가 창출된다는 사실을 다시 한번 명심하자.

## 정부는 관광산업에서 일자리를 만들어라

위기 이후에는 항상 기회가 오는 것이다. 그렇다면 향후 관광산업에서 일자리를 창출하려면 어떻게 해야 할까? 실로 그 해답이 쉬운 것은 아니다. 2013년 관광산업에서 발생하는 고용지수는 23만 명에 달했으며 여기에 더해 취업 간접 고용지수까지 합치면 약 46만 명에 달한다. 실로 작은 수치는 아니다. 한국고용정보원의 조사에 따르면 2005년부터 2014년까지의 약 10여 년 동안 연평균 3.1%를 기록했으나 2020년에 들어서자 1.7%로 떨어질 것으로 예상했지만 이는 코로나19로 인해 거의 고용이 절벽에 이를 정도로 고용지수가 나오지 않았다. 코로나19는 관광산업 전반에 대해 폭풍처럼 다가와 일거에 모든 일자리를 날려버렸다. 이제 관광산업은 코로나19 이후에 대비해야 할 시점에 와 있다. 만약 이대로 코로나19가 지속되거나 계속해서 변이 바이러스가 나타난다면 이는 매우 절망적일 수밖에 없다. 그러나 각국에서의 백신 개발로 머지않아 코로나19가 잠식될 것이라 확신한다.

정부에서는 관광산업 전반에 대해 진단할 필요가 있으며 코로나19 이후의 관광산업에서 고용을 창출할 수 있는 발전적인 정책을 세워야 할 것이다. 관광산업은 융·복합이 가능한 산업으로 얼마든지 고용 창출이 가능하다. 코로나19 이전까지만 해도 관광농업, 면세점, 공연장, 관광두레, 관광숙박업 등 다방면에서 고용이 창출되고 있었다. 전 세계적으로 공유숙박이 도입되어 일반 아파트에서도 관광객을 맞을 수 있다. 뿐만 아니라 장소나 크기, 위치에 관계없이 잠을 잘 수 있는 공간이라면 얼마든지 숙박업이 가능한 시대가 온 것이다. 향후에는 정부에서도 관광공유숙박업이라는 새로운 개념의 숙박업을 도입할 필요가 있다고 본다. 물론 기존의 호텔이나 일반 숙박업에서 강력하게 반대할 수 있다. 그러나 세계에서 선택하고 있는 숙박업 시스템을 우리도 도입할 필요가 있다. 농장에서 시골집에서 아니면 도심지의 중앙에 있는 아파트에서도 얼마든지 숙박이 가능한 시대가 도래할 것이기 때문이다. 단지 키만 맡기면 누가 언제 어디에서 오든 아무 문제가 없는 숙박시스템이다.

정부차원에서는 가칭 관광산업 일자리 창출위원회를 두어 수시로 회의를 통해 일자리를 창출할 수 있는 관광산업을 찾아야 할 것이다. 이는 전 세계적인 정보망을 가동해서라도 새로운 일자리 창출이 매우 필요하다.

관광산업분야의 일자리가 넘치려면 관련 업종의 범위를 확대하고 현재 전 세계적으로 여행객이 오고가는 시대에 걸맞은 일자리가 중요하다. 예를 들면 공정여행기획자, 관광재생디자이너, 노인층의 복지여행을 안내할 복지여행코디네이터, 할랄 전문가, 관광스타트업, 관광기획가, 커피바리스타, 맞춤여행전문가, 테마여행전문가, 관광경찰, 지자체차원의 관광개발전문가 등 정부차원에서 얼마든지 관광에 대한 전문가에 관심을 둔다면 고용 창출이 가능하다. 그러나 문제는 이들 일자리가 단지 한시적일 수 있다는 것에 있다. 물론 평생 보장되는 일자리도 중요하지만 파트타임식으로 한시적인 일자리도 필요한 것이다. 단지 생계형 일자리, 노년층을 위한 단기 일자리, 여행이나 취미를 중심으로 한 일자리, 지자체의 한시적 일자리 등 그 종류와 범위는 매우 넓다. 외국의 경우 지역을 찾는 관광객에게 지역의 전통음식, 관광지, 역사유적지 등을 전문적으로 해설해 주는 전문 해설사가 있다.

2013년 관광사업체의 수를 전체적으로 파악한 결과 1만 8,441개였던 것이 2018년에는 3만 3,452개로 거의 200% 증가했다. 이는 문화체육관광부에서 나온 통계 수치인데 5년 만에 2배로 늘었다면 만약 코로나19 이후에는 폭발적으로 일자리가 늘 가능성이 매우 높다고 할 수 있다.

# 관광전문가를 집중 양성하라

2-3

매년 제주도의 올레길을 찾는 방문객이 수백만 명이 넘는다. 사실 제주 올레길이 개발되기 전까지는 현재의 제주 올레길을 걷는 사람들은 그리 많지 않았다. 물론 해변을 따라 길을 걷는 사람들은 있었지만 지금과 같이 어떤 테마를 가지고 길을 걷지는 않았다. 오늘도 많은 사람들이 제주를 찾는 이유 중 하나는 제주의 올레길을 걷기 위해서다.

제주 올레길을 처음 개발한 사람은 서명숙 이사장이다. 그는 올레지기로 오늘도 걷고 있다. 서명숙 이사장이 올레길을 개발하였기에 오늘날 제주도는 무한의 관광객이 제주도를 찾는 것이다.

국내 최초 여성 시사 주간지 편집장을 역임한 서명숙 이사장은 만 50세 생일을 한 달 앞두고 홀연히 스페인 산티아고로 떠났다고 한다. 스페인 산티아고에서 만난 사람은 오늘날 제주도의 올레길을 탄생시키는 데 큰 역할을 했다. 그는 "돌아가 너는 너의 길을 만들어라. 나는 내 나라에서 나의 길을 만들겠다."라는 말에 감동받은 서명숙 이사장은 2007년 사단법인 '제주 올레'를 만들어 오늘날 제주에서 가장 각광받는 관광코스가 되었다.

제주도의 길은 오래전부터 농사를 짓는 사람들이나 해안가를 걷는 사람들이 일부 통행이 편하도록 만들어놓은 것이다. 그러나 이런 길을 누군가 새로운 테마의 관광지로 부각시키는 것이 실로 쉬운 일은 아니다. 무심코 걷는 사람이라면 아무 생각없이 걸을 수 있다. 그러나 무언가 이야기를 만들고 테마를 주는 사람이 있다면 그 사람은 관광전문가이다. 관광전문가의 입장에서 보았을 때 일반인이 사물에 테마를 부여하는 것은 절대 쉬운 일이 아니다. 한 사람의 전문가가 올레길을 만들었다고 상상해 보라. 경제적, 사회적 가치는 무한한 것이다. 아마도 향후 100년이 지나도 제주의 올레길은 영원할 것이며 대한민국의 영원한 올레길이 될 것이다.

스페인 산티아고 길에 매년 수천만 명이 전 세계에서 몰린다고 한다. 이 역시 경제적 가치로 환산하면 엄청난 달러를 스페인 정부에서 벌어들이는 것과 마찬가지다. 자동차를 수출하고 제조업의 수출로만 외화를 벌어들이는 것은 절대 아니다. 관광산업은 굴뚝 없는 공장에서 무한대로 생산해 내는 무형의 제품을 무한대로 고객한테 판매할 수 있는 꿈의 상품이다.

대한민국은 관광을 전문적으로 개발할 수 있는 전문가를 육성해야 한다. 우리의 관광자원은 무한하나 아직까지 이렇다 할 성적표는 내지 못하고 있다. 정부당국에서 관광정책을 수립하는 사람들의 경우 물론 모두 다 해당되는 것은 아니지만 대한민국은 우수한 관광자원이 없다고 한다. 그러나 절대 그렇지 않다는 것을 심각하게 받아들여야 한다. 관광은 무에서 유를 만드는 사업이다. 아무 보잘것없다고 판단되는 무형의 자원을 관광전문가에게 맡겨보라. 아마도 전 세계의 관광객이 대한민국을 찾을 것이다. 그러나 아직까지 우리의 현실은 관광전문가를 육성하려는 노력을 기울이지 않는다. 대한민국에서 개발할 수 있는 관광자원은 호텔, 여행지, 음식, 자연자원, 역사 등 무궁무진하다. 단지 없다고 포기하기 때문에 이 분야에 대한 발전 속도가 느린 것뿐이다.

서명숙 이사장이 스페인 산티아고 길을 걷고 나서 제주의 올레길을 탄생시켰다.

스페인 산티아고 길이 850킬로미터나 되어서 전 세계의 관광객들에게 인기가 있는 것은 아니다. 단지 길에 테마를 부여했기 때문에 가능해진 일이다. 관광전문가는 이런 일을 끊임없이 해야 한다. 정부차원에서도 관광전문가들이 공공 정책기관에 들어가 세계적인 관광자원을 개발할 수 있도록 문호를 개방해야 한다.

# 관광산업분야에서 찾아야 할 미래의 일자리

2-4

코로나19로 인해 전 세계의 경제가 휘청거리면서 실업이 급등하고 있다. 대한민국 역시 마찬가지로 일자리에서 자유로울 수 없다. 최근에는 OECD 국가별 비교에서도 실업률이 급등하여 대한민국이 최하위에 머무르고 있다. 그렇다면 어디에서 실업을 구제하고 일자리를 창출할 것인지를 정부차원에서 고민하지 않을 수 없다.

대한민국의 현주소를 살펴보면 저출산 고령화가 급속도로 진행되고 있다. 결혼과 아이를 갖는 것에 대해 관심을 갖지 않는 것 같다고 생각하는 사람도 있다. 그러나 생각해 보라. 젊은이들이 안정된 직장이 있다면 게다가 정년이 보장되는 직장이라면 결혼을 회피할 이유도 없을뿐더러 아이를 낳지 않을 이유도 없다. 직장이 있어야 아이도 있고 결혼도 하는 것이다.

대한민국은 지금 일자리에 있어서만큼은 위기상황이다. 그렇다면 어떻게 이 난국을 헤쳐 나갈 것인지를 고민해야 한다. 지금부터는 정부차원에서 일자리 창출만 외칠 것이 아니라 어디에서 일자리를 창출할 것인지 심각하게 고민해야 한다. 그 해답은 바로 관광산업이다. 그리고 이 분야에서 지속적으로 새로운 일자리를 만들어야 한다.

최근 한국관광공사에서 발간한 '관광분야 직업정보 가이드북'에 따르면 관광산업

관련하여 많은 일자리를 소개하고 있다. 책자에 실린 내용을 참고하여 일자리 직종을 알아보자. 관광분야에서는 여행업, 호텔업, 리조트업, 운송업, 통역업, 관광농업, 외식업, 카지노, 여행이벤트, 항공업, 관광연구원 등의 다양한 업종에 많은 일자리가 있다. 특히 호텔분야에서는 숙박수요가 코로나19 이후 전국적으로 여행 붐이 일어 숙박업에 종사하는 사람들이 늘어날 것으로 본다. 관광호텔을 제외하고도 최근에는 숙박형태의 다양한 호텔업이 있어 이들 분야에 취업하는 사람들도 상당수에 달한다. 특히 과거와는 달리 숙박업에서도 4차 산업을 활용한 빅 데이터로 예약을 분석하는 전문가의 경우 연봉 몇 억을 주어도 구하기가 힘들다. 이들은 단순히 과거처럼 고객의 전화나 예약만 받는 것이 아니라 그 지역으로 들어오는 관광객의 교통량, 숙박, 거주형태, 교통수요, 숙박요금, 호텔별 위치 등을 빅 데이터로 면밀히 분석하여 호텔마다 경쟁력 있는 가격을 산출하여 시장에 내놓는 가격도 책정한다. 물론 이런 방식으로 하지 않는 호텔도 많으나 이들이 하는 방식으로 운영하는 호텔에 비해서는 경쟁력이 떨어져 최근에는 빅 데이터를 활용한 예약전문가를 구하려 호텔마다 경쟁적으로 뛰어들고 있다. 향후 대학에서는 빅 데이터를 활용한 예약전문가를 육성할 필요가 있다.

뿐만 아니라 관광산업분야에서는 과거에 없던 다양한 직종들이 새롭게 탄생하였는데 이들 분야는 앞으로도 각광받을 것이다. 예를 들면 한국관광공사 관광분야 직업정보 가이드북에 따르면 전통문화 스토리텔러, 장애인관광코디네이터, 공정여행가, 반려동물 동반여행 플래너, OTA 플랫폼전문가, 테마파크디자이너, 도시마케팅전문가, 아름다운 길 연구가, 모바일전시큐레이터 등 기존의 업종에 비해 보다 전문적인 성향의 직업군으로 진전되었다고 할 수 있다. 종전에는 호텔 하나만 가지고도 수십 개의 직종이 있으며 물론 현재에도 그러한 직종이 있지만 향후에도 관광산업과 관련해서는 상당한 직업이 탄생할 것으로 보인다.

이제는 관광산업을 정부차원에서 깊이 생각하여 국가의 전략산업으로 육성시키는 것에 대해 주저하지 말아야 한다. 향후 젊은이들의 일자리는 미래의 대한민국에서 중요하다. 이들의 일자리가 사라지고 실업이 늘어나면 국가의 경쟁력은 점점 떨어지게 되며 사회적으로도 큰 혼란을 야기할 수 있다. 대한민국은 일자리 창출이 무엇보다 중요한 시대가 되었다. 과연 무엇으로 일자리를 창출할 것인지를 깊이 있게 고민해야 한다.

# 포스트코로나, 국내관광의 활성화로 지방경제를 살리자

2-5

코로나19로 인해 지방경제는 물론 전 국민이 힘들어 하고 있다. 그나마 다행히도 제주도나 강원도의 경우 국내관광객이 어느 정도 호황을 이루고 있으나 이는 코로나19 이전에 비해 훨씬 저조하지만 그래도 관광객이 제주도를 많이 찾고 있다. 코로나19로 인해 해외여행을 가지 못하는 여행객의 욕구를 채워주는 것이 제주도나 국내 지방의 유명 관광시가 아닌가 싶다.

대한민국이 관광의 대국으로 가는 시점에서 국내관광의 활성화는 매우 중요하다. 왜냐하면 해외여행의 폭증으로 인한 여행수지 적자가 매년 발생하였기 때문이다. 대한민국의 소중한 관광자원들을 보는 것이 해외의 그 어느 국가와 비교해도 전혀 뒤지지 않는다. 국민들의 관광에 대한 인식이 높아져야 그에 따른 관광정책도 부흥하는 것이다. 일반 국민들이 보기에 아직도 관광 하면 노는 것으로 인식, 여기에 소비만 부추긴다는 생각으로 관광을 대한다면 관광의 대국으로 가는 선진국을 따라갈 수 없다. 관광의 참여와 그로 인한 심리적, 경제적, 사회적 효과가 발생한다는 인식이 국민의 저변에 있어야만 국가차원에서도 관광의 전략산업으로의 인식전환이 가능하다고 본다.

연도별 국민 해외여행객 수 및 관광지출

(단위: 만 명(%), 달러(%))

| 연 도 | 관광객 수(증감) | 관광지출(증감) |
|---|---|---|
| 2007 | 1,333.0(15) | 16,931,500(18.4) |
| 2008 | 1,199.6(−10) | 14,571,700(−13.9) |
| 2009 | 949.4(−21) | 11,035,700(−24.3) |
| 2010 | 1,248.8(32) | 14,277,700(29.4) |
| 2011 | 1,269.4(2) | 15,530,800(8.8) |
| 2012 | 1,373.7(8) | 16,494,500(6.2) |
| 2013 | 1,484.6(8) | 17,340,700(5.1) |
| 2014 | 1,608.1(8) | 19,469,900(12.3) |
| 2015 | 1,931.0(20) | 21,528,000(10.6) |
| 2016 | 2,238.3(16) | 23,688,600(10) |
| 2017 | 2,649.6(18) | 27,372,900(14.3) |

출처: 관광지식정보시스템(http://www.tour.go.kr)

연도별 해외여행객 수를 살펴보면 2007년도에 1,335.0만 명을 기점으로 해서 2008년에는 1,199.6만 명으로 10만 명 정도가 줄었다. 관광지출 면에서 살펴보면 16,931.500달러에서 14,571,700달러로 13.9%가 줄었다. 이어 2009년에는 11,035,700달러로 24.3%가 감소하였으며 이후 2010년부터는 계속적으로 증가세를 나타내며 2017년에는 27,372,900달러로 지출액이 계속해서 증가하였다. 관광객 수 역시 관광지출 면에서 나타나듯이 계속해서 증가하는 추세를 나타내고 있다. 2007년 1,333.0만 명에서 2008년에는 1,199.6만 명으로 줄었으며 이후 2009년에는 949.4만 명까지 줄어드는 추세를 보였다. 그러나 2010년부터는 해외여행객 수가 계속해서 가파르게 늘어나기 시작하여 2015년에 1,931.0만 명에서 2016년, 2017년 계속 늘어 2,649.6만 명이 되었고 해외여행객 수는 3,000만 명 시대에 돌입하였다.

그러나 코로나19 이후 해외여행객의 숫자는 급격히 줄어 더이상 해외여행을 갈 수 없는 상황까지 온 것이다. 만약 코로나19와 같은 전염병이 발생하지 않았다면 대한민국의 해외여행객 수는 계속해서 늘어날 확률이 매우 높다고 할 수 있다. 이런 이유로 인해 대한민국의 여행수지는 항상 적자가 발생한 것이다.

코로나19가 얼마나 지속될지 모르겠으나 코로나19가 멈춘다고 가정할 때 해외여행의 숫자는 잠정적으로 확 늘어날 확률이 매우 높을 것으로 본다. 왜냐하면 그간 자제해 왔던 여행의 욕구가 일시에 잠재적 폭발로 이어질 것이 분명하기 때문이다. 그러나 이제는 대한민국의 국내여행을 활성화시키기 위한 정부나 지자체의 노력이 절실하다고 본다. 물론 해외여행을 가는 사람들의 이야기를 들어보면 국내는 갈 곳이 마땅치 않다고 말하는 사람들이 있다. 사실 필자도 해외 여러 나라를 방문하였지만 대한민국만큼 아름다운 나라도 그리 많지 않다. 단지 우리가 국내에서 오랫동안 살아왔고 해외에 나간 경험이 많지 않아 편견적인 시각으로 바라보기 때문에 해외여행이 무조건 좋다고 생각할 수도 있다.

대한민국의 국내관광활성화를 위한 차원에서 정부나 지자체가 적극 나서 관광자원을 발굴하고 해외여행의 수요를 국내로 유턴시키는 전략이 필요하다. 국내관광의 활성화를 통해 해외여행객의 수요를 국내로 끌어들이고 여기에 외국인 관광객까지 유치하여 명실공히 대한민국이 관광대국으로 가는 초석을 다지자. 국내관광의 활성화로 지방경제가 살아나고 지방이 활력을 찾을 수 있다. 더욱이 농촌이나 어촌지역에는 대부분 노년층이 거주, 향후 국내관광이 활성화되면 지방으로의 귀농을 포함한 관광사업을 위해 젊은 층이 도시에서 지방으로 이동할 수 있다고 본다. 그 해답은 지역의 명소를 만들어 해외관광을 국내관광으로 돌리는 전략에서 찾아야 한다.

# 지역경제 활성화, 국민복지관광으로 해결하자

2-6

지난해 현대경제연구원이 발표한 '8.17 임시공휴일 지정의 경제적 파급 영향'보고서에 따르면 임시공휴일 지정이 소비지출에 영향을 미치는 것으로 조사되었다. 당시 임시 광복절은 토요일이었다. 이어 돌아오는 월요일을 임시공휴일로 지정할 경우 당일 하루 소비지출을 2조 1,000억 원으로 추정했다. 이로 인한 생산 유발액은 4조 2,000억 원, 부가가치 유발액은 1조 6,300억 원으로 분석하였다. 뿐만 아니라 광복절 등의 대체공휴일 지정으로 인해 각종 소비가 발생한 것으로 나타났다. 주요 소비로는 백화점, 면세점, 대형마트, 주요 문화시설 입장객, 고속도로 통행량 등의 매출이 큰 폭으로 증가한 것으로 나타났다.

휴일을 하루나 이틀만 늘려도 소비가 이루어져 결국 내수 진작에 커다란 영향을 미친다고 볼 때 이제는 여행을 통한 지역경제를 살리는 방안을 적극 고려해야 한다. 이미 지방은 소비가 늘지 않으며 주요 관광지를 중심으로 코로나19로 인해 많은 경제적 타격을 보고 있다. 임시공휴일을 하루만 지정해도 하루 소비지출은 2조 1,000억 원으로 그 액수가 상당히 크다. 이러한 지출은 향후 지역경제를 살릴 수 있다. 휴일의 대부분을 주요 지방의 유명한 관광지를 방문한다고 볼 때 지역의 내수가 진작될 것이 확실하기 때문이다. 국민복지차원에서 국민복지관광의 시대를 열어야 한다. 먹고 살기도 어려운 시절에 관광을 이야기한다고 생각할 수 있지만 절대 그렇지 않다. 여행을 통해 국민 삶의 질이 향상된다는 사실을 잊지 말아야 한다. 향후에는 주4일제 근무가 확산되고 대체공휴일 지정을 늘리면서 결국 국민의 여행횟수는 늘어날 것으로 본다. 이때 지역의 관광지 특히 농촌이나 어촌을 중심으로 여행객이 방문함으로써 지역의 경제가 살아난다면 이는 관광으로 인한 국민의 삶의 질 향상, 지역 관광지를 중심으로 한 노년층의 일자리 창출, 지역의 경제 활성화 등 다양한 목적으로 큰 이익을 얻을 수 있다.

정부에서는 코로나19로 인한 각종 지원금을 지원해 주고 있다.

국책연구기관인 한국개발연구원(KDI) 자료에 따르면 지난 해 5월 지급된 1차 전국민 코로나19 지원금은 14조 2,000억 원이라고 한다. 가구당 평균 40~100만 원을 지급한 것으로 나타났는데 지원한 액수 대비 실제 소비된 액수의 비율은 26.2~36.1%로 나타나 지원금의 모두가 소비로 이어진 것은 아니라고 한다. 광복절 대체공휴일을 하루만 지정해도 경제성장률 0.08% 상승효과가 나타난다는 현대경제원의 연구결과만 보아도 이제는 국민복지관광으로 내수를 진작시켜야 지역경제를 어느 정도 살릴 수 있음을 알 수 있다. 코로나19 이후, 외국인 관광객의 유치를 통한 지역관광의 활성화가 무엇보다 중요하며 더욱이 국민여가시대를 맞이하여 관광이 소비를 부추긴다는 부정적인 생각은 이제 잘못된 것임을 깨달아야 한다. 물론 호화로운 관광은 삼가야겠지만 여행을 통해 삶의 질을 향상시킬 수 있는 여가는 매우 필요하다.

지방의 경제는 점점 어려워지고 있다. 사람들이 농촌을 떠나고 있다. 지역의 상권은 찾아오는 사람이 없어 문을 닫는 점포가 늘어만 가고 있다. 농촌지역에서 5일장은 지역경제에 어느 정도 보탬이 되었지만 이제는 찾는 사람이 없다. 이런 문제점을 해결하기 위한 방안이 바로 국민복지관광의 시대로 지역을 살리자는 것이다. 사람들이 지방의 문화유적지나 관광지를 방문하면 당연히 지역의 5일장이나 외식업체 등에서 소비가 이루어진다. 여기에 숙박, 교통, 관광지 입장료, 외식 등 다양한 부문에서 소비를 하고 간다. 이와 더불어 제주도 '한달살기'처럼 농촌에도 한달살기 등 다양한 프로젝트가 있다. 점차적으로 삶의 질을 향상시키려는 노력이 여행을 통해 이루어진다는 사실을 잊지 말아야 한다.

정부에서는 각종 지원금을 지원해 주고 있다. 이로 인해 소비가 늘어나고 있다. 조금이라도 여유가 있는 사람들의 상당수는 자신이 가고 싶은 여행지를 원한다. 바로 관광으로 소비가 이루어지도록 한다는 것이다. 먹고 사는 것도 중요하지만 더욱 중요한 것은 삶의 질을 향상시킬 수 있는 여행이 미래의 대세라는 것이다. 국민복지관광시대를 열어가려면 지금부터라도 관련 정책개발을 서둘러야 한다.

# 지방인구 소멸도시 관광으로 해결하자

2-7

전 국민 여행문화 확산을 정부에서 앞장서서 해보자. 왜냐하면 일본이 코로나19 이전까지만 해도 3,000만 명의 외국인 관광객을 일본으로 불러들였었다. 뿐만 아니라 일본은 지방의 농촌지역을 중심으로 소멸되어 가는 산촌이나 어촌, 아주 작은 도시들을 내수의 소비를 진작시키기 위해 자국민 여행을 지방중심으로 많은 여행을 장려, 결국에는 자국민들의 여행을 통해 인구가 소멸되어 가는 지역의 도시에 사람들이 방문함으로써 마을의 생기가 살아나는 것은 물론이거니와 소비도 늘어났다. 여행객이 방문하다 보면 당연히 지역에서 소비가 발생하여 지역의 상권이 살아나기 때문이다.

이제 대한민국도 국민 모두의 여행을 통해 여행문화를 정착시키고 지방의 소도시, 즉 꺼져가는 인구소멸도시를 살려보자. 저출산, 고령화로 인해 특히나 농촌지역은 어려운 실정이다. 이를 국민여행시대를 만들어 해결해 보자. 우선 국민여행시대를 만드는 문화를 정착시키려면 무엇보다 정부차원에서 대체공휴일 제도를 앞장서서 시행하자. 일단 휴가가 많아야 여행을 가는 것이다. 일하는 날이 많으면 어떻게 여행을 갈 수 있는가. 뿐만 아니라 휴가제도도 대폭 개선하여 성수기에만 집중되어있는 휴가제도를 개선하는 운동을 기업이나 정부차원에서 우선적으로 전개하자. 여름철 휴가기간에 가면 교통의 지옥 속에서 여행을 체험하므로 여행 자체에 대한 좋지 않은 경험으로 인해 두 번 다시 여행을 가지 않을 것이다. 기업이나 정부차원에서 휴가철 성수기와 비수기를 선택하는 과정에서 비수기를 선택하는 사람들에게는 무언가 이득이 될 수 있는 혜택을 주자. 예를 들면 휴가를 하루 더 제공한다든지 일부 여행경비를 보조해 준다든지 등을 통해 성수기의 여행문화를 바꾸어 보자. 물론 쉬운 일은 아니다. 그러나 국민여행시대를 맞이하여 반드시 성수기에 여행을 떠나야 하는 오래된 관습을 타파하자. 이는 기업이나 정부차원에서 조금만 노력해도 국민 모두에게 정착시킬 수 있다고 본다.

프랑스는 1959년 이후 가족휴가마을 1,000개소 이상을 운영하여 지금까지 약 27만 명이 이용하였다고 한다. 대한민국도 전 국민여행을 정착시키기 위해 무엇인가 정부차원에서 아이디어를 내서 국민여행을 활성화시키자. 최근에는 전국적으로 주요 관광지를 중심으로 한 분양형 호텔들이 상당히 많이 들어서서 운영되고 있다. 이들 호텔 대부분이 영업도 부진하고 시행사와 시공사 그리고 분양받은 사람 모두 피해가 크다. 정부차원에서 나서서 해결할 일은 아니지만 이들 운영사와 협력하여 요금을 파격적으로 할인하여 주는 협약을 체결하는 방안을 고려해 보자. 운영에 따른 이득이 조금이라도 분양받은 사람들에게 돌아가도록 하자. 현재는 상당한 어려움에 처한 것이 사실이다. 휴양지의 비싼 숙박요금을 어느 정도 이들 분양호텔들과 원만하게 가격협정을 한다면 저렴하게 숙박할 수 있기 때문이다. 그리고 학교도 여름방학, 겨울방학, 봄방학 등 특정시기에 집중하여 방학을 하는 제도도 자율학기제를 시급히 도입하여 학기 중에 방학을 하는 방안도 고려해 보아야 한다. 방학과 여행은 밀접한 관계가 있다. 특정시기에 몰려 방학을 하다 보면 이들 기간이 대부분 여행의 성수기 기간이다. 그리고 전 국민 여행문화를 정착시키기 위해서는 여행으로 인해 정신적 스트레스 해소 및 심신수양 등 다양한 이득이 있다는 것을 사회학적 관점에서 파급시켜 여행문화 확산을 조성할 필요가 있다.

최근 요리문화가 확산되어 집집마다 요리에 관심을 가져 방송매체가 온통 요리와 관련된 것을 많이 방영한다. 이렇듯 여행문화 확산도 채널을 다양화해 국내의 주요 관광지 특히 농촌지역을 중심으로 한 여행을 다루는 기획을 해보자. 과거에는 일만 열심히 하면 성공한다는 말을 많이 들어왔다. 물론 틀린 말은 아니다. 그러나 이제는 일과 놀이·여행을 열심히 하면 인생이 행복해진다는 소위 여행스타 강사들이 많이 나와 여행문화운동을 장려해야 한다. 그리고 여행은 역시 돈이 있어야 한다. 기업에서 일부 보조해 주고 자가분담 일부, 정부에서 일부 보조해 주는 방안도 고려해 보자. 기업차원에서 여행경비를 일부 보조해 주는 것에 대해 정부차원에서 각종 세제혜택을 주는 방안도 고려해 보자. 여행은 시니어 세대들이 많이 동참해야 한다. 물론 젊은 세대의 여행도 무척 중요하다.

'죽기 전에 여행을 떠나자'라는 슬로건으로 여행문화를 확산시키자. 이제는 여행을 통해 사람들과의 소통이 이루어지고 여행을 통해 심신단련, 여행을 통해 지방의 소멸되어 가는 도시를 살릴 수 있다. 전 국민의 여행문화가 정착되어야만 여행의 중요성을 국민들이 인식하는 계기가 된다. 이는 대한민국을 찾는 세계여행객이 늘어나 대한민국이 아시아에서 최고 여행목적국가가 될 수 있다. 여행은 사치가 아니다. 더구나 특정인들의 특권이 아니라 전 국민 누구나 여행할 수 있도록 여행문화를 정착시키자.

# 스포츠관광시대를 열어라

2-8

많은 사람들이 월드컵 경기를 관람하기 위해 열광하고 있다. 전 세계 어느 지역에서 개최해도 이들은 거리와 비용을 개의치 않는다. 마찬가지로 대한민국도 향후에는 스포츠관광시대를 열어야 한다. 물론 축구의 수준이 한때 세계 4강에 진입한 적도 있지만 아시아에서만큼은 1인자임에는 누구도 의심의 여지가 없다. 따라서 아시아권을 중심으로 매년 개최하는 방안을 고려해 볼 필요가 있다. 물론 대한민국에서 모든 경기를 개최하는 것이 아니다. 아시아 국가가 돌아가면서 현행 몇 년 만에 한 번 하는 경기를 매년 하는 방안으로 스포츠에 대한 아시아인들의 열정을 대한민국이 주도해서 나서보자. 북한도 축구에 무척이나 관심이 많기 때문에 북한을 포함한 아시아 국가들끼리 매년 개최하는 방안을 고려해 보자.

이제는 스포츠관광의 시대이다. 스포츠관광시대를 열기 위해서는 물론 축구경기도 중요하지만 대한민국이 아시아를 비롯해 전 세계적으로 강한 스포츠 종목을 선택하는 방안이다. 태권도가 세계에서 대한민국이 최고라는 사실은 누구나 알고 있다. 바로 이런 이유 때문에 태권도를 활용하여 전 세계인의 태권도 축제를 대한민국에서 매년 여는 방법도 고려해 보아야 한다. 물론 스포츠관광에서 한두 가지 종목도 중요하지만 이를 배경으로 서울과 지방을 연계하는 방안을 고려해야 한다. 스포츠관광을 기조로 해서 전 세계 관광객을 유치하는 전략이다. 예를 들면 태권도, 축구, 양궁, 탁구 등 대한민국이 강한 종목을 선택하여 이를 주도적으로 개최하는 방안을 고려해 보자. 각 국가가 연례행사로 개최하는 방안이다. 그리고 참가객을 위한 각종 문화행사나 공연행사에 이들을 초청하는 방안이다.

유럽의 나라들을 돌아다니다 보면 길거리에서 공연하는 모습을 자주 접한다. 비록 많은 사람들이 모이지 않더라도 길거리에서는 지속적으로 공연을 한다. 대한민국에는 대학로라는 공간이 있다. 공연을 하기에 좋은 공간이다. 이들을 국가에서 조금만 지원해 주어도 활성화될 수 있는 여지가 충분하다. 공연관광을 배경으로 각종 뮤지컬도 관람할 수 있도록 하며 특히 한국의 전통 공연인 판소리 공연 등은 매우 인기가 높다고 본다. 인디밴드도 있다. 단지 공연을 보기 위해 먼 나라에서 대한민국을 방문한다는 것은 그리 쉽지 않다. 이런 이유로 스포츠관광을 중심으로 파생되는 각종 이벤트행사를 펼치라는 것이다.

세계의 관광객들은 아주 작은 전통적인 행사에 크게 매력을 느낀다는 사실을 인지해야 한다. 물론 유럽의 국가들은 오래된 성곽이나 몇 백 년의 역사를 간직한 교회 등에 세계의 관광객들이 몰리고 있다. 물론 대한민국보다 더 오래된 역사를 자랑하고 규모도 크지만 반드시 이런 것을 갖추지 않았다고 해서 관광의 경쟁력이 뒤떨어지는 것은 아니다. 테마별 관광콘텐츠에 아이디어를 잘만 구상해서 접목시키면 대한민국 나름대로의 경쟁력을 가질 수 있다. 전 세계의 관광객들이 아시아 지역으로 점차 몰린다는 사실에 주목하자. 대한민국은 전 세계에서 갖고 있지 않은 DMZ라는 분단의 현실을 갖고 있다. 물론 슬픈 현실이지만 그렇다고 이런 것을 그대로 놓아둘 수는 없다. 이념적 갈등이나 분단의 현실이 얼마나 슬프고 가슴 아픈 일인지를 현장의 방문을 통해 이해하도록 DMZ 관광상품화 전략을 세우자.

대한민국에 스포츠관광을 위해 방문하였다가 각종 공연을 관람하고 우리의 전통적인 것을 보여준다면 대한민국의 관광상품은 경쟁력이 있다. 특히 태권도의 경우 전 세계인들은 대한민국이 태권도의 원조이고 태권도만큼은 전 세계인의 대통령이 대한민국이라는 사실을 인지하고 있다. 이를 어떻게 관광에 접목시키느냐는 관광을 정책적으로 수립하는 전문가들에게 달려 있다. 미국의 한 동네를 방문한 적이 있다. 과거 암흑기 시대의 갱두목인 알카포네가 거주하던 동네에는 알카포네가 즐겨 쓰던 모자와 권총을 전시해 놓고 방문객으로부터 입장료를 받았다. 악의 대명사인 알카포네조차도 관광상품이 되었다는 것은 이벤트가 뭔가 대단한 나라는 미국이 아닌가 하는 생각이 들었다.

# MICE산업을 육성하라

2-9

MICE산업이란 M(Meeting-회의), I(Incentive Tour-포상관광), C(Convention-컨벤션), E(Exhibition-전시) 등을 종합적으로 아우르는 복합서비스산업이다. 한국MICE협회 보고서에 따르면 2017년 기준 전 세계 MICE 산업참가자는 15억 명, 2,600만 건 이상의 일자리 창출의 효과를 발생시켰으며 직·간접 경제적 효과는 약 2조 2,5000억 달러(약 2,500조 원)의 매출이 발생하였다고 한다. 딘순히 이 수치를 세계반도체시장 통계기구(WSTS)의 2016년 총매출액 4,686억 달러(약468조 원)에 비한다면 거의 6배 이상의 경제적 효과가 MICE산업에서 발생하였다.

MICE산업은 이제 국가적으로 경제적 부를 창출시키는 데 크게 기여할 정도로 전략산업으로 부상하였다고 볼 때 대한민국도 이제는 MICE산업을 활성화시키기 위한 전략적 플랜을 가동시킬 필요가 있다.

월드컵경기와 MICE산업을 비교해서 설명하면 통상적으로 월드컵경기가 개최되는 나라의 경우 1년 전부터 개최지의 도시는 호텔객실을 비롯하여 각종 숙박시설은 사전에 월드컵경기 참가객의 예약으로 이미 만실이 되어버린다. 어디 이뿐인가. 이들 월드컵경기를 보러 온 관객들은 해당지역의 도시 일대에서 숙박만 하는 것이 아니라 먹고 마시고 즐겁게 놀면서 해당 도시에서 지출하는 금액도 상당하다. 그래서 최근에는 스포츠 마케팅이라 하여 이런 대형경기를 앞다투어 유치하려 한다. 그러나 MICE행사 역시 마찬가지로 그 부가가치는 매우 크다고 할 수 있다. 예를 들면 몇 해 전에 개최된 CES에는 약 18만 명, MWC에는 11만 명의 참관객이 몰렸다고 하니 MICE산업이야말로 엄청난 경제적 효과를 개최하는 도시에서 소비하고 간다.

### 동북아시대, 국제회의산업을 육성하라

동북아시대, 국제회의산업을 적극 육성해야 한다. 대한민국이 점증적으로 관광산업분야에서 아시아 지역을 대표하려면 이들 국가와의 협력을 통해 국제회의를 자주 개최하는 나라로 알려진다면 아마도 대한민국은 국제회의산업으로 외화를 손쉽게 벌어들일 수 있다. 한마디로 국제회의산업이란 '국제회의의 유치 및 개최에 필요한 국제회의 시설, 서비스 등과 관련된 산업'을 의미한다. 특히 서울의 경우 동북아 중심국가의 회의를 서울에서 개최함으로써 서울의 이미지를 높일 수 있으며 이를 바탕으로 이들 국가로부터 외국인 관광객을 유치하는 데 큰 이득을 볼 수 있다.

향후 동북아 국가를 중심으로 대한민국에서 많은 회의가 개최될 것으로 기대된다. 이는 서울이 국제회의를 유치할 수 있는 시설적인 면을 모두 갖추고 있기에 가능한 일이다. 예를 들면 국제회의 전문 통역사, 국제회의실, 국제회의 참가자들의 숙소인 호텔, 단체 식사장소 등의 다양한 시설을 갖추지 않으면 국제회의를 유치하는 것은 매우 어려운 일이다. 뿐만 아니라 국제회의를 유치하기 위해서는 무엇보다도 관련 전문가가 없으면 불가능하다. 해당 국가의 모든 정보를 파악하고 수집할 수 있는 전문가를 비롯하여 이들 동북아 지역을 중심으로 국제회의 건수를 유치하는 실력 있는 전문가가 반드시 필요하다. 공연장, 통역, 국제회의 시설, 국제회의 유치전문 마케터 등 국제회의와 관련된 전문조직을 운영한다면 반드시 큰 이익이 발생할 것으로 본다.

대한민국이 향후 동북아시대를 맞이하여 이들 지역과의 협력을 통해 국제회의를 서울에서 개최한다면 이것 역시 관광객의 입장으로 볼 때는 국제회의참가 관광객이 되는 것이다. 실로 국제회의 참가객은 방문하는 나라로부터 좋은 인상을 얻을 수 있다. 국제회의를 원활하게 진행할 수 있는 법이 2015년도에 개정되었으며 2015년도에 국제회의복합지구와 국제회의집적시설에 대한 규정이 신설되면서 제15조의 2(국제회의 복잡지구의 지정 등), 제15조의 3(국제회의 집적시설의 지정 등), 제15조의 4(부담금의 감면 등)의 내용들이 신설되었다.

대한민국이 관광대국으로 가는 길에서 중요한 것 중의 하나가 바로 국제회의산업의 육성이다. 이 분야로의 전문가를 육성시키는 전략이 필요하며 이들을 동북아지역으로 파견 보내거나 더 나아가 유럽 쪽까지 국제회의를 유치하는 활동을 펼쳐나가도록 정부차원에서 적극적으로 지원해야 한다. 동 법 16조에서는 국제회의 정책에 대한 재정지원이 가능하도록 법이 개정되었으며 이를 바탕으로 국제회의 관련 지원이 이루어지도록 해야 한다. 한 나라의 경쟁력은 국제회의를 얼마나 많이 하느냐에 의해 결정된다. 대한민국의 경우 서울뿐만 아니라 제주도에서도 얼마든지 국제회의가 가능하다. 국제회의산업은 타 산업과 달리 매우 고부가가치산업이며 관광산업에서도 핵심산업이라고 할 수 있다. 대학에서도 국제회의학과를 개설하여 운영한다면 매우 인기가 있을 것으로 본다. 물론 관광과 관련된 과목도 삽입하여 이들이 회의에 참가한 후 관광이 이루어지도록 하면서 참가국들과의 협력관계도 유지한다면 대한민국이 동북아시대의 국제회의 메카도시로 명성을 얻는 것은 그리 어려운 일이 아니다.

대한민국이 관광대국으로 가려면 우선적으로 이런 거대한 MICE행사를 전 세계에서 유치해 와야 한다. 이런 일을 한국관광공사에서 한다면 아마도 대한민국 관광의 발전은 더한층 빨라질 것이며 경제적 발전도 엄청날 것으로 기대한다. 현재 대한민국에는 2017년 기준 전시면적 2,000㎡ 이상의 시설이 14개 있으며 2017년 기준 약 3조 6,000억 원의 매출을 올렸다. 국내에서 가장 큰 전시공간은 일산의 킨텍스인데 이 공간은 약 10만㎡로 CES의 메인전시관 라스베이거스 컨벤션센터의 약 18만㎡와 비교하면 아주 작은 규모라고 한다. MWC의 경우 약 24만㎡로서 아직 대한민국은 이런 컨벤션 시설과 비교해서 규모가 작지만 향후 컨벤션 활성화를 위해서는 이 분야에 대한 투자가 더욱 필요하다고 본다. 일본은 관광청이라는 큰 기구를 통해서 MICE산업을 적극적으로 육성할 뿐만 아니라 지원도 많이 해주고 있다. 일본 역시 MICE산업으로 인한 경제적 효과는 물론 관광산업의 활성화에도 크게 기여한다는 사실을 잘 알고 있기 때문이다.

매년 열리는 국제영화제, 세계태권도대회, 세계농구대회, 국제단체, 협회, 학회, 세계 물 포럼, 국제동물협회 등을 비롯하여 전 세계적으로 규모가 큰 행사가 매년 열리고 있다. 이들 단체를 유치하기 위해서는 별도의 인센티브를 제공하여 MICE산업을 활성화시켜야 한다. 관광산업과 MICE산업은 상관관계가 크다는 사실을 잊지 말아야 한다. 한국관광공사의 경우 해외 홍보활동을 전개해 나가면서 세계적 수준의 각종 행사를 대한민국에 유치하기 위한 전략을 세워 이를 국내의 도시 중심으로 유치시키는 데 기여해야 할 것이다. 대한민국도 관광청 설립을 통해 MICE산업을 적극적으로 홍보하고 육성시킬 전략을 세워야 한다. 관광산업의 규모와 범위가 점점 더 넓어지고 있다. 융·복합차원의 문화체육관광부가 이 엄청난 일을 조직적으로 수행하기는 쉽지 않다. 이제는 관광산업으로 고용을 창출하는 데 정부가 앞장서야 할 것이고 MICE산업은 한국의 IT산업과 연관관계가 매우 커서 향후 이 분야의 산업은 정부차원에서 조금만 노력을 기울인다면 엄청난 경제적 효과와 함께 고용창출도 일어날 것으로 확신한다.

# 포스트코로나19, 관광의 변화에 주목하라

## 제 3 부

# 관광의 가치가 변하고 있다

3-1

여행을 하는 목적이 무엇인가? 물론 다양하다. 심신의 피로를 달래기 위해 여행을 할 수 있고 단순히 낯선 곳에 대한 호기심으로 여행을 하기도 한다. 사람마다 여행하는 목적은 다르며 그에 대한 가치 역시 사람마다 다르다. 그러나 중요한 것은 여행의 가치, 즉 학문적 견해로 볼 때 여행은 관광을 포함한 아주 넓은 의미를 갖는다.

사실 관광이라는 단어가 흔히 사용해서 그렇지 여행산업은 오히려 관광산업보다 폭이 더 넓은 의미이다. 대부분의 학술용어가 관광이라는 단어를 많이 사용한다. '여행의 의미'와 '관광의 의미'라는 두 가지 견해를 놓고 볼 때 구분하기는 쉽지 않다. 여행이나 관광이나 그 의미가 포함하는 내용이 거의 일치하기 때문이다. 그러나 관광정책을 펼칠 때 우리는 보통 여행정책이라는 말보다는 관광정책이라는 말을 사용한다. 따라서 필자도 관광정책이라는 용어를 사용하고자 한다. 관광의 가치를 결정하는 데 있어 정책의 결정은 매우 중요하다. 왜냐하면 이제는 관광의 범위가 넓고 관광에 대한 가치가 과거의 가치와 비교해서 변하고 있기 때문이다.

과거 1960년대의 관광을 보는 시각은 경제적 가치에 많은 비중을 두었다. 그 당시에는 어떻게 하면 외화를 벌어들일 수 있을까로 여러 가지 고민을 하던 시대였다. 서독에 광부를 파견하고 간호사를 보내는 것도 한편으로는 외화획득이라는 큰 틀 안에서 이루어졌으며 그 당시 국내에서는 특히 일자리가 없던 시대라 독일이라는 나라에 가지 않았나 생각된다. 당시의 관광은 경제적 가치에 중점을 두는 동시에 대한민국이 다른 세계에 널리 알려지지 않은 상태라 관광을 통해 대한민국을 홍보하는 데도 그 가치를 두었다고 본다.

대한민국의 해외여행이 전면적으로 자유화되던 해는 1989년부터이다. 그 이전에는 일정한 나이가 되지 않으면 해외여행을 갈 수 없었다. 그 이유는 개방에 대한 일부 두려움도 있었겠지만 무엇보다도 해외여행이 자유화됨으로써 외화의 낭비를 초래한다는 차원에서 해외여행을 금지시켰다.

해외에서 외국인 관광객을 유치하기 위해서는 외국인 관광객에게 보여줄 수 있는 볼거리, 숙박 등이 가장 중요한데 그 당시 대한민국은 이렇다 할 관광자원이 없었다. 즉 관광자원이라고 하면 자연자원을 포함해서 인위적으로 만들어진 호텔이나 골프장, 위락단지 등 외국인 관광객이 즐겨 찾는 관광지의 인프라가 갖추어져 있지 않았다. 따라서 정부에서 시행하는 관광정책은 무엇보다 관광자원을 개발하고 관광시설을 건립하여 외국인 관광객에게 우선적으로 판매하고 홍보하는 것이 중요했다. 이어 대한민국의 관광정책은 서비스산업으로 인식하여 서비스산업발전 기본법을 만들고 규제를 완화하는 관광정책을 수립하였다. 즉 각종 고용창출과 연관산업의 번창에 따른 경제적 효과는 정부차원에서 볼 때 매우 고무적인 것이 관광산업이었다. 시대를 거치면서 관광의 가치가 변하고 있다는 것을 알 수 있다.

점증적으로 국민관광의 시대를 맞이하여 이제는 전 국민이 여행을 즐기는 시대가 도래하였다. 그러나 문제는 사회인식의 변화가 하루가 다르게 변하고 있으나 정부차원에서는 사회인식의 변화만큼이나 관광이 빠르게 변화하고 있다는 것을 제대로 간파하지 못하는 것은 아닌가 싶다.

이제 여행, 즉 관광을 통해 경제적 가치를 실현하고 실업을 구제하고 고용이 창출되는 것은 기본이다. 그러나 더욱 중요한 것은 여행을 통한 삶의 질이 향상되고 국민 개개인의 행복을 도모할 수 있다는 것이다. 사실 국민이 행복한 것만큼 중요한 것은 없다. 공정관광, 복지관광 등의 말이 나오는 것 자체가 국민의 행복을 염두에 둔 말이다. 한마디로 이제는 관광의 가치가 변하였다는 것을 보여주는 것이다.

정부차원에서 관광정책을 수립할 때 이러한 관광의 가치변화가 새롭게 이루어지고 있다는 사실을 정책입안자들이 숙지하고 있어야 한다. 그리고 더욱이 중요한 것은 관광산업의 분류가 복잡해진 만큼 관련 전문가들 역시 다양하다. 관광정책을 수립할 때 이들의 의견 수렴은 매우 중요하다. 관광으로 국민복지가 실현되고 국민이 행복하다면 이보다 더 중요한 것은 없다. 누가 대통령이 되어도 누구나 첫 번째 내거는 정책 공약은 바로 국민이 행복한 나라이다. 국민이 행복한 나라를 만들기 위해서는 전 국민이 관광을 통해 행복해지는 것이다. 전 국민이 관광을 한다는 의미는 여행에 대한 국민적 갈망, 갈증 등에 대해 과거에는 일정 소득이 있는 자를 위한 특권이 여행이었다면 이제는 정부차원에서 국민의 행복과 삶의 질을 위해 여행하게 함으로써 이를 이루려는 정책을 수립할 필요가 있다. 특히 노년층의 경우 가장 하고 싶은 것 중 하나가 여행을 가는 것이라면 정부차원에서 일정부분을 지원해 줄 필요가 있다.

이제 관광은 그저 놀기 위한 것이 아니다. 자신의 삶의 질을 높이고 자아실현을 가능케 하며 무엇보다 여행을 하면 행복해진다는 것이다. 그래서 코로나19에도 불구하고 여행을 떠나는 것이다. 관광의 가치가 변하고 있다는 사실에 주목하자. 선진국으로 갈수록 여행 인구가 많다는 것을 알 수 있다. 이제 우리도 선진국이다. 정부차원에서 관광의 시대에 적극적으로 개입하여 대한민국이 관광 선진국으로 갈 수 있는 정책을 펼쳐나가자. 변하는 관광 가치에 걸맞은 정책을 펼쳐 전 국민이 행복한 여행을 할 수 있도록 정책에 담아보자.

## 환경이 변하면 관광 트렌드(trend)도 변한다

관광환경의 변화

| 구 분 | 관광환경 변화요인 | |
|---|---|---|
| 사회 | 인구구조변화 | 핵가족화, 이혼율, 고령화, 맞벌이 부부인 딩크족과 1인 가구 증가 |
| | 소비패턴변화 | 자기만족형 소비문화 확산, 합리적 소비형태의 증가, 중저가제품 · 서비스 이용 증가 |
| | 가치의 변화 | 여가활동 중요성 증대, 느리게 사는 삶, 정신적 가치 추구경향 증대, 힐링 및 치유 트렌드 확산 |
| | 개인권한 확대 | 탁월한 개인에게 권력 집중되는 현상 발생, 인터넷 발달로 개인정보 유출 및 사생활침해 증가 |
| 기술 | 모바일기반 유통구조 | 가상현실의 보편화, 시공간을 초월한 생활영역의 확대, 인공지능기술을 활용한 플랫폼 유통구조 확산 |
| | ICT 융복합화 | 소비자에게 최적화된 ICT기반 서비스 제공, 사물인터넷 · 빅 데이터 시장 성장 |
| | 아날로그시대로 귀환 | 옛 시대에 대한 향수, 고전풍 선호 |
| 환경 | 기후변화 | 온난화 가속, 물 사용 급증, 새로운 차원의 에너지 개발 |
| | 보건 | 전염병 확산, 식품위생, 건강 추구형 급증 |
| | 힐링 트렌드 확산 | 나 홀로 여행 급증, 가족단위의 캠핑지향형 급증, 의료관광형태의 여행관심 증가 |

자료: 김향자 · 최지은(2017), 지역관광자원 개발방향 연구Ⅱ: 정책제안편, 한국문화관광연구원 자료 인용 후 일부 재구성

코로나19 이후 환경변화가 빠르게 진행되고 있다. 환경이 변함에 따라 관광도 변한다는 의미이기도 하다. 환경적인 면에서 살펴보면 나 홀로 여행이 급증, 의료관광형태의 여행이 늘어날 것으로 전망하는 전문가들도 많다. 단지 미지의 세계를 탐색하는 차원이 아니라 자신의 건강과 직결되는 여행, 즉 의료관광형태의 여행이 늘어날 것으로 보이며 이는 요가, 건강치료, 피부미용 등 주로 힐링 개념이라고 보면 된다.

지구의 온난화가 가속화됨에 따라 관광자원 역시 피해를 입을 확률이 매우 높으며 이는 여행객들로 하여금 환경보호의 중요성을 일깨워주기도 한다. 이에 여행도 하면서 환경보호운동이 더욱 적극적으로 이루어질 것으로 본다. 코로나19 이후, 타국으로의 여행이 가능하다면 목적지에서의 환경보호운동에 참여하는 국제관광환경보호운동이 강력하게 펼쳐질 것으로 본다. 많은 여행객들은 자연환경이 아주 중요하다는 사실을 코로나19 이전보다 훨씬 더 많이 깨우칠 것으로 본다.

다음으로는 모바일기반의 유통구조 변화로 가상현실에 대한 현실성 있는 대안으로서의 연구가 활발하게 진행될 것으로 본다. 직접 관광지에 가지 않고도 가상현실을 통해 관광지에 대해 더 스릴 있게 풍경이나 기타 관광자원을 즐길 수 있다. 특히 인공지능기술을 활용한 인력의 재배치가 이루어질 것으로 본다. 호텔의 프런트에서는 일반 직원이 아닌 인공지능기술을 갖추고 있는 로봇개념의 프런트 클럭(front clerk: 객실판매원)이 사람을 대신해서 업무를 수행하거나 예약, 판매, 홍보, 가이드 업무 등에 있어 많은 변화를 겪을 확률이 높다. 박물관이나 기타 문화관광시설에서는 사람보다 훨씬 더 똑똑한 사물인터넷이 등장하여 관광업무를 수행할 수 있다.

코로나19로 인하여 삶에 대한 변화도 급격하게 이루어질 것으로 본다. 종전보다 정신적 가치에 많은 비중을 두고 여행할 것이며 이는 슬로 관광의 개념으로 아주 빠르게 하는 것이 아니라 느리게 하는 여행패턴이 오히려 사람들에게 효과적일 수 있다. 왜냐하면 사람 개개인의 가치관이 변했기 때문이다. 과거 여가시간의 중요성에 대해 별로 탐탁하게 여기지 않았다면 코로나19로 여행이 얼마나 중요한지를 모두 경험하였기에 여가의 중요성이 더욱 부각될 것으로 보인다.

# 코로나 이후 노년층의 희망이 여행이다

3-2

동기부여와 관련된 이론들을 접하다 보면 결국에 공통으로 도출되는 내용 중 하나는 일상적인 일로부터 또는 가정으로부터의 생활에서 잠시라도 탈출하려는 욕구는 바로 여행이다. 여행을 통해서만이 인간이 가지고 있는 욕구를 해결할 수 있다는 의미이기도 하다. 코로나19로 인해 가장 고민이 많은 것 중의 하나는 여행을 자유롭게 하지 못하는 것이다.

여행을 연구하는 학자의 견해로 볼 때 여행의 형태에는 여러 가지가 있다. 왜냐하면 코로나19로 인해 여행의 욕구를 억지로 눌러야 하는 환경에서 여행에도 유형이 있다는 사실을 알면 아마도 흥미로울 것이다.

그레이(Gray, 1970)가 연구한 것에 따르면 여행객을 구분하는 데 있어 방랑 선호형은 어디로든 무조건 떠나고 싶어 하는 여행객이다. 아마 주변 사람들 중 이런 유형의 사람들을 보았을 것이다. 이런 유형의 여행객은 이번 코로나19로 인해 정신적 스트레스를 받았을 것으로 본다. 반면에 휴식을 선호하는 유형의 여행객이 있다. 이들은 직장이나 가정에서 경험하지 못한 것을 여행으로 해결하고자 하는 유형이다. 대부분의 여행객은 이런 유형의 여행객이다. 마찬가지로 이런 유형의 여행객 역시 이번 코로나19로 인해 스트레스를 받는 것은 당연하다.

플로그(Plog, 1973)는 여행하려는 동기보다는 심리학적 요소를 무척이나 중요시하는 유형이다. 다양성 중심형은 모험적이고 자기 확신이 강한 반면에 자아 중심형은 친숙하고 마음의 위안을 주는 장소를 찾는 여행객이다.

아소 아홀라(Iso-Ahola, 1982)는 여행을 위해서는 주로 3가지의 동기가 있는데 바로 탈출, 상이한 물리적 환경에서의 심리적 편익 추구, 사회적 상호작용 등을 주로 여행의 동기로 여기는 여행객이다. 인간은 누구나 여행하고 싶어 한다. 이것이 바로 인간의 욕구이다. 이런 욕구는 억제할 수 없는 것이다.

여행과 소득은 비례할 수도 있지만 그렇지 않을 수도 있다. 과거에는 돈을 한 푼도 쓰지 않고 저축을 하면서 사는 것이 큰 자랑거리이자 미덕이었다. 그러나 지금은 전혀 그렇지 않다. 개인의 자아실현과 자기 성찰, 자기만의 시간을 갖기 위한 여행이 일상화되었다. 필자가 공단 이사장 재직시절 독일의 괴테마을을 방문한 적이 있었는데 가서 보니 전 세계 사람들이 괴테가 살던 고향마을을 혼자서, 때로는 부부나 가족끼리, 연인끼리 강가의 주변을 걷는 것을 보고 깜짝 놀랐다. 이렇게 많은 사람들이 이 먼 곳까지 와서, 옛날 괴테의 마을에 와서 걸으면서 생각하는 시간을 갖는다는 것을 보고 놀란 것이다.

코로나19로 인해 온 세상이 막혀 있다. 그러나 이제 다시 좋은 세상이 다가올 날이 머지않았다고 본다. 대한민국은 여행지로서 전 세계의 각광을 받는 나라이다. 이제 유라시아 중심의 대한민국이 관광대국으로서의 위상을 드높일 날이 머지않았다. 인간의 여행 욕구는 그 누구도 억제할 수 없다. 여행의 욕구는 경제적인 관점에서 볼 때 수요가 발생하는 것이고 이에 따른 공급이 발생한다.

수요는 고객이요 공급은 숙박업이나 관광지이다. 관광이 번창함에 따라 지역이 발전하고 관광객이 방문한 만큼 그 지역의 소득이 올라간다는 사실을 명심해야 한다.

# 여행의 패턴(pattern: 구조)에 주목하라

3-3

코로나19로 인해 여행이 금지되고 직장에서는 재테크 근무가 일상화되었으며 어쩌다 해외를 나갔다 오면 자가 격리를 2주 동안 강제적으로 하기 때문에 그 누구도 해외에 가기를 꺼린다.

코로나19 시대에 관광의 변화가 계속되고 있다. 그 원인은 이전에 전혀 겪어보지 못한 상태가 계속되기 때문이다. 이전만 해도 사람들이 많이 몰리는 관광지를 중심으로 관광객이 몰렸다. 그러나 지금은 오히려 사람들이 몰리는 지역을 회피한다. 단체관광을 기피하면서 개별관광으로 전환되었다. 단체관광은 전혀 상상도 할 수 없다. 모두가 개별관광이거나 가족단위로 여행을 하거나 아니면 나 홀로 떠나는 여행의 패턴으로 바뀌고 있다. 종전에는 관광홍보활동도 대면식 홍보가 많았지만 지금은 휴대폰을 통한 비대면 홍보로 바뀌었다.

백신이 계속적으로 개발되고 나라별로 접종이 이루어지고 있지만 현실적으로 코로나19의 확산세가 줄어들지는 않고 있다. 이런 상태가 계속된다면 이제는 여행의 획기적인 변화에 대처하기 위한 온라인 기술을 관광산업 전반에 적용시켜야 할 시점이 되지 않았나 생각한다. 이미 일본에서는 무인 로봇시스템을 도입하여 호텔 프런트 데스크의 업무를 하고 있으며 식당에서는 무인으로 주문하는 시스템이 이미 일반화되고 있다.

이제는 디지털마케팅기술을 접목한 관광산업의 변화에 주목해야 한다. 대한민국은 IT기술이 강한 나라이다. IT기술을 관광산업에 적용, 코로나19가 확산되는 시점에서는 비대면의 관광을 활성화시킬 수 있는 시스템을 적극적으로 개발해야 한다. 호텔은 관광업체의 상당부문에 있어 예약이나 기타 홍보를 비대면 방식으로 바꾸고 있고 이미 변화한 호텔도 많다.

관광의 트렌드가 변화한다고 해서 영원할지는 그 누구도 모른다. 만약 코로나19와 같은 전염병의 확산을 방지할 백신이 개발된다면 종전의 관광 트렌드로 다시 돌아갈 것이다. 그러나 현재와 같은 코로나19의 확산시점에서는 위생과 방역시스템을 철저히 갖춘 관광지가 각광받을 것이 분명하다. 그리고 덧붙여 가상의 체험을 할 수 있는 디지털관광콘텐츠 개발이 유행할 것으로 본다. 그러나 이러한 것도 한계가 있다. 관광의 특성상 낯선 곳에 대한 호기심과 체험이 중요한데 단지 가상의 공간에서 체험한다는 것은 한계가 있다고 본다.

도심지 호텔이나 식당이 밀집되어 있는 곳을 선호하는 추세에서 야외의 나 홀로 청정한 지역으로 떠나는 관광을 선호한다. 예를 들면 국립공원, 사람들이 몰리지 않는 해변가, 낚시, 요트, 잘 알려지지 않은 섬 등을 관광을 위해 찾을 것이다. 그러나 이런 유형의 관광도 한계가 있다고 본다. 나 홀로 여행을 가지만 나만이 아는 관광지는 주변사람들에게 영원히 비밀이 될 수 없기 때문이다. 결국 사람들에게 알려지면 또다시 사람들이 몰리게 된다. 그러면 악순환이 반복될 수 있다.

최근 여론조사에서 대한민국은 코로나19 이후 가장 방문하고 싶은 나라 중 최상위를 기록하였다고 한다. K-방역시스템과 사계절이 뚜렷한 대한민국이야말로 전 세계인이 찾는 관광지임에는 분명하다. 대한민국이 관광대국으로 가는 길에서는 무엇보다 방역시스템, 거리두기, 비대면 관광, 국민들 모두 마스크 착용, 관광지에서의 질서 유지 등은 코로나 시대에 아주 중요한 관광의 가치가 될 수 있다. 이제는 유명한 관광지라고 해서 사람들이 몰리는 것이 아니라는 사실을 명심해야 한다. 우리가 유일하게 지킬 수 있는 종합적인 멀티 K-방역시스템, K-관광 질서 유지 등이 대한민국이 관광대국으로 가는 지름길이다.

# 포스트코로나19, 국외관광에서 국내관광으로

3-4

코로나19 이전의 국내 한 여행보고서에 따르면 2020년대에는 전 국민의 해외여행 3,000만 명 시대가 도래할 것이라는 분석이 나왔다. 물론 여행의 자유화시대에 맞추어 국민 모두가 해외여행을 가는 것은 매우 당연한 일이다. 해외견문을 넓히고 미지의 세계를 탐구하는 것만큼 즐거운 일은 없다. 그러나 대한민국의 여행수지를 살펴보면 항상 적자에 허덕였다. 그 이유는 바로 국민의 해외여행과 국내여행을 비교해 볼 때 너무도 많은 비용을 해외에서 지출하기에 적자가 발생하는 것이다.

코로나19 이후, 이제는 해외여행에서 국내여행으로의 전환을 시도해 보자. 물론 해외여행을 금지하는 것은 아니지만 전 세계적으로 코로나19로 인해 엄청난 타격을 입었다. 특히 여행업계는 이루 말할 수 없을 정도의 피해가 막심하다. 또한 코로나19와 같은 유사 변이바이러스가 도출한다면 이제 여행은 더이상 활성화는 물론 지구상에서 여행이라는 용어 자체도 영원히 사라질지 모른다. 코로나19 이후 국내여행을 활성화하려는 목적은 국내여행의 안전도 때문이다. 그리고 그간 지역을 중심으로 코로나19로 인한 피해와 해외 관광으로 인한 전염성 때문이다. 철저하게 검증된 여행객이 그 지역의 안전을 책임질 수 있다. 국내여행의 경우 어느 정도 안착되었으나 코로나19 이전의 해외여행 붐으로 인해 상당수의 여행객은 국내여행을 하지 않았다. 해외 그 어느 여행지보다 훌륭한 여행지가 한두 곳이 아니라는 사실은 최근 국내여행을 다녀본 사람이라면 충분히 이해하리라 본다. 참고로 국민 국내관광 행태의 변화에 대해 살펴보자.

국민 국내관광 행태의 주요 변화

(단위: %, 회, 일, 만 원, 점)

| 구분 | 2010 | 2011 | 2012 | 2013 | 2014 | 2015 | 2016 | 2017 | 2018 |
|---|---|---|---|---|---|---|---|---|---|
| 여행 경험률 | 72.8 | 81.6 | 85.2 | 86.5 | 86.4 | 87.9 | 89.5 | 90.1 | 89.2 |
| 여행횟수 (인당) | 5.4 | 4.5 | 5.8 | 6.1 | 6.0 | 6.2 | 6.2 | 6.5 | 6.9 |
| 여행일수 (인당) | 11.0 | 8.2 | 9.9 | 10.3 | 10.5 | 10.6 | 10.5 | 11.8 | 12.4 |
| 지출액 (인당) | 35 | 41 | 65 | 61 | 66 | 67 | 66 | 73 | 96 |
| 만족도 (개인) | 4.06/5 | 4.08/5 | 4.02/5 | 4.04/5 | 4.03/5 | 4.04/5 | 4.05/5 | 4.05/5 | 78.4 |

주: 2018년도 조사방식 변경으로 해석에 주의 요함(만족도의 경우 100점 만점으로 변경됨)
자료: 문화체육관광부, 국민여행실태조사, 장병권 자료 재인용

우선 국내관광에 대한 만족도 실태를 살펴보면 2010년도 72.8%를 최저점으로 시작해 2018년도에는 89.2%로 2010년도를 제외하고는 거의 80%를 상회하여 대부분의 만족도가 높은 것으로 조사되었다. 물론 코로나19 이전의 일이지만 80%를 상회한 것은 해외여행의 활성화시기로 볼 때 현재와 같은 코로나19 상태라고 하면 더 높을 수도 있다고 본다. 중요한 것은 코로나19 이후 국내관광의 활성화를 통해 90% 이상의 만족도를 목표로 국외관광의 수요를 국내관광으로 유인할 필요가 있다는 것이다. 물론 계속해서 이런 정책을 시도할 수는 없지만 일정기간 전 세계적으로 코로나19와 같은 전염성이 강한 바이러스가 소진될 때까지는 국내여행의 활성화를 위한 정부정책이 요구된다. 이를 실천하기 위해 중요한 것은 가능한 빠르게

주5일제에서 주4일제로의 전환이 시급하다고 본다. 물론 제조업이나 기타 분야에서의 생산성에 차질이 있을 수 있으나 장기적 관점에서 볼 때 주4일제 도입이 필수적이다.

지난 2010년을 기준으로 볼 때 여행일수의 경우 인당 11.0회를 시작으로 한 동안 줄어들었다가 2013년부터 10일 이상으로 늘어 2018년도에는 최종 12.4일로 늘어났다. 점증적으로 20일 이상을 목표로 국내관광의 활성화가 이루어지도록 정부차원에서 노력해야 한다. 물론 쉬운 일은 아니다. 이를 실천하기 위해서는 근로자 휴무, 공휴일, 휴가 등의 확대로 전 국민 여행의 기회를 확대시켜야 한다. 정부차원에서 지원이 필수적이다. 특히 대기업보다는 중소기업에 지원을 해주어 가능한 직원들의 복지를 국내여행으로 사용하도록 정부차원에서 독려할 필요가 있다. 우리는 늘상 여행에 대해 부정적 이미지를 갖고 있었다. 여행은 노는 것이고 그저 생산성을 떨어뜨린다는 생각을 갖고 있다. 그러나 절대 그렇지 않다는 것을 알아야 한다. 힐링 차원에서 여행은 매우 중요하며 생산성도 높아진다.

건전한 관광을 정부차원에서 유도하여 국내여행의 활성화를 통한 국민복지증진에 노력해야 한다. 이것이 바로 복지여행, 복지관광이라고 하는 것이다. 단지 의식주 차원의 지원을 넘어 국민의 정신건강에 도움이 되는 여행이야말로 대한민국이 부강한 나라로 가는 길이다.

# 대한민국이 함께 고민해야 할 관광정책

3–5

코로나19 이후, 대한민국이 함께 고민해야 할 관광정책들을 이야기하고자 한다. 코로나19 이전까지만 해도 대한민국은 외국인 관광객의 방문객수를 가지고 천만 시대, 이천만 시대라고 하면서 수치의 높고 낮음에 대해 많은 희비가 갈렸다. 한 해라도 외국인 관광객이 전년대비 놀라울 정도로 늘어났다면 마치 외국인 관광정책이 성공한 것처럼 각종 언론보도에 정부의 관광정책을 칭찬하는 보도가 나오곤 했다. 뿐만 아니라 국민들의 시각에서도 예상을 뒤엎고 많은 외국인 관광객이 대한민국을 방문한 것을 두고 큰 자부심이나 경제적 효과가 크다는 것을 누구나 인지하고 있었다. 그러나 이제는 우리 모두가 외국인 관광객이 양적으로 늘어난 것에 대해 무조건적으로 호의적이거나 성공적인 정책이었다는 자평을 하기에는 부적절하다고 본다. 이제는 양적인 승부가 아니라 질적인 승부를 따져야 하고 관광객으로부터 벌어들인 수입 역시 어떻게 돈을 사용할 것인지를 깊이 있게 고민해야 할 시점에 왔다.

일단 외국인 관광객이 대한민국의 유명관광지를 방문한다고 할 때 기존의 내국인 수준의 요금이 아니라 좀 더 파격적으로 요금을 올릴 필요가 있다. 물론 파격적이라고 해서 무조건 요금을 비싸게 받으라는 것은 아니다. 비싼 만큼이나 질(quality)도 높아야 한다. 이런 정책을 적용하기 위해서는 무엇보다도 적정한 관광객 수를 고려해야 하며 외국인 관광객에게는 자신이 지불한 돈에 대한 가치를 느끼도록 관광지의 가치를 높여야 한다. 예를 들면 관광지에서의 식사, 관광안내, 관광지관리, 관광프로그램, 관광지에서의 교통 등 다양한 것들이 있다. 이들 각각에 대해 외국인 관광객의 입장에서 가치를 느끼도록 관리를 해야 한다.

필자가 공단에 이사장으로 재직할 당시 미국의 영화촬영장인 할리우드를 방문한 적이 있었다. 마침 실제로 영화 촬영하는 곳을 방문하였는데 놀랍게도 많은 외국인 관광객이 관람하는 것을 보고 깜짝 놀랐다. 은행 강도가 총 쏘는 장면을 촬영하는데 우리 일행도 촬영 시에 역할을 담당하게 되었다. 일단 버스를 타고 인공으로 만들어진 굴을 통과하는 역할이었다. 굴 안은 매우 컴컴했다. 시간이 조금 지나자 버스 밖에서 갱들이 말을 타고 버스를 향해 계속 총을 쏘는 것이 아닌가. 나를 포함한 일행 모두는 바닥으로 엎드렸다. 그리고 총알이 버스를 관통하여 왼쪽에서 오른쪽으로 총알이 지나가는 것을 눈으로 볼 수 있었다. 실제의 탄환과 똑같은 모양의 탄환이 날아다니는 것을 보자 필자는 매우 놀랍기도 하고 무서움에 대한 공포로 소리를 지르기도 했다. 그러나 사실은 모두 가상의 탄환이며 가상의 총소리 등 모든 것이 빛으로 만들어진 가상의 공간에서 이루어진 장면들을 실제의 장면처럼 느껴지게 한 것뿐이었다. 필자를 포함한 모든 사람들이 똑같이 느꼈다. 입장료가 아주 비쌌음에도 불구하고 관광객들로 만원이었다. 아마 관광의 질이 아주 높은 상품이 아닌가 싶다.

최근 부탄의 관광정책 중 하나가 적은 양, 높은 가치(low volume, high-value)에 중점을 둔 것이 있는데 필자가 할리우드에서 관람한 것과 일맥상통한다.

관광의 질만큼이나 중요한 것은 관광객으로 벌어들인 수입을 어떻게 배분할 것인가도 깊이 있게 고민해야 한다. 관광지로부터 숙박, 음식, 관광안내, 면세점, 항공여객요금, 입장료, 관광상품 등 다양한 것으로부터 수입이 발생한다. 일단 관광객으로부터 거두어들인 수입은 해당관광지 주민의 복지증진에 힘쓰도록 모든 수입을 재배분해야 한다. 저소득층 지역 주민의 복지, 교육, 지역의 공공시설 확대 등 다양한 부문에서 수입의 지출이 이루어져야 한다. 관광지에서 지역주민의 이익이 존재하지 않고서는 관광지의 세계화는커녕 지역에서도 성공할 수 없다. 지역민과 관광객이 상호 도움을 주고받을 수 있는 상생관계가 이루어져야 한다. 또 한 가지는 정부차원에서도 지자체 차원에서도 관광객이 지역마다 골고루 분산될 수 있도록 관광지 관리를 할 필요가 있다. 한 곳의 특정지역에만 너무 몰리면 결국은 관광이 오버투어리즘(overtourism; 과잉관광)으로 몸살을 앓게 된다. 외국인 관광객이 즐겨 찾는 관광지라고 하면 너무 한곳에만 몰리지 않도록 외국인 관광객을 분산 수용할 관광지 관리는 필수적이다. 물론 제주도와 같은 특정지역은 어쩔 수 없지만 제2의 제주도와 제3의 제주도는 찾으면 얼마든지 있다. 대한민국은 삼면이 바다로 둘러싸여 있어 섬과 육지를 연계한 관광이 가능하다.

남해안이나 울릉도, 기타 섬 지역들을 새로운 관광지로 발굴해 나가야 한다. 왜냐하면 대한민국처럼 바다를 늘상 가까운 곳에서 보는 나라도 있지만 그렇지 않은 나라도 많이 있기 때문이다. 특히 유라시아 중심의 국가 중에서 바다가 인접하지 않은 국가도 많다는 사실을 명심하자.

# 숙박업의 형태가 바뀌고 있다

3-6

코로나19 이후 숙박업의 형태가 변하고 있다. 즉 새로운 유형의 숙박업이 새롭게 등장하거나 기존의 숙박업이 변모하여 다시 새로운 트렌드를 형성하고 있다.

도심지에 있는 여관이나 모텔, 기타 호텔들이 코로나19로 인하여 객실점유율이 현저하게 떨어지고 폐업이 속출하고 있다. 이런 시점에 호텔의 용도변경이 가속화되고 있다. 물론 좋은 현상이기도 하지만 호텔경영을 전공한 필자로서는 매우 안타까운 일이다.

새롭게 탄생하는 숙박업의 경우 우선 기존에 건물이 너무 오래되었거나 낡아서 건물 자체로는 가치가 없거나 아니면 아예 처음부터 공간의 부지에 새롭게 탄생하는 숙박업을 건립하는 것이다.

한국감정원에 따르면 2019년 4분기 상가건물의 공실률이 11.7%에 달할 정도로 공실률이 높다고 하나 최근의 조사에 의하면 이보다 훨씬 더 많아졌을 것으로 본다. 상가건물뿐만 아니라 숙박업 역시 과거의 객실점유율과는 비교도 되지 않을 정도로 영업이 잘 되지 않는 것이 아니라 문을 닫는 숙박업소가 늘어나고 있다. 물론 코로나19의 영향이 가장 크다고 할 수 있다. 호텔의 등급에는 여러 종류가 있는데 일부 특급호텔의 경우에는 그나마 영업을 유지하고 있으나 코로나19로 인해 특급호텔을 포함한 일급 이하의 호텔 역시 영업의 부진으로 인해 고전을 면치 못하고 있다. 거의 폐업 수준이며 이미 아파트로 용도 변경하여 건물을 다시 짓고 있다.

숙박업의 경우 코로나19 이전만 해도 고객으로 넘쳐났다. 당연히 초기 투자한 건물에서 매일 발생하는 수익으로 기쁨이 가득찰 정도였다. 영업이 잘되면 건물의 가치가 올라가는 것도 당연하다. 한마디로 일거양득의 효과를 노렸다. 그러나 지금의 현실은 전혀 그렇지 않다. 그저 한숨만 나올 뿐이다.

이제는 생활숙박업이라는 새로운 트렌드가 대세다. 기존의 건물이나 호텔, 모텔 등을 개조해서 새로운 형태의 숙박업으로 전환하려는 시도가 앞다투어 이루어지고 있다. 물론 모두 그런 것은 아니지만 상당히 인기가 있기에 필자의 견해로는 21세기 새로운 트렌드의 숙박업이라 칭하고 싶다. 특징은 이렇다. 우선 기존의 숙박업은 생활숙박업으로의 전환이 가능한데 그에 따른 어떤 이익이 있는지 한번 살펴보고 그런 유형의 숙박업이 무엇인지 알아보도록 하자.

우선 3가지의 장점이 있다. 첫째, 종전에는 객실 내에 취사시설을 갖추어 놓은 것은 콘도 같은 숙박업이나 가능했다. 그러나 생활숙박업은 취사도구 일체를 구비해 놓고 운영한다. 둘째, 객실별로 자기 소유를 입증할 수 있도록 구분등기가 가능하다. 셋째, 객실단위의 구분소유주나 임차인 모두가 숙박업을 운영할 수 있다. 구분등기가 가능한 것은 담보대출이 가능하다는 것이고 여기에 객실단위의 분할로 매각이 가능하다는 장점이 있다.

소유주 입장에서 볼 때 언제든지 현금화가 가능하기 때문에 인기가 있다고 할 수 있다. 일종의 셰어하우스라고도 할 수 있는데 기숙사와 같은 개념으로도 이해할 수 있지만 중요한 것은 젊은 세대들이 선호한다는 것이다. 생활숙박업으로 전환한 셰어하우스는 건물 소유주에게 임대사업을 할 수 있을 뿐만 아니라 자신이 하기 힘든 경우는 별도의 전문 위탁사에게 맡겨 운영하면 된다. 그리고 중요한 것은 임차인이라 할지라도 본인이 사용하지 않는 기간은 별도로 에어비앤비(airbnb; 숙박과 조식을 제공하는 개념의 숙박시설)의 개념으로 합법적으로 운영할 수 있어 수익을 올릴 수 있는 장점이 있다.

건물주나 구분 소유주의 경우 여러 가지 이점이 많다는 것은 여러모로 보아 장점이다. 기존의 숙박업소가 운영이 잘 안 되지 않는 경우 생활숙박업으로 전환이 가능하며 더욱이 상가건물의 경우도 용도를 바꾸어 생활숙박업으로 전환이 가능하다는 것이다. 그러나 최근 분양에 따른 각종 사기와 실제 운영사에 맡겨 경영이 어려워 낭패를 보는 사람도 많다는 것은 주의할 점이다.

도시로 젊은 사람들이 모여들어 시골은 피폐해지고 도시의 거주환경은 나날이 어렵기만 하다. 임대료가 너무 비싸고 집값은 하루가 다르게 천정부지로 오르고 있다. 생활숙박업형태의 새로운 트렌드는 앞으로 도시의 주거환경을 바꾸어놓을 것이 분명하다.

에어비앤비(airbnb)가 전 세계의 숙박업 트렌드를 바꾸어놓았다. 자신이 거주하는 아파트를 거주하지 않는 기간에는 낯선 사람에게 임차하여 돈을 벌어들일 수 있게 한 것은 매우 획기적인 일이다. 호텔업의 반대에도 불구하고 전 세계적인 트렌드로 크게 각광받고 있다. 그러나 아직 우리나라에서는 에어비앤비(airbnb)가 합법적이지 않으며 이런 시점에 새로운 생활숙박업이 등장한 것은 아마도 미래에는 숙박업이 계속해서 새로운 형태로 변화할 것으로 예측된다. 대한민국이 관광대국으로 가기 위해서는 전 세계의 숙박업 트렌드를 읽어 대한민국만이 가능한 숙박업을 만들어 전 세계의 숙박산업을 이끌어나갈 필요가 있다.

# 신여행시장을 개척하라

3-7

코로나19가 전 세계를 뒤덮기 훨씬 이전에 매킨지보고서 '제2차 한국보고서-신(新)성장 공식'에서 매우 심각한 내용을 발표하였다. 내용인즉 '지금 한국경제는 뜨거워지는 물속의 개구리 같다'라고 하여 한국은 이제 '신(新)성장동력을 찾지 못한다면 추락하고 말 것'이라는 적색신호를 경고했다. 매킨지의 보고서대로라면 한국은 신(新)성장산업을 어디에서 찾아야 하는지를 심각하게 고민해야 한다.

WTO 자유경쟁체제하에서 이제는 무역의 범주가 변하고 있다는 사실에 주목해야 한다. 과거에는 상품이 국가 간 무역거래에서 중요한 위치를 차지하여 한 나라의 성장에 커다란 영향을 미친 것이 사실이다. 물론 오늘날도 마찬가지다. 그러나 지금은 사람의 이동이 무역이라는 사실을 직시해야 한다. 사람이 이동함으로써 달러가 들어오고 이들로 인해 고용창출 및 관련 산업의 번창효과가 대단히 크다는 사실은 이미 전 세계적으로 알려진 사실이다.

2017년 기준 경제협력개발기구(OECD)에서 발표한 보건복지부 자료에 따르면, 대한민국의 대장암, 위암 진료수준은 대한민국이 최고라는 것이다. 그러나 관광의 경우 아주 낮은 것으로 조사되어 관광관련 분야의 인프라 구축이 시급하다. 암과 관련해서 의료관련 분야가 최고임에도 불구하고 세계시장에서 한국의 의료관광 수입이 아주 저조하다는 것은 다소 아이러니할 수 있다. 물론 코로나19 이전의 일이지만 말이다. 그러나 주변 국가인 싱가포르나 태국, 인도 등을 살펴보면 우리보다 훨씬 높은 실적으로 많은 의료관광수입을 올리고 있다. 여러 가지 이유가 있지만 무엇보다도 이들 나라는 한국보다 훨씬 앞서 의료관광을 국가 신(新)성장 동력산업으로 집중적으로 투자하였기에 가능했던 것이다. 더욱이 이들 나라는 일찍이 의료시장 개방을 통해 해외의 우수한 의료기관과의 제휴, 투자개방형 병원도입, 의료특구 조성 등을 통해 연간 150만 명 이상의 의료관광객을 유치하고 있다. 의료경쟁력이 이들에 뒤지지 않음에도 불구하고 실적 면에서 뒤처지는 이유는 의료관련 규제가 너무 많다는 것이다. 투자개방형 병원을 도입해 병원의 경쟁력을 높여야 함에도 불구하고 한국은 싱가포르나 태국과 같은 투자개방형태의 병원이 허용되지 않는다. 병원의 장례식장 운영이나 주차장 운영 허용 등만으로는 국내병원의 경쟁력을 갖출 수 없다. 뭔가 특수목적법인을 허용하여 해외에서의 경쟁력을 갖추도록 할 필요가 있다. 병원에서는 영리를 취할 수 없다는 취지는 대단히 좋은 생각일 수 있다. 그러나 병원도 하나의 기업이다. 환자를 위한 서비스, 양질의 진료, 우수한 의사진, 첨단의료장비 등 지금 세계는 의료전쟁을 펼치고 있다는 사실에 주목할 필요가 있다. 이미 주변 국가인 중국이나 싱가포르 등에서는 한국의 의료규제를 자국의 큰 기회로 보고 각종 규제를 풀어 세계의 의료관광객을 유치하고 있다. 대한민국에서 일부의 병원이라도 의료관광객을 자유롭게 유치할 수 있는 여건을 허락해야 한다고 생각한다. 물론 엄격한 기준을 정해서 이루어져야 가능한 일이지만 말이다. 한국의료의 장점은 우수한 두뇌들이 의대를 지망, 의료진이 주변 국가에 비해 우수하고 여기에 오래전부터 외국인에 대한 친절성, 미국도 거부한 중증환자를 치료한 한국의 의료신뢰감 등은 우리만이 가지고 있는 가장 우수한 강점일 수 있다. 여기에 위치적으로 한국은 비행기로 4시간 이내, 인구 백만의 도시가 약 100개 있다는 사실도 큰 호기가 될 수 있다. 또 한 가지 간과하지 말아야 할 것 중 하나는 의료가 무역이라는 사실을 정부차원에서 인지하고 국가 간 상호 교류를 활성화시키는 것이다. 러시아, 중국, 일본, 몽골, 중동국가 등과의 의료교류를 통해 이들 나라에 의료진 파견, 의료기술 전수, 의료기기 수출 등 다양한 인적 · 물적 교류를 함으로써 신성장산업을 여기에서 찾을 필요가 있다. 요즘 방탄소년단이 전 세계적으로 폭발적인 인기를 얻고 있다. 이런 추세에 편승하여 세계적인 한류 의료 관광상품이 출시된다면 이것이야말로 코로나19 이후, 매킨지보고서에서 발표한 '지금 한국경제는 뜨거워지는 물속의 개구리 같다'에서 탈출할 절호의 기회라고 할 수 있다.

# 관광산업이 무너지고 있다

3-8

코로나19 이전만 해도 관광산업으로 인한 고용창출이나 국가경제에 기여하는 바가 매우 크다는 것은 누구나 아는 사실이다. 그러나 코로나19가 닥치자 가장 먼저 타격을 입은 것이 관광산업이다. 서울의 제법 큰 규모의 특급호텔은 무보수로 직원들을 휴가 보내는가 하면 대다수의 관광산업에 종사하는 사람들이 그동안 머물렀던 자리를 떠났다. 특히 서울의 경우 대부분의 투숙객이 내국인이 아닌 외국인에 의존하는 관계로 외국인 비즈니스맨이나 관광객이 들어오지 못하는 경우 객실점유율은 거의 바닥으로 떨어질 수밖에 없다. 관광산업은 매출의 하락과 경영의 적자에 허덕인 나머지 더이상 버틸 수 없어 문을 닫거나 다른 업종으로 전환하게 되어 결국 관련 업종의 고용이 바닥으로 떨어지게 되었다.

이제는 정부에서 나서서 관광산업의 피해를 최대한 복구시킬 지원을 아끼지 말아야 한다. 왜냐하면 대학에는 관광관련 전공을 하는 학생들이 매년 수천 명씩 졸업하여 관련 업종에 취업하기 때문이다. 그러나 최근의 코로나19로 인해 졸업하자마자 직장을 그만두거나 취업은 하늘의 별 따기만큼이나 어려워졌다. 결국에는 젊은 층의 실업이 가중되는 심각한 결과가 발생하였다. 따라서 정부차원에서 코로나19의 최대 피해자인 관광업체에게 파격적인 지원을 아끼지 말아야 한다.

우선 관광기금을 잘 관리해서 중소규모의 관광업체에게 무담보 우대 금융을 일시적이나마 지원해야 한다. 특히 규모가 작은 관광업체의 경우 금융지원을 받기가 힘들다. 최소 5,000억 원 규모는 풀어야 그나마 중소규모 관광업체의 숨통이 트이지 않을까 생각한다. 중소규모의 관광업체는 일반융자나 시설자금에 대한 융자가 있어 영업에서의 이익이 발생하지 않는 한 이들 융자금을 제때에 갚기란 쉽지 않다. 따라서 상환의무기간을 파격적으로 늘려주거나 장기적으로 처리할 필요가 있다. 코로나19 이전의 건물의 개보수나 기타 고객서비스차원에서 반드시 필요했던 건물의 개보수관련 융자금에서는 금리 적용 시 파격적인 금리를 적용시킬 필요가 있다.

지자체의 경우 관광업체의 피해규모가 상당하다. 피해규모를 최소한으로 줄이기 위해서는 지방의회와의 소통을 통해 숙박시설 재산세를 감면해 주어야 한다. 기존 관광업 긴급지원대책에서도 나온 것이지만 면세점의 특허수수로 납부기한도 파격적으로 연장해 주는 것이다. 여기에 국세나 지방세의 신고나 납부기한도 현행 9개월에서 1년 이상으로 연장하는 방안도 고려해야 한다.

대한민국의 관광산업에 종사하는 임직원의 수는 이루 말할 수 없이 많다. 관광숙박업, 관광버스, 항공, 여행, 면세점, 테마파크 등 그 범위는 건설업을 능가할 정도로 아주 크다. 이 분야에 종사하는 많은 사람들이 코로나19로 인해 일자리를 잃고 방황한다고 가정해 보라. 정부차원에서도 실업률이 매년 높아진다면 걱정이 아닐 수 없다. 실업률을 최대한 줄이는 방법 중 하나는 관광산업을 육성시켜 고용을 창출하는 것이다.

중소규모의 관광업체를 포함해 대규모 관광기업에게도 이번 코로나19로 인한 피해가 크다면 지원을 아끼지 말아야 한다. 특히 고용유지를 위한 지원금은 매우 중요하다. 정부에서도 이런 피해를 의식하여 지원하고 있지만 보다 적극적으로 고용유지를 위한 지원을 해주어 향후 코로나19 이후에 대비할 수 있도록 정부차원의 고용유지 지원대책을 세워야 한다. 하나의 방법은 무조건 지원해 주되 코로나19의 단계별 격상단계의 추이에 따라 지원해 주는 것도 좋은 방안이다. 최근 지역사랑 상품권 발행으로 지역의 경제 활성화에 어느 정도 기여하고 있다. 그러나 지원금의 규모를 더욱 확대하여 지역의 관광활성화에 어느 정도 도움을 받도록 해야 할 것이다. 물론 코로나19는 대한민국만 피해를 보는 것이 아니라 전 세계의 추세이지만 관광산업에서 고용이 창출되는 규모가 크다는 것을 감안한다면 지원금의 규모를 늘려야 한다.

## 코로나19, 최대의 피해자 외식업체를 지원하라

코로나19로 인해 지역의 상권이 무너진 지 오래다. 외식업체에 고객의 발길이 끊겨 더 이상 문을 열 수 있는 여건이 허락지 않아 급기야 문을 닫는 외식업체가 늘어나고 있다. 지역에서 외식업체가 문을 닫게 되면 파생적으로 연관업체가 문을 닫게 된다. 예를 들면 식자재를 납품하는 업체는 물론이거니와 식자재를 생산하는 농가 역시 큰 피해를 보게 된다. 여기에 지역의 외식업체가 문을 닫으면서 관련 업종에 종사하는 직원들이 일자리를 잃게 되어 경영주, 종업원 모두가 힘든 상황이 되어버렸다.

이제 지역의 경제 활성화 차원에서 코로나19로 인해 막대한 피해를 입은 외식업체에 대해 정부차원에서 파격적인 지원을 해야 한다.

외식업체 대상으로 각종 운영에 따른 자금의 어려움을 해소하기 위한 방안의 하나로 금융지원을 해주어야 한다. 그러나 문제는 금리다. 금리를 최저수준, 1% 정도의 저리로 융자해 주어야 한다. 여기에 이미 금융지원을 받은 업체에게도 파격적으로 적용시켜야 한다. 외식업체의 경우 대부분 규모가 큰 것이 아니라 작은 규모로

소상공인에 해당한다. 소상공인 안정자금을 확보하여 지원해 주는 것이고, 국세, 법인세, 지방세에 대한 납부기간 및 신고기간을 연장해 주거나 일반융자나 운영자금 융자 등에 대해 조기에 집행될 수 있도록 파격적으로 지원해 주어야 한다.

공공기관이나 대학, 정부와 관련된 시설의 구내식당의 휴무를 늘려 가능한 지역의 외식업체를 이용하도록 권장한다. 점증적으로 일반기업의 구내식당에서도 가능하면 지역의 인근 외식업체를 이용하도록 적극 권장하며 이를 경영주가 고용된 직원들에게 주변의 식당을 이용하는 것을 허락하여 주도록 정부차원에서 설득할 필요가 있다.

외식업체 자체적으로 하던 홍보를 이제는 한시적이나마 정부나 지자체 차원에서 외식업의 이벤트 행사를 주도적으로 개최하거나 홍보하는 데 따른 비용을 지원해 주는 것이다. 외식업의 경우 맛집 행사, 지역의 전통외식업체, 지역화폐를 활용한 지역 맛집 방문, 지역의 숨은 맛집 찾기 등의 행사를 지속적으로 해서 지역의 어려운 외식업체가 코로나19로 인한 피해를 최소화하도록 도움을 주어야 한다. 지역의 외식업체가 문을 닫게 되면 그만큼 지역의 경제가 무너진다는 사실을 알아야 한다. 아주 작은 것을 소홀히 하면 나중에는 큰 것이 저절로 무너지게 된다는 사실을 잘 알고 있어야 한다.

최근 외식업체에 고객이 가기를 주저하는 이유 중 가장 큰 원인은 코로나19의 감염 여부 등에 대한 두려움 때문이다. 따라서 지자체 차원에서 철저한 방역시스템을 갖추어 놓고 매뉴얼대로 철저하게 방역을 지키는 모범적인 업체를 선정하여 적극 홍보하는 방안을 고려할 필요가 있다. 고객은 무엇인가 안정적으로 외식업체에서 감염병 방지를 위한 대책이 세워진 외식업체를 찾는다는 사실을 알아야 한다.

이런 방법적인 것을 지자체나 정부차원에서 매뉴얼을 만들어 배포하고 방역규범을 철저히 지키는 업체는 포상을 하거나 홍보를 아끼지 않는다. 외식업체에 방역물품을 제공하거나 방역에 따른 장비 구입 시 지자체에서 일정부분을 지원해 주는 것이다. 물론 파격적으로 비용일체를 도와주는 것이다. 한 발 더 나아가 실시간으로 현재의 코로나19로 인한 감염상태를 외식업체 방문객 누구나 볼 수 있도록 고지하는 것이다. 이 역시 고객의 입장에서는 철저한 인증제를 도입하는 업체에 대해 신뢰를 갖게 되어 단골고객이 된다.

# 포스트코로나, 여행객 관리

3-9

인간은 미지의 세계에 대해 무한한 탐구욕망을 가지고 있다. 먹을 것이 해결되면 다음으로는 입는 것, 자신의 존재감을 나타내려는 것 등은 인간이라면 누구나 갖게 되는 것이다. 심리학에서도 이를 매슬로의 욕구 5단계설로 설명하고 있다. 코로나19 이전의 경우를 한 번 생각해 보라. 세계의 인구 수억 명이 여행하면서 이동을 했다. 이는 인간의 욕구에서 나온 것으로 여행하지 않고는 도무지 어떤 일도 이룰 수 없다고 본다.

코로나19 백신 접종이 전 세계적으로 특히 선진국에서는 봇물처럼 전체 인구를 대상으로 접종이 이루어지고 있다. 특히 이스라엘, 미국, 영국, 일본 등 선진국에서도 백신접종률은 80%를 상회하고 있다. 이런 분위기 속에서 얼마 전 덴마크에서는 확진자 수가 놀라울 정도로 떨어져 코로나19 이전의 상태로 접어들기 직전까지 들어갔다고 한다. 중요한 것은 주사를 맞지 않고 먹는 약이 곧 개발된다는 것이다. 먹는 약의 임상실험에서 중증환자의 비율을 혁신적으로 낮추었다고 하니 관광업계에서는 매우 반가운 소식이다. 한국경제 최예린 기자의 2021년도 2월 21일자 기사에 따르면 영국은 4월, 미국은 4월 이후에는 경제적 호황이 따를 것이라고 내다봤다. 물론 일종의 추정에 불과하지만 이와 같은 결과를 유추해 낼 수 있는 기관으로 제법 알려진 블랙록(BlackRock)은 전 세계의 기관 및 개인을 대신하여 주식, 채권, 단기금융, 대체 투자상품 및 ETF 전반을 운영하는 기관으로 이 기관의 래리 핑크

(Larry Fink) 회장의 CEO에게 전하는 연례서한에 따르면 '2020년, 전 세계는 팬데믹에 직면했을 뿐만 아니라 기후 변화의 실질적 위협에 대한 관심을 높이게 되었습니다. 점점 더 많은 기업, 투자자, 그리고 국가 정부에서 2050년까지 탄소중립을 달성하겠다는 글로벌 목표에 집중함에 따라 경제의 가속화가 집중될 것'이라는 메시지를 전했다.

블랙록(BlackRock)에서는 미래의 코로나19 이후의 투자가치 전망에 대해, 만약 현재 전 세계적으로 백신접종이 이루어져 코로나19 이전의 생활이 유지된다고 볼 때 수혜받을 수 있는 3가지를 제시하였다. 쇼티지(품귀현상), 여행, 코로나19 문화에 투자하라는 것이다. 이 같은 근거 제시는 병원의 입원률이 50% 이상 감소하면 투자와 경제가 활성화될 것인데 이는 현재 코로나19로 인해 모든 업종에서 영업에 많은 제한을 받고 사람의 이동에 대해 큰 규제가 이루어지기 때문에 불가능한 것이다. 따라서 이런 규제가 코로나19 이전의 상태로 돌아간다면 사람들의 이동욕구와 욕망이 앞서 이동을 위한 항공수요가 급증할 것으로 기대된다는 것이다. 이는 블랙록의 나이제 볼튼 주식 최고 운영자(CIO)가 "유럽과 미국이 재정 부양정책을 펴 시중에 현금이 많고, 이는 소비자 지출 증가로 이어질 것"이라고 언급한 것에 기인한다.

돈이 풀리면 소비 욕구가 나오게 마련이다. 그렇다면 이들의 소비 욕구가 가장 많이 발생할 수 있는 것이 바로 여행 욕구이다. 여행이 활성화되면 바로 이동을 위한 교통수단으로 항공 수요가 급증할 것으로 기대되어 이러한 주식에 투자하는 것이 미래의 가치라고 판단한다. 미국은 가장 빠르게 백신을 접종하고 있다. 영국, 이스라엘, 러시아, 중국 등 인구가 밀집된 곳에서 백신 접종이 빠르게 이루어진다면 이들 나라에서의 여행 인구 역시 급증할 것으로 기대된다. 내국여행은 물론 국가 간의 이동도 활발해져 국제관광이 활성화되는 것은 당연한 일이다.

대한민국이 관광대국으로 한반도 유라시아 중심에서 우뚝 솟을 가능성은 매우 높다고 본다. 유라시아 출발점이 이제 부산으로 시작된다면 전 세계의 사람들은 처음 출발하는 부산으로 전 세계의 여행객이 몰려 올 수 있다. 물론 북한과의 철도협의가 난제로 남아 있지만 말이다. 지금 세계는 코로나19 이후의 그림을 그리고 있다. 그 중심에 여행이 있다는 사실을 직시할 필요가 있다. 여행은 영원한 것이고 인류가 존재하는 한 절대 사라지지 않는다. 코로나19 이후 여행수요가 급증한다는 사실과 이에 부응하여 교통 수요 즉 항공 수요가 엄청날 것으로 본다. 차기 정부에서는 대한민국이 관광대국으로서 위상을 높일 수 있도록 관광에 투자해야 한다.

# 관광객의 동선에 주목하라

3-10

코로나19 이후, 여행의 수요가 폭발할 것으로 기대하는 사람들이 많다. 그러나 다른 한편으로 사람들은 코로나19가 어느 날 갑자기 전 세계를 강타한 것처럼 또 다른 형태의 감염병이 발생할지도 모른다는 두려움이 늘상 마음속 한가운데 자리 잡고 있다. 혹시 자신이 희생될 수도 있다는 공포심으로 인해 코로나19가 끝났다고 해도 당분간은 여행이 종전처럼 단시간에 확산될 것으로 보이지는 않는다. 따라서 관광산업체는 이런 흐름의 맥락을 잘 이해하여 관광객의 동선에 주목할 필요가 있다.

대형버스를 이용한 단체관광이 당분간은 활성화될 것으로 보지 않는다. 그러나 점차 단체여행도 늘어날 것으로 본다. 이는 여행의 속성상 개인여행과 단체여행은 아주 오래전부터 습관화되었기 때문이다. 따라서 어느 정도 시간이 흐르면 다시 종전처럼 단체여행이 활성화될 것으로 본다. 만약 여행을 가게 된다면 가급적 가족단위의 여행이 증가할 것으로 본다. 왜냐하면 이미 가족은 건강이라고 하는 것이 스스로 입증되었기에 하는 말이다. 가족단위의 캠핑이 늘어날 것으로 보이며 특히 젊은 세대들의 경우 자신들의 건강에 이상이 없다는 확신으로 여행이 늘어날 것으로 본다. 이들은 자신들과 오랫동안 친분이 있던 교우들과의 여행이 일정기간 붐을 일으킬 것으로 본다. 최근 전국적으로 차에서 숙박과 음식을 동시에 해결할 수 있는 시설을 갖추고 여행을 떠나는 사람들이 확산되고 있는 것만 보아도 알 수 있다. 향후에는 카라반 개념의 차가 전국적으로 유행할 것으로 보며 이들은 해변가나 산을 찾아 자신들이 선호하는 지역을 방문할 것이다. 또 한 가지는 노년층의 관광이 다소 줄어들 것으로 보인다. 왜냐하면 여행으로 인해 혹시나 바이러스에 감염될지도 모른다는 두려움 때문에 여행을 당분간 기피할 수도 있기 때문이다. 그러나 이 역시 오래가지 못할 것이다. 또 한 가지는 크루즈 여행에도 다소 타격이 있을 것으로 본다. 물론 장기적으로는 문제가 없겠지만 코로나19 유행 당시 크루즈 여행으로 인해 바이러스 감염사태가 발생하였기 때문에 그에 따른 공포심이 있기 때문이다. 크루즈 여행의 경우 자체적으로 의료장비를 철저히 갖추고 탑승자 전원에 대해 사전 백신접종여부나 건강상태가 완벽하게 인증된 사람들을 대상으로 탑승을 허락할 것이다. 항공기 역시 마찬가지로 철저하게 방역시스템을 갖추려고 노력할 것이며 특히 장거리 항공 노선의 경우 탑승자로부터 철저한 백신접종여부가 확인된 승객만 탑승이 가능할 것이며 출입국 절차가 무척이나 까다로워 해외여행객의 수는 당분간 늘어날 것 같지 않으며 일정기간 시간이 소요된 후 해외여행이 확산될 것으로 본다. 중요한 것은 국가 간 상호 백신접종 여부와 관계하여 자신들이 안전하다고 믿는 국가와 상호 협정 아래 입국이 허용될 것이다. 따라서 국가별 해외여행은 상대방국가와의 협의가 매우 중요하며 특히 국가별 백신접종률을 중요시할 것이다. 상황이 이렇게 되면 여행은 특정한 국가 즉 방역시스템이나 의료의 선진국일수록 외국인 관광객이 몰릴 것으로 본다. 최근 괌이나 사이판 등의 지역에 외국인 관광객이 몰리는 이유 중 하나는 해당국가로 여행을 가면서 자신들이 원하는 유형의 백신접종이 가능하기 때문에 일종의 백신주사도 맞고 여행도 즐기면서 일거양득의 효과를 볼 수 있기 때문이다.

한 가지 정부에 건의를 드린다면 대한민국 남해안을 중심으로 무인도가 많이 있다. 이들 지역에 대해 관광객의 방문이 가능하도록 개발의 필요성을 제기한다. 왜냐하면 무인도나 상당수의 섬들이 관광객의 동선만 불편하지 않게 그것도 자연자원을 잘 보호하는 차원에서 일부의 개발 필요성이 있기 때문이다. 섬들을 적극적으로 관리하고 개발해야 한다. 머지않아 울릉도에 공항이 생기면 아마도 울릉도에 많은 관광객이 몰릴 것으로 본다. 아직까지 울릉도에 가보지 못한 사람들이 상당수 있기 때문이다. 게다가 섬이라는 특징을 갖춘 곳이기에 대단히 인기가 있을 것으로 본다. 대한민국의 섬들을 연계하는 섬 투어 관광을 적극적으로 개발하여 국내관광객뿐만 아니라 세계의 관광객들을 유치해야 한다. 국내관광의 경우 대형비행기보다 경비행기 위주의 소수의 인원만 엄선해서 떠나는 여행이 활성화될 것으로 기대된다. 이로 인해 섬 관광은 더욱이 활기가 넘쳐날 것이다. 물론 코로나19와 같은 유행병이 완전히 사라진 후의 일이지만 말이다.

필자는 몇 년 전 의료관광에 많은 관심을 갖고 연구를 한 적이 있다. 지금도 의료관광의 중요성에 대해 여러 차례 주변 사람들에게 강조하고 있지만 향후에는 의료관광의 형태로 여행을 떠나는 사람들의 수도 상당할 것으로 본다. 치료 목적의 여행이나 치료 후 여행, 힐링 형태의 여행, 건강을 찾아 떠나는 여행, 100세 마을 여행 등 건강과 관련된 여행의 수요가 늘어날 것으로 본다.

여행객을 받아들이는 숙박시설이나 식당, 면세점, 공항 등에서도 많은 변화가 있을 것으로 보인다. 왜냐하면 이들 모두는 여행객이 항상 붐비는 장소이기 때문에 여행객은 철저한 방역시스템이나 관련 시설이 없는 곳은 가지 않을 것이다.

코로나19 이후, 세계의 관광객 동선이 변하고 있다는 사실에 주목해야 한다. 관광사업을 운영하는 경영주는 이런 관광객의 동선을 깊이 있게 연구해야 한다. 물론 경험에 의해서 할 수도 있지만 최근에는 빅 데이터를 활용하여 관광객의 연구를 진행하기 때문에 연구기관에서 발표한 자료를 최대한 활용할 필요가 있다.

# 관광친화적 사회풍토를 조성하자

3-11

관광이 국가의 GDP에 영향을 미치고 지역경제에 도움을 준다는 사실을 아는 사람은 그리 많지 않다. 의외로 관광 하면 돈 있는 사람이 여행을 즐기면서 돈을 소비하는 것으로 생각하는 사람들이 많다. 특히 정책을 입안하는 사람들이 관광에 대한 인식을 부정적으로 갖게 되면 관광산업은 영원히 발전할 수 없다. 일단 관광산업을 단순하게 생각하여 인간이 휴식을 취하기 위해 부수적으로 동반되는 행위이자 소비를 부추기는 것으로 정의를 내리면 결국 관광에 대해 일반 국민들은 좋지 않은 시각으로 바라볼 수 있다. 일단 관광을 미래 한국경제에 큰 보탬이 될 수 있는 주력산업이라고 일반 국민들에세 주시시킬 필요가 있다. 물론 대학에서도 필자는 늘 상 관광은 부가가치가 다른 업종에 비해 월등히 높으며 국가의 경제에 커다란 영향을 미친다는 사실을 학생들에게 주지시키고 있다.

선진국에서 왜 관광산업에 전력을 다한다고 생각하는가? 그 해답은 간단하다. 관광산업으로 인해 발생되는 효과가 GDP의 10%를 차지하는 것은 물론이거니와 전 세계 10개의 일자리 중 1개를 차지하고 있기 때문에 고용 창출 면에서도 상당한 기여를 하고 있으며 이에 더불어 국가경제에 영향을 미치기 때문이다.

대한민국 관광산업의 경제규모는 73조 원으로 국내 총생산 대비 2.5%에 그치고 있다. 이 수치가 암시하듯 향후 정부는 관광산업에 올인하는 정책을 펼쳐나가야 한다. 5.0%를 넘겨야 한다. 대한민국이 관광경쟁력 순위 42위에서 19위로 그리고 이어 16위로 무려 26단계 껑충 뛰면서 이제 대한민국도 스페인이나 미국, 일본, 중국 등과 어깨를 나란히 할 날도 머지않았다고 본다.

대한민국은 오래전부터 제조업 중심의 생산체제에 익숙해져 서비스산업에 대한 중요성을 제대로 인식하지 못하고 있다. 관광산업은 무에서 유를 창조해 낼 수 있는 무형의 상품이며 지역과 나라의 경제에 커다란 도움이 된다는 사실을 명심하자.

국가경쟁력지표를 면밀히 살펴보면 관광경쟁력지표와 중복된 부분이 무려 32개나 된다. 국가차원에서 한 나라의 국가경쟁력은 매우 중요하다. 그렇다면 이 중복된 부문 32가지가 관광경쟁력지표와 중복된다면 이러한 지표를 잘 관리해서 결국 관광경쟁력지표를 개선해야 국가경쟁력지표로 넘어간다는 사실을 명심하자.

관광산업은 황금 알을 낳는 산업이다. 뿐만 아니라 관광은 국민들의 복지 증진에도 커다란 영향을 미친다. 선진국의 경우 최근 누구나 아주 저렴한 비용으로 관광할 수 있는 시스템을 구축하여 복지관광의 개념을 도입하는 나라가 늘고 있다. 이들의 경우 정부차원에서 적극 지원해 주어 국민복지 증진차원에서 관광을 무료로 제공한다. 이제 관광은 일부 소수의 특권층에서만 가능한 일이 아닌 국민 모두를 위한 관광에 관심을 기울일 필요가 있다. 왜냐하면 2018년 국민 1인당 관광지출액이 100만 원에 이르렀다는 점에서 국민관광시대를 맞이하였다고 보기에는 좀 부족하지만 여기에 세제혜택을 파격적으로 부여한다면 국민관광은 더 활성화될 것이다. 이제는 보다 소득이 낮은 계층을 대상으로 국가차원에서 복지여행 프로그램을 운영할 필요가 있다. 왜냐하면 여행을 통한 자기 삶의 질 개선, 여가, 주4일제 도입에 따른 관광의 활성화 등 향후에는 국민 모두가 관광에 참여하는 시대를 만들어야 하기 때문이다. 그 이유 중 하나는 관광산업의 중요성을 국민 모두에게 일깨워주고 관광으로 인해 발생하는 경제적 가치, 사회적 가치 등에 대해 국민들이 직접 느껴야 관광이 관광경제와 밀접하며 결국 국가 GDP에 크게 영향을 미친다는 사실을 인식하게 되기 때문이다.

# 관광산업의 새로운 트렌드 '워케이션'

3-12

최근 업무를 하면서 휴가도 즐기는 새로운 형태의 관광문화로서 '워케이션'이 떠오르고 있다. 워케이션(Work+Vacation)이란 일과 휴가를 조합한 신조어로 휴가지에서 원격으로 일하는 근무방식이다.

코로나19로 인한 비대면 시대에 재택근무가 활성화되면서 일과 휴가를 동시에 즐기는 워케이션이 새로운 트렌드가 되고 있다.

평범한 직장인들은 출근 준비로 바쁜 아침시간을 보내지만 관광지에서는 일하면서 여유를 즐길 수 있다. 워케이션은 인터넷을 통한 업무만 가능하면 어디서나 일할 수 있으므로 우리의 삶과 휴식이 적절히 균형을 이루게 할 수 있는 문화로 발전할 것이다.

우리나라도 일과 삶의 균형인 워라밸(Work-Life Balance)을 꿈꾸는 사람들이 늘어나고 있다. 워케이션은 정형화된 도시의 문화를 변화시키고 관광과 지역경제에도 활기를 불어넣는 역할을 할 수 있을 것으로 전망하고 있다.

일본은 코로나19를 계기로 원격근무의 필요성이 증가하면서 지방에 위성사무실을 신설하거나 휴가를 보내면서 업무를 진행하는 워케이션 문화가 확산되고 있다.

일본은 보수적인 기업문화로 회사원의 10명 중 6명은 휴가를 제대로 사용하지 못하고 있는데, 기업의 입장에서 워케이션은 종사원에게 복지차원의 서비스를 제공하고, 도시보다 휴양지에서 창의력이 높게 나타나면서 만족도가 증가하고 있다.

일본정부가 워케이션 활성화를 발표함에 따라 침체된 관광산업과 소멸위기의 지방경제 활성화를 위한 다양한 효과를 기대하면서 원격근무를 보편화하고 있다.

일본의 워케이션 시장은 2020년 7천억 원대에서 2025년 3조 7천2백억 원대 규모로 5배 이상의 성장을 기대하면서 정부 및 지자체, 기업 등이 적극적으로 관련 예산을 지원하고 있다.

일반적으로 회사원이나 기업인의 이미지는 대도시의 높은 빌딩에서 단정한 정장 차림으로 근무하는 모습이 떠오른다. 흐르는 시냇물에 발을 담그고 화상회의를 하는 모습이나 바닷가에서 일하는 모습은 상상하기 어렵다.

그런데 일본의 외곽에 위치한 산간마을에 가면 새로운 라이프 스타일을 원하는 사람들과 변화된 시대의 업무 혁신을 희망하는 사람들의 모습은 자연스러운 이미지가 됐다. 우리나라 직장인들의 모습은 매일 아침 비슷한 복장과 표정으로 똑같은 시간과 장소로 출근하여 점심식사를 하고, 퇴근 후에는 야근이나 회식 등으로 시간을 보내는 것이 반복적인 일상이다.

최근 기업들은 종사원의 복지차원에서 워라밸을 추구하기 위해 원격근무를 적절히 활용하여 일과 가정, 일과 개인적 삶 사이의 균형에 대하여 진지하게 고려하는 분위기가 형성되고 있다.

IT기술의 발달은 뛰어난 텔레워크(Telework) 환경을 만들면서 시간과 장소를 뛰어넘어 일할 수 있는 시대가 됐다. 서비스는 풀가동되고 전 세계가 함께 생산하고 소비하며 교류하는 시대에 디지털노마드(Digital Nomad)족은 증가일로에 있다.

코로나19를 계기로 기존의 업무환경은 변화되고 있으며, 원격근무에 대한 수요도 증가함에 따라 워케이션에 대한 인식도 확산되고 있다. 이런 점에서는 워케이션이 직장생활의 질과 삶의 질을 높여주는 워라밸의 수준을 끌어올리는 계기가 될 수 있다.

워케이션으로 각광받는 휴양지는 기존의 관광지뿐만 아니라, 자연과 조화를 이룬 숙박이 가능한 곳도 선호하는 대상이 되고 있다. 지역의 특색을 살린 숙박시설은 더할 나위 없이 좋은 워케이션의 대상지다.

코로나19는 기존의 업무환경을 변화시키는 촉매가 됐다. 재택근무나 원격근무 형태는 기업주나 종사자 모두 어려움을 호소하고 혼란이 여전하지만, 변화된 업무환경에 점차 적응해 가고 있다. 그러므로 워케이션은 새로운 업무형태를 반영한 관광문화로 정착되는 양상이 될 것이다.

이러한 변화는 이제 시작에 불과하나, 변화의 속도는 가속될 것이므로 미래의 수요에 대응한 발 빠른 준비와 실행을 서둘러야 한다. 지역경제 활성화 차원에서뿐만 아니라, 침체된 관광산업의 부활과 일자리 창출로 연계될 수 있도록 해야 한다.

[박근영 기고, 충남일보(http://www.chungnamilbo.co.kr)]

# K-방역 갖춘 한국형 중저가 호텔

3–13

코로나19로 인해 가장 많은 피해를 보는 업종 중 하나가 바로 숙박업이다. 외국인들의 출입이 많은 호텔의 경우 이제껏 경험하지 못한 코로나19로 인해 고객은 점점 호텔의 객실에 머무르는 것에 대해 불안하다고 느낀다. 행여 자신이 묵고 있는 객실에 이전 사용자가 코로나19에 감염된 고객이 아닌가 의심이 가기 때문이다.

코로나19와 같은 전염병이 전 세계를 공포로 몰아가는 시점에서 무엇보다도 잠을 자는 호텔이야말로 방역에 있어 매우 중요하다. 호텔경영자 입장에서도 행여 한두 명의 고객이 코로나19에 감염되었다고 하면 이내 문을 닫아야 하기 때문에 이만저만 걱정이 아니다.

코로나19 이후에 대비해야 할 것 중 하나는 호텔방역이다. 호텔에서는 철저한 방역시스템을 갖추는 것은 물론이거니와 정부차원에서도 방역을 완벽하게 갖춘 호텔에 대해서는 확실한 인센티브를 제공해야 한다. 뿐만 아니라 외국인 고객의 경우 철저한 방역인증시스템을 도입해서 고객이 투숙하기 전 코로나19 검사에서 안전하다는 것을 입증시킬 수 있는 시스템을 호텔 내에 갖추고 있어야 한다. 예를 들면 객실에 입실하기 전 자동으로 코로나19 검진이 완료되도록 하는 시스템을 갖추는 것은 물론 각 식당마다 검사 시스템을 도입해야 한다. 자동화된 시스템으로 고객이 사전에 직접 시스템 앞에 서지 않아도 일단 호텔 입구에 들어서는 순간, 식당에 들어서는 순간 자동으로 고객의 상태를 알 수 있도록 한다.

대한민국은 K-방역이라고 하여 전 세계에 이미 알려져 있다. 물론 공항에서 1차 검사를 하지만 중요한 것은 호텔에서 점검하는 시스템은 매우 중요하다. 향후에는 사람에서 건물 즉 물건까지 철저한 방역인증 시스템을 부여해야 할 것이다. 건물관리를 제대로 못해 방역시스템을 갖추지 못한 호텔에 대해서는 철저하게 고객을 제한하는 방안을 고려해야 한다. 최근에는 코로나19로 인해 고성능 초미립자 분사기를 통한 방역작업으로 사람의 손이 닿지 않는 곳까지 철저하게 방역을 한다. 물론 방역은 기본이지만 바이러스가 사람에 의해 많이 전염된다는 사실은 전염병이 돌고 있는 현재의 시점에서는 매우 중요하다. 호텔의 특성상 인적 자원에 크게 의존해야 하는데 방역에 있어 문제가 될 수 있다. 이런 문제점을 철저하게 해결하기 위해서는 모바일 앱을 통한 가칭 '스마트체크인'이나 고객 스스로가 직접 체크인할 수 있는 셀프체크인 시스템을 도입하는 것은 물론 가능한 식당까지 가지 않고 객실 내에서 식사할 수 있는 룸 서비스제도 등을 적극 도입해야 할 것이다.

이제 호텔업도 코로나19로부터 자유롭지 못한 시대가 왔다. 만약 코로나19가 어느 정도 해소되면 이제부터 대한민국은 K-방역시스템을 철저하게 갖춘 숙박시스템을 구축해서 홍보해야 한다. 그리고 중요한 것은 정부차원에서 보건시스템에 의해 정해진 룰(rule)을 명확하게 실천하고 보건장비를 갖춘 호텔에 대해서는 별도의 방역인증서를 호텔 객실에 부착시켜 호텔을 찾는 고객이 안심하고 이용할 수 있도록 해야 한다. 관광객의 경우 반드시 입실 전 자신의 전염병 감염여부를 확인시킬 수 있는 시스템을 도입해야 한다. 이런 시스템은 대한민국뿐만 아니라 전 세계보건기구를 중심으로 철저하게 적용시켜야 한다.

# 대한민국 관광대국, 서비스문화를 정착시키자

## 제 4 부

4-1. 관광업체 임직원은 직감능력을 키워라
4-2. 관광대국으로 가는 길, 고객을 이해하라
4-3. 호텔 왕 힐튼의 서비스 정신
4-4. 기본 서비스에 충실해야 관광대국으로 간다
4-5. 대한민국, 친절한 이미지 심어주려면
4-6. 친절은 습관에서 나온다
4-7. 프랑스 봉주르 캠페인
4-8. 대한민국 최고의 서비스를 갖춘 TAXI를 운영하자
4-9. 세계 최고의 한국형 호텔을 운영하자
4-10. 대한민국, 관광산업체 CEO가 앞장서라
4-11. 스타벅스의 성공신화
4-12. 구글의 감동서비스
4-13. 서비스가 강한 나라
4-14. 외국인 관광객을 위한 교통정보서비스

# 관광업체 임직원은 직감능력을 키워라

4-1

대한민국의 관광관련 업체에 종사하는 모든 사람들에게 한 가지 팁을 드리고자 한다. 고객을 제대로 알아보는 직감능력을 키우라는 것이다. 인생을 살아가면서 사람들과의 관계는 매우 중요하다. 성공한 사람을 한번 만나보라. 성공한 기업인이나 기타 자신의 분야에서 성공한 사람들을 만나보면 이들 대부분이 사람들을 알아보는 직감능력이 뛰어나다는 것을 필자는 깨달았다. 성공은 결코 우연이 아니라 자신들의 노력도 있었지만 중요한 것은 사람을 만나는 과정에서 직감적으로 자신에게 도움이 될 것인지의 여부를 알았다는 것이다. 때로는 파트너로 친구, 연인, 상사 등의 관계에서 시작하여 자신에게 도움을 줄 사람을 직감적으로 알았던 것이 성공하는 데 큰 도움이 되었다고 한다. 물론 직감능력과 고객을 알아보는 것은 서비스 차원에서 매우 중요하다.

대한민국이 관광대국으로 가려면 관광업체에 종사하는 임직원 중 누군가는 사람을 알아보는 직감능력을 갖추어 관광업계에서 전 세계를 깜짝 놀라게 할 사람이 대한민국의 관광업체에서 나올 것으로 확신한다.

필자가 알고 있는 한 젊은이가 있다. 그는 40대 초반의 나이로 무려 호텔을 4개나 운영할 정도로 매우 성공한 젊은이다. 그를 만나면 첫 느낌부터 사람을 알아보는 직감능력이 뛰어나다는 것이 얼굴에 쓰여 있다. 자신 스스로도 사람을 알아보는 직감능력이 뛰어나다고 자평한다. 그는 말하기를 “저는 호텔 왕 힐튼처럼 될 것입니다. 이제는 호텔 왕이 대한민국에서 나와야 한다고 생각합니다."라고 하면서 전 세계의 호텔을 석권할 자세로 열심히 호텔사업을 전개해 나가고 있다. 그는 경영능력이 탁월하며 사물을 바라보는 시각과 식견 특히 마케팅 능력은 아마도 필자가 알고 있는 사람 중에서는 최고라고 할 정도이다. 그는 항상 "대한민국의 호텔을 전 세계적으로 체인화시키는 것이 제 꿈입니다."라고 말하며 늘 자신감이 넘친다. 아마도 머지않아 대한민국에서 대한민국의 이름을 걸고 전 세계적으로 체인화 호텔을 성공시킬 확률이 매우 높은 젊은 경영자라는 생각이 든다. 향후 대한민국의 관광발전을 위해서는 이런 젊은 벤처사업가들이 많아야 한다. 즉 이런 젊은 호텔 왕들이 대한민국의 여기저기에서 탄생해야 대한민국이 관광대국으로 가는 것이다. 그는 현재 제주도에서만 200실 이상의 객실을 보유하고 있는 호텔 4개를 공동으로 하는 것도 아니고 혼자서 운영하고 있다. 실로 대단하고 놀라운 경영능력이다. 그가 성공한 이유는 직감능력이 뛰어나다는 것이다. 모든 사람들이 힘들다고 판단하는 것을 그는 직감적으로 뛰어들어 단숨에 성공시킨 것이다.

"척 하면 삼척"이라고 본능적으로 사람을 알아볼 수 있는 직감능력을 키우는 것은 매우 중요하다. 왜냐하면 살아가면서 너무도 많은 선택을 해야 하기 때문이다. 태어나는 순간이야 하늘이 정해주는 것이지만 살아가면서 계속 선택을 해야 한다. 학교를 선택하는 문제, 취업을 결정하는 문제, 진로, 자금, 유학, 부동산 등 이루 말할 수 없는 선택의 대안들이 우리 앞에 놓여 있다. 선택을 어떻게 하느냐에 따라 운명이 좌우된다고 해도 과언이 아니다. 그러나 가만히 주변을 살펴보면 주식을 사서 돈을 번 사람은 결코 우연히 번 것이 아니다. 이들은 주식을 분석하고 매 분기별로 회사 실적을 분석하는 등 나름대로 오랜 경험을 통해 스스로 체험한 것을 바탕으로 선택했다는 것을 알 수 있다. 한마디로 처음부터 직감능력이 뛰어난 사람같이 보이지만 결코 그런 것은 아니다. 부단히 시행착오를 거치면서 지금의 달인 경지에 오른 사람들이다. 한마디로 직감능력을 키운 것이다.

프로 골프 선수들은 수없이 많은 퍼팅연습을 한다. 그리고 필드에 나가면 이들은 어떻게 힘을 주고 방향을 틀어야 정확한 원 안으로 들어간다는 사실을 직감적으로 알아내어 공을 날린다. 프로골퍼이기에 가능한 것이 아니라 수많은 시행착오를 거쳐 직감능력을 키워 온 것이다.

미국의 유명한 프로농구 선수 중 한 사람인 마이클 조던(Michael Jordan)은 골대에 공을 던지면 거의 90% 이상 골인되었다고 한다. 농구 하나만큼은 천재라는 소리를 들었다. 그래서 한 방송사에서는 마이클 조던도 실수할 수 있다는 것을 보여주기 위해 아주 가까운 곳에서 슛을 하여 실수하는 장면을 연출하기 위해 카메라를 설치하여 촬영하였다고 한다. 그러나 실수로 골을 넣지 말라고 했지만 그는 이미 어렸을 적부터 골을 넣는 것에 익숙해져 무려 15번이나 시행한 후 실수를 연출했다고 한다. 이 역시 이미 직감적으로 골을 넣겠다는 생각이 뇌에 자동화되어 있었기에 가능한 일이다.

# 관광대국으로 가는 길, 고객을 이해하라

4-2

대한민국이 관광대국으로 가는 길에 있어 한마디 거들고 싶다. 세계적으로 가장 유명한 관광지라고 앞다투어 떠들면서도 정작 세계 최고의 서비스를 자랑하는 나라를 홍보하는 경우는 거의 없다. 문제는 관광객들이 중요시하는 것에는 세계 최고의 관광자원도 있지만 그 내면에 불친절하다는 소문이 있다면 호감을 크게 갖지 않을 것이다. 민약 세계 최고의 고객서비스를 받을 수 있는 국가가 있다면 아마도 전 세계의 관광객들은 그러한 나라에 대해 무척이나 호감을 갖고 한번쯤 방문해 보겠다는 생각을 할 것이다. 그만큼 이제는 고객 서비스가 중요하다.

아직은 나라별 관광업체 임직원들을 대상으로 고객서비스의 정도를 묻는 설문조항을 본 적이 없다. 만약 이런 조사가 이루어졌다면 당연히 대한민국의 관광산업체에 종사하는 직원의 서비스가 세계 최고의 수준이라고 하면 이런 설문의 결과를 보고 대한민국을 찾는 외국인 관광객은 많을 것으로 본다. 그런 의미에서 필자가 경험한 고객에 대해 이야기해 보고자 한다.

## 상황에 따라 고객은 심술궂고 변덕도 심하다

고객은 상황에 따라 항상 자신의 마음을 변화시키는 것으로 유명하다. 물론 모든 고객이 다 그런 것은 아니다. 일단 고객에게 물건에 대한 가격을 이야기하면 무조건 할인을 요구하는 고객, 입구에 들어서자마자 직원이 인사를 안 했다고 기분 나빠 하는 고객, 물건을 판매하기 위해 열심히 설명하면 '흠, 뭔가 숨겨진 흠이 있겠지' 하고 의심하는 고객, 객실이 넓은데도 좁다고 생각하는 관광객, 음식에 대해 자신의 기분에 따라 맛을 평가하는 관광객, 다른 곳에서 화나는 일을 당하고 엉뚱한 곳에 와서 화풀이하는 고객, 자기주장 이외에는 직원의 말을 전혀 수용하지 않는 고객 등 이루 말할 수 없을 만큼 갖가지 변덕과 심술을 부리는 고객들을 필자는 경험한 바 있다.

### 고객의 특성을 미리 알고 대처하자

그러나 이 모든 것이 고객의 일반적인 특성이라는 점을 알아야 한다. 서비스 현장에서 일하는 사람들이 고객과 말다툼하는 원인을 살펴보라. 위와 같은 고객의 부당한 불평불만에서 비롯된 경우가 많다. 처음부터 매장의 판매직원이 '고객에게 항상 조심해야지. 관광객은 변덕쟁이니까'라는 생각으로 고객을 대하는 것과 '항상 고객에게 친절해야지. 고객은 왕이니까'라는 생각으로 고객을 대하는 것은 전혀 다른 결과를 불러온다. 고객의 특성을 미리 파악하고 있으면 대비할 수 있기 때문이다.

대한민국, 이제는 서비스의 최고 국가로 전 세계에 소문이 나도록 하자. 그러기 위해 관광산업체를 비롯한 전 업종에서 고객의 특성을 제대로 이해한다면 대한민국은 머지않아 세계 최고의 관광대국으로 가는 것에 대해 전혀 의심의 여지가 없을 것이다.

# 호텔 왕 힐튼(Hilton)의 서비스 정신

4-3

호텔 왕 힐튼, 그에 대한 수식어는 모두 나열할 수 없을 정도로 많다. 독실한 기독교인이며 전 세계 80여 개국에 약 2,600개의 호텔을 소유, 객실 수만 해도 무려 48만 개나 된다. 그에게는 호텔 왕이라는 칭호가 붙을 정도로 호텔업계에서 힐튼은 대성공을 거두었다.

한번은 그에게 이런 일이 있었다고 한다. 청년시절 은행의 수위자리가 있다고 하여 이력서를 제출하고 면접을 보았다. 그때 면접관이 힐튼에게 질문한 첫 마디는 '글씨를 쓸 줄 아느냐?'였다. 힐튼이 대답하기를 '나는 이름밖에 쓸 줄 모릅니다'라고 했다. 그러자 면접관이 그를 채용하지 않았다고 한다. 훗날 그가 호텔 왕으로 많은 부를 축적한 후 기자들의 인터뷰에 응한 적이 있는데 기자들이 호텔분야에서 그가 성공한 비결을 말해달라고 하자, 그는 "나는 글씨를 못 씁니다. 내가 글씨를 쓸 줄 알았다면 나는 지금 결코 성공할 수 없었을 것입니다. 그 당시 수위로 채용되어 결국 지금까지 은행수위로 남아 있을 것입니다."라고 대답했다고 한다.

좋은 서비스는 물질적인 것보다는 사람의 마음을 움직이는 정신적인 서비스가 무엇보다 중요하다. 힐튼은 서비스를 특별하게 생각하고 특히 직원들에게는 "여러분이 웃으면서 봉사한다면 호텔의 명성이 달라질 것입니다."라는 말을 무척이나 강조하였다. 또한 그는 늘상 어떻게 하면 좋은 서비스를 주변이나 자기 자신에게 불어넣을까를 고민했다고 한다.

관광업에 종사하는 사람이라면 한번쯤 호텔 왕 힐튼이 살아온 이야기를 귀담아들을 필요가 있다. 대한민국도 전 세계의 호텔을 리드할 힐튼 같은 인물이 머지않아 탄생할 것이라 생각한다. 대한민국이 관광대국으로 가는 길에 있어 호텔산업은 매우 중요하다. 외국인 관광객에게 친절한 서비스를 제공하는 데 있어 호텔직원의 역할은 역시 중요하다. 중요한 것은 우리도 호텔 왕 힐튼과 같이 가칭 자신의 이름을 내건 호텔이나 지역의 이름을 따서 대한민국에도 힐튼 이상 가는 경영자가 있다는 사실을 알리자.

호텔은 관광산업에서 매우 중요하다. 호텔의 기업은 특성상 인적 자원에 의존하는 관계로 서비스와는 직결된다. 대한민국을 방문하는 관광객이 처음으로 머무는 곳이 호텔이라는 숙박시설이다. 물론 호텔뿐만 아니라 모든 숙박시설을 포함해서 이 분야에 종사하는 직원이나 경영주는 서비스에 최대한 관심을 두어야 한다. 특히 호텔을 운영하는 경영주의 경우 서비스마인드를 갖추어야만 제대로 호텔을 운영할 수 있다.

권위를 내세우는 사람들의 공통특징은 위엄, 거만, 자존심, 독단적 이기주의, 자기최고주의에 사로잡혀 있다. 최고의 직위에 오른 사장은 직원들로부터 우상의 대상으로 여겨지기를 기대하고 행동으로 옮긴다. 자신의 주변을 아무도 접근할 수 없는 철근콘크리트로 발라버리는 것이다. 왜냐하면 누구도 접근할 수 없는 장벽을 치고 있기 때문이다. 그러면서 사장은 직원들에게 '좋은 아이디어를 내시오'라고 외친다. 그래서 좋은 아이디어가 생겨 행여나 사장을 만나기 위해 사장실을 방문하면 쉽지 않다. 입구부터 절차가 복잡하다. 그 순간부터 좋은 아이디어를 가지고 온 직원은 '괜시리 아이디어 내서 나만 힘드네'라고 하면서 이내 사장에게 전해야 할 아이디어를 고안해 낸 것 자체를 후회한다. '조용히 살 것을 내가 왜 나서서…'라고 하면서 기분이 좋을 리 없다.

대한민국이 관광대국으로 가는 길에 있어 무엇보다도 중요한 것은 서비스문화를 정착시켜 이를 기업의 최우선 목표로 두는 것이다. 기업에서는 제품을 팔아야 하고 이익을 내야 한다. 이익을 내려면 직원들이 열심히 하고 친절해야 한다. 대한민국의 기업에 서비스문화가 정착되었을 때 관광대국으로 갈 수 있는 것이다.

# 기본 서비스에 충실해야 관광대국으로 간다

4-4

서비스를 잘 하려면 어떻게 해야 할까? 서비스분야에서 오랫동안 근무해 온 필자에게 주변 관광산업체 임직원이 물으면 항상 "기본에 충실해야 합니다."라고 말한다. 사실 서비스를 이론적으로 설명하려면 상당히 복잡하다. 서비스의 정의부터 시작해서 서비스의 측정변수까지 논하면서 이야기하면 서비스를 산업현장에서 적용시키기 어렵다. 고객은 기본에 충실한 서비스에 가장 감명받는다는 사실을 알아야 한다.

기본에 충실하기 위해서는 다음의 3가지 정도는 완벽하게 갖추어야 한다.

서비스 종사자가 갖춰야 할 기본 3가지

첫째는 인사다. 인사는 고객을 대할 때 가장 기본적인 서비스다. 일단 고객이 보이면 무조건 인사를 해야 한다. 인사를 하고 난 후 상품을 설명하거나 안내한다. 고객의 입장에서 볼 때 첫 대면에서 인사를 제대로 하지 않으면 '서비스가 전혀 안 되는 매장이군' 하면서 서비스에 문제가 있다고 생각한다. 관광객이 관광업체에 방문하는 순간 먼저 인사를 제대로 하자. 인사는 상대방에게 기본으로 갖추는 예의다. 그러나 인사는 아주 쉽지만 이를 지키는 사람은 그리 많지 않다.

인사는 그저 고개를 잠시만 숙이면 된다.

고객이 물건을 선택하고 나면 그제야 "그것은 10만 원입니다"라고 기다렸다는 듯이 가격을 말한다. 이런 경우 고객은 슬그머니 물건을 놓고 그냥 나가버린다. 물건이 마음에 들었다 해도 직원의 태도에 불만을 품은 것이다. '여기 아니면 물건 살 데가 없어서 온 줄 아나? 건방진 사람 같으니'라고 하면서 나가버린다. 대한민국의 관광산업체 종사자들이라면 분명히 인사의 중요성을 알고 있지만 정작 고객에게 인사하는 것을 제대로 지키지 않는 사람이 있기 때문에 하는 말이다.

외국인 관광객과 마주치면 영어로 말하지 않더라도 우리말로 "안녕하세요"라는 말을 건네보라. 아마도 외국인 관광객은 당신에게 좋은 이미지를 가질 것이다. 우리도 마찬가지지만 외국에 나가면 그 나라의 말로 하는 인사말은 기본적으로 알고 외국에 가기 때문이다. 인사는 할수록 좋다. 고객을 만나든, 아파트 경비원을 만나든, 서비스 업종에 종사하는 사람이라면 "안녕하세요"라는 말을 습관처럼 늘 한다. 그것이 바로 대한민국이 관광대국으로 가는 길에 있어 외국인 관광객을 맞이하는 첫 걸음이다.

둘째는 복장이다. 가능하면 고객이 보기에 친절하다는 인식을 심어줄 수 있는 복장, 즉 유니폼을 입으라는 것이다. 물론 최근에는 유니폼을 입지 않는 서비스업체도 늘어나고 있다. 그러나 유니폼은 고객과 직원을 구분하기 위해서도 필요한 것이다.

항공사의 스튜어디스가 유니폼을 깨끗이 입고 있으면 고객은 서비스를 잘할 것이라고 믿는다. 옷이 날개라고 하듯이 고객에게 좋은 이미지를 심어주기 위해서는 좋은 옷을 입는 것이 중요한 것이 아니라 깨끗한 상태에서 고객을 맞이해야 한다는 것이다.

셋째는 웃어야 한다. 고객을 보는 순간 인사를 하고 좋은 인상을 심어준다. 이어 고객은 깔끔한 옷을 입고 있는 직원에게 호감을 갖는다. 그리고 웃는 모습을 보는 순간 '서비스를 잘하는 매장이군'이라 생각하게 된다.

이제 대한민국은 유라시아 국가의 중심에 서서 관광대국으로 가는 길이 머지않았다. 코로나19가 잠식되고 백신으로 전 세계의 나라를 관광할 날이 다가오고 있다. 외국인 관광객 3,000만 명 시대가 곧 올 것으로 기대된다. 대한민국의 관광산업체에 종사하는 임직원 모두가 기본 서비스에 충실할 때 외국인 관광객은 세계 최고로 친절한 나라가 '대한민국'이라고 생각할 것이다.

# 대한민국, 친절한 이미지 심어주려면

4-5

친절한 이미지를 심어주기 위해서는 무엇보다도 가장 기초적인 것들을 학습할 필요가 있다. 이미 앞서 "서비스도 기술이다."라는 말을 한 적이 있다. 친절한 이미지를 심어주기 위해서는 나름대로 몇 가지 알아두어야 할 것이 있다. 물론 아주 쉽게 누구나 이해하기 쉬운 것들이다. 몇 가지 고객과의 관계성과 관련된 기술들을 알아두면 자신이 고객과의 친절관계를 잘 유지할 수 있다. 사람들은 대부분 알고 있는 것 같지만 실제 사람들을 만나 고객과의 관계를 잘하고 있는지, 고객 서비스를 하는 데 있어 문제가 없는지 등을 물어보면 의외로 많은 사람들은 이구동성으로 고객과의 관계가 어렵다는 말을 자주 한다. 고객 서비스 역시 마찬가지다. 고객에게 친절한 이미지를 심어주기 위해 노력하지만 그 결과는 그렇게 좋지 않다는 것이다. 결국 아주 기초적인 것들을 습득하지 않았기에 문제가 발생한 것이다. 지금부터 간단한 해결방법을 설명해 보겠다.

## 유사성 매력가설

유사성 매력가설이라고 하여 상대방이 좋아하는 것을 따라 하는 것이다. 대인관계가 좋은 사람들은 친해지고 싶은 사람들의 취미를 따라 하는 경향이 있다. 즉 상대방의 취미를 따라 하면서 상대방과 친해지기를 희망하는 것이다.

### 기분일치 효과

상대방과 대화할 때 기분이 좋은 상태인지 아닌지를 파악하는 것은 아주 중요하다. 상대방이 아주 기분이 나쁜 상태에서 비즈니스 이야기를 한다거나 미팅을 하게 되면 본래의 목적대로 비즈니스가 이루어지지 않을 수 있다.

### 포장기술

상품의 포장도 중요하지만 자신이 표현하는 말의 포장도 중요하다. 물론 표현을 포장한다고 해서 나쁜 이미지의 표현을 의미하는 것이 아니라 상대방을 현혹시키기 위해 거짓으로 포장하는 것이 아닌 진실이 담긴 포장을 의미한다. 그래서 사람들은 표현의 품격을 따지는 것이다. 고객이 화를 내는 대부분의 이유 중 하나를 꼽으라면 종업원의 말투가 친절하지 않아서인 경우가 많다. 이는 말에 대한 포장의 중요성을 깨닫지 못한 이제 막 서비스 업종에 입문한 직원임에 분명하다.

### 로프터스(Elizabeth Loftus)의 실험

로프터스(Elizabeth Loftus)라는 학자는 말의 표현과 관련하여 실험으로 검증했는데, 실험의 내용은 다음과 같다. 즉 실험참가자를 모집하여 교통사고와 관련된 영상을 보여준 후 참가자를 크게 두 그룹으로 나누어 다음과 같은 질문을 했다고 한다. 첫 번째 집단에는 "자동차가 충돌했을 당시 어느 정도 속도를 내고 있었습니까?"라는 질문을, 두 번째 집단에는 "자동차가 부딪쳤을 당시 어느 정도 속도를 내고 있었습니까"라고 물어보았다. 질문받은 두 집단의 대답을 비교해 보았더니 첫 번째 집단이 두 번째 집단보다 속도가 더 빠르다고 응답했다고 한다. 며칠이 지난 후 두 집단에게 이번에는 앞의 실험을 위해 보여준 영상에 대해 질문을 달리하여 "차창이 깨진 것을 보았습니까?"라고 물어보았다. 첫 번째 집단에서는 차창이 박살나고 많이 깨졌다는 응답이 나온 반면, 두 번째 집단에서는 차창이 깨진 것을 보지 못했다는 응답이 나왔다고 한다.

### 사람들과의 공간적 거리

처음 만나는 사람, 한 번 소개를 받았던 사람, 애인 사이, 친구 사이 등 관계의 정도에 따라 말할 때 거리를 달리한다. 이를 두고 "의사소통이 일어나는 개인적인 공간영역"이라고 일컫는다. 이 분야를 심도 있게 연구한 에드워드 홀에 의하면 사람들이 말할 때는 개인적인 공간영역이 매우 중요하다고 한다. 만약 상대방과의 관계가 아주 친한 사이라면 대화하는 거리가 18인치 정도 되어도 무관하다.

### 고슴도치 딜레마

유명한 독일 철학자인 쇼펜하우어는 사람과의 관계성을 "고슴도치 딜레마"라는 예를 들어 설명했다. 그에 의하면 고슴도치 두 마리가 겨울에 너무 추워 서로의 몸을 비벼대려고 가까이 갔지만 몸에 나 있는 가시 때문에 몸을 서로 비비지 못한다는 것이다. 그래서 떨어졌더니 아프지는 않지만 얼마나 추운지 다시 몸을 비볐다고 한다. 사람과의 관계 역시 고슴도치 딜레마와 유사한 면이 있다.

대한민국 국민 모두가 친절한 이미지를 심어준다면 모두에게 좋은 것이다. 대한민국을 찾는 외국인 관광객에게는 친절한 나라, 동방예의지국이라는 이미지를 심어줄 수 있으며 가정에서는 가족 모두가 친절한 이미지를 심어주어 가족의 행복으로 인해 매일 웃음 가득한 날이 된다.

# 친절은 습관에서 나온다

4-6

악명 높은 마피아집단의 이야기는 영화나 드라마로도 방영되어 익히 잘 알고 있다. 이들은 말 그대로 잔인하기가 이를 데 없다. 공연히 살인을 하거나 은행을 털고 조직을 이탈한 조직원을 죽이기도 한다. 그러나 한 가지 특이한 사실은 이들 즉 마피아의 행동규범 중 지켜야 할 여러 가지 내용 중에서 한 가지가 눈에 띄게 특이한 것이 있어 공개하고자 한다. 그것은 다름 아닌 '친절하라, 그리고 또 친절하라'라는 부분이다. 아니 어떻게 악명 높은 마피아집단에서 친절이라는 용어가 나오는지 모두 의아스러울 것이다.

필자가 여기서 강조하고자 하는 것은 바로 친절이라는 용어이다. 심지어 마피아집단까지도 친절이라는 행동강령이 있는데 일반 비즈니스맨이나 일상생활을 하는 사람이 친절을 상대방에게 베푸는 것은 당연한 논리라고 생각한다. 더욱이 관광산업체에 종사하는 임직원이라면 친절은 기본이요 생명과도 같은 아주 중요한 것이다. 친절한 매너 없이는 절대 사업에 성공할 수 없으며 외국인 관광객이 대한민국에 대해 절대 좋은 인상을 갖지 않을 것이다. 이제는 친절한 운동을 전 국민이 벌여야 한다. 일명 친절운동(kindness movement)을 전 국민이 펼친다면 대한민국의 국민 모두는 친절하다는 인식을 방문하는 외국인 모두에게 심어줄 수 있을 것이다.

필자는 십 년 이상을 호텔에서 근무하였다. 그래서 항상 호텔객실을 점검할 때면 문을 두드려야 했다. 말 그대로 노크를 해야 했다. 그래서 이 습관이 몸에 배어서 기차를 타서 다음 칸으로 이동할 때 문을 노크한 적이 있다.

대한민국은 친절한 나라, 예의가 넘치는 나라, 항상 낯선 외국인에게 인사를 잘 하고 웃으면서 맞이해 주는 나라 등으로 인식되면 대한민국은 저절로 관광대국이 되는 것이다. 이제는 전 국민이 친절운동을 벌여야 할 시점이다. 대한민국이 방문의 해를 자주 개최하여 우리들의 친절한 모습을 전 세계에 알리자.

# 프랑스 봉주르(Bonjour) 캠페인

4-7

프랑스는 봉주르라는 캠페인을 전 국민을 대상으로 펼쳐 전 세계의 관광객에게 큰 관심을 보여주었다. 물론 봉주르라는 말이 단순히 '안녕하세요'라는 인사말이지만 이 말 한마디로 전 국민이 관광객을 맞이하는 데 동참했다는 데 큰 의의가 있다. 프랑스 정부에서 이러한 캠페인을 펼친 이유 중 하나는 외국인 관광객을 유치하는 데 자국민의 친절이 큰 걸림돌이라고 생각, 이 운동을 펼쳐나갔다. 프랑스를 방문하는 외국인 관광객에게 친절운동의 일환으로 봉주르 캠페인 운동을 전개한 것이다.

프랑스 관광공사가 주최가 되어 혁신운동을 펼쳐나갔는데 각 지방사무소와 지부, 연합회 등에서 동참하여 결국에는 전 관광지에서 봉주르 운동을 확산시켰다. 일단 방문한 관광객에게 친절하게 성심껏 모시겠다는 서약서를 작성하도록 하고 관광객들이 궁금해 하는 그 지역의 먹거리, 교통, 관광지 등을 상세하게 설명해 주는 것은 물론이거니와 자신의 집을 방문한 관광객에게는 마지막 퇴실 때까지 친절하게 대해주었다. 물론 이런 운동에 참여한 업체나 기관 등에게는 파격적인 인센티브를 제공하여 참여하지 않은 단체와의 차별화를 시도하여 관광객들로 하여금 인증된 곳으로 몰리도록 하였다. 뿐만 아니라 친절운동에 대해 관광객들이 직접 경험한 것을 평가하도록 하여 철저히 인증제 시스템을 도입하였다.

'봉주르'라는 아주 작은 인사부터 시작한 운동이 어느 정도 성공을 보이자 이번에는 정부차원에서 연도별로 테마를 달리해서 운동을 펼쳐나갔다. 예를 들면 1998년에는 '프랑스는 세계를 환영합니다', 2001년에는 '프랑스에서, 미소는 마음에서 나온다', 2003년에는 '프랑스가 좋아요'라는 차별화된 슬로건으로 전 국민에게 홍보한 후 프랑스를 찾는 외국인 관광객에게 큰 호응을 얻었다고 한다.

대한민국이 세계의 관광지로 우뚝 솟는 방법에는 여러 가지가 있겠으나 그중에서 한 가지를 꼽으라고 하면 친절이다. 외국인에게 있어서 친절만큼 중요한 것은 없다. 아무리 관광자원이 풍부하고 먹거리가 좋아도 정작 자신을 받아들이는 사람들이 친절하지 않으면 다시는 대한민국을 방문하지 않을 것이다. 대한민국이 관광대국으로 가는 길에서 해결해야 할 것 중의 하나는 프랑스의 봉주르 운동처럼 전 국민을 대상으로 한 친절캠페인을 전개해 나가는 것이다. 이는 관광객을 맞이하기 때문이기보다 우리 스스로가 친절한 운동을 펼침으로써 사회문화적 공감대는 물론 국민들의 이미지, 나아가 국가의 이미지가 더한층 올라가기 때문이라는 사실을 명심하자.

도산 안창호 선생님이 한 말을 기억하자. "친절하면서 웃지 않는 사람은 없다. 화내지 않고 웃는 민족이 강한 나라를 만든다"라는 데서 답을 찾자. 우리는 이미 오래전부터 이런 운동을 국민들에게 전개해 나갔다. 이제는 유형의 관광자원도 중요하지만 무형의 관광자원도 아주 중요하다는 사실을 명심하자.

경제학의 아버지 애덤 스미스는 "당신이 친절한 태도로 사람에게 끼친 유쾌함은 당신에게 되돌아오며, 가끔 이자까지 붙어서 되돌아온다"고 했다. 친절이야말로 경제학적 측면에서도 결코 손해를 보는 것이 아니라 오히려 득이 된다는 사실을 명심하자. 특히 대한민국이 관광대국으로서 전 세계 관광객의 3%를 유치하기 위해서는 무엇보다 '친절만큼은 대한민국을 따라갈 나라가 없다'는 말이 대한민국을 방문하는 방문객으로부터 나와야 한다.

대한민국은 관광대국으로서 국제관광객을 맞이할 캠페인을 당장이라도 만들어서 코로나19 이후에 대비해야 한다. 싱가포르는 세계 친절의 날을 맞이하여 1개월 동안 "Say Thanks, Make Someone's Day" 캠페인 운동을 전개하였다고 한다. 감사하다는 말을 누군가에게 전하는 날을 만들어 전 국민이 동참하도록 하였다. 우리도 단지 일회성으로 할 것이 아니라 지속적으로 친절운동을 전개해 나갈 필요가 있다. 누군가 다른 사람에게 친절을 베푼 미담이 있다면 별도의 친절사이트를 개설하여 거기에 모든 다양한 친절한 행위를 한 사람들에 대한 이야기코너를 개설하자. 이런 운동으로 대한민국이 친절한 나라로 가는 즉 '동방예의지국'이라는 슬로건이 다시 살아날 수 있게 함으로써 관광대국의 초석을 다지자.

대한민국의 관광서비스가 세계 최고의 수준이어야 방문하는 관광객이 만족해서 다시 방문할 것이다. 관광산업체에 종사하는 분이라면 서비스가 중요하다는 것쯤은 누구나 다 잘 알고 있다. 그러나 중요한 것은 상대방이 인정할 정도의 감동의 서비스를 제공하는 것이 그리 쉽지 않다는 것이다. 상대방에게 감동을 주고 다시 대한민국을 방문하도록 하려면 서비스에서 중요한 고객의 품격을 지켜주어야 한다. 그러면 고객의 품격을 제대로 지켜주는 방법이 무엇인지 한 번 알아보자.

상대방을 만나는 첫 대면 순간부터 품격을 지켜주는 것이 중요하다. 품격이라고 하는 것은 말 그대로 상대방이 평소에 갖고 있는 아주 작은 습관과도 같은 것을 기억해 두었다가 그가 요구하기 전에 미리 서비스를 제공해 주는 것이다. 고객이 단골고객이라면 그가 즐겨 사용하는 객실번호를 암기해 두었다가 다음 방문할 때 기억해 놓고 고객이 사용했던 객실을 제공해 보라. 고객은 무척이나 좋아할 것이다.

가능하면 고객이 좋아하는 것을 기억해 두는 것이 좋다. 고객은 자신을 알아주는 직원을 좋아할 것이다.

만약 바(Bar)에서 단골고객이 칵테일을 마신다면 고객이 어떤 종류의 칵테일을 자주 마시는지를 바텐더가 기본으로 알고 있다. 고객의 품격을 지켜주는 것은 매우 간단한 일이다. 그러나 단골고객의 품격을 좀 더 지켜주려면 평소 단골고객 칵테일 잔의 위치가 어느 곳에 있는지를 정확하게 알고 있어야 한다. 세밀한 바텐더라면 자신이 건네주는 칵테일 잔을 단골고객이 선호하는 위치에 정확하게 놓아야 한다.

고객의 품격을 지켜주면 고객은 당신이 고객의 품격을 지켜주는 아주 친절한 사람이라 생각할 것이며 이내 당신이 운영하는 관광업체를 더 자주 방문하는 단골고객이 된다는 사실을 명심하자. 부부가 운전 중 음악을 틀어놓고 운전하기를 원한다면 적어도 남편의 입장에서 부인의 입장에서 서로 상대가 좋아하는 음악을 틀어놓는 것 역시 상대의 품격을 지켜주는 일이다.

대한민국이 관광대국으로 가는 길에서 우선적으로 방문하는 외국인 관광객의 품격을 지켜주는 것은 아주 중요하다. 대한민국의 국민이 친절하다는 인식을 외국인 관광객에게 심어주려면 평소 고객의 품격을 지켜주는 습관을 관광산업체 임직원 모두가 갖추고 있어야 한다. 친절도 상품이다. 친절하면 반드시 재방문으로 이어진다는 사실을 명심하자. 대한민국 친절한 국민, 이것은 바로 품격을 서로가 지켜주는 데서 출발한다.

# 대한민국 최고의 서비스를 갖춘 TAXI(택시)를 운영하자

4-8

대한민국이 관광대국으로 가기 위해서는 무엇보다 대표성 있는 상품을 개발해야 한다. 특히 교통과 관련해서는 코로나19 이후 수요가 급증할 것으로 기대되는바 소위 말하는 K-TAXI(택시)를 운행하자. 외국인들이 즐겨 찾는 무언가 대한민국의 대표성 있는 교통편이 있어야 세계적으로 소문이 난다. 그 이유는 일본의 MK택시를 보면 이해할 것으로 본다. MK택시는 일본의 동경이나 기타 유명 도시에 가면 쉽게 볼 수 있다. 이들 택시에 얽힌 이야기는 너무도 많아 말로 표현하기 어려울 정도이다. 일본을 방문한 사람이라면 누구나 MK택시를 한번쯤 타보거나 회사에 방문하기를 원한다.

MK택시를 설립한 사람은 제일 교포 유봉식 사장이다. 그는 "친절은 곧 돈이다. 친절은 생활이고 약속이며 에티켓이다. 친절하면 모든 게 편해지고 친절을 기본으로 할 때 약속은 자연히 이루어진다." 하면서 친절을 슬로건으로 내걸어 전 세계에 이름을 떨친 것은 물론이거니와 일본을 전 세계에 알리는 데 크게 기여하였다. 물론 기업적인 차원에서 한 것이지만 말이다. 그는 승객인 고객에게 서비스함으로써 다른 택시회사와 차별화를 두어 성공하였다. 그는 고객에 대해서만큼은 이런 말을 자주 하였다고 한다.

"내가 섬기는 신(神)은 곧 손님이며 고객은 바로 법이다." 하면서 손님에 대한 존경심과 존중감을 갖고 전 직원에게 교육을 시켰다. MK택시 회사의 경우 4년제 대학을 졸업한 직원이 다수이며 일류대학을 졸업한 운전수도 많다. 일단 MK택시를 이용해 본 사람이라면 그 서비스의 가치에 가히 놀랄 만하다. 필자 역시 동경에서 MK택시를 이용했지만 친절한 느낌을 강하게 받았다.

대한민국이 관광대국으로 가는 길에서 가장 중요한 것 중의 하나는 대한민국을 대표로 하는 K-택시와 같은 것을 운행하라는 것이다. 외국인들이 인천공항에 내렸을 때 가장 친절하게 외국인 관광객을 모실 수 있는 교통편을 생각할 때 택시는 매우 중요하다. 물론 버스, 지하철 등도 있다. 그러나 외국인 관광객이 도착하는 순간부터 가슴으로 느낄 수 있는 감동서비스를 제공하는 K-택시와 같은 교통편을 운행하는 것은 대한민국의 이미지를 전 세계에 알릴 수 있는 좋은 기회가 될 것이다.

# 세계 최고의 한국형 호텔을 운영하자

4-9

일본의 제국호텔은 130년의 역사와 전통을 자랑한다. 미국에는 힐튼 호텔이 있다. 그렇다면 대한민국을 대표할 수 있는 호텔이 존재하는가? 심각하게 고민해야 한다. 물론 우리도 오랜 전통을 가진 호텔이 없는 것은 아니다. 그러나 아직까지 100년 이상의 역사성을 가지고 있는 호텔은 없다. 호텔 역시 문화적으로 가치가 있다고 판단되는 것은 보존할 가치가 있다고 본다. 외국의 경우에는 2차 세계대전 때 폭탄을 맞은 호텔도 보존하고 그 유명한 셰익스피어가 잠을 잔 호텔도 보존하고 있는 것을 보면 알 수 있다.

대한민국에는 외국의 유명 호텔들이 간판을 내걸고 서울과 지방의 중소도시를 잠식하지 않았는가. 이제는 대한민국이 관광대국으로 가려면 우리만의 전통적인 호텔을 하나 만들어 운영해야 한다. 그렇다고 정부차원에서 스페인에서와 같이 공기업 형태의 호텔을 운영하라는 것은 아니다. 정부차원에서 대한민국을 대표할 수 있는 호텔의 기준을 만들어서 매뉴얼을 제작 배포하라는 것이다. 물론 호텔기업을 정부차원에서 나서서 하라는 것은 조금 억지의 논리 같지만 절대 그렇지 않다. 직원의 서비스매뉴얼부터 객실, 식음료, 호텔브랜드 등 고민할 것이 많다. 물론 한국관광공사에서 추진한 호텔이름도 있다. 그러나 그것만 가지고는 외국인 관광객을 유치하는 데 한계가 있다. 일단 외국인 관광객이 대한민국에 도착하는 순간, 일본에 도착하면 MK택시를 찾듯이 대한민국을 대표하는 호텔을 외국인 관광객이 찾을 수 있도록 하자는 것이다. 일단 필자가 구상하는 호텔에 대해 말해보겠다.

첫째, 한복스타일의 복장을 갖춘 종업원이 외국인 고객이나 내국인 고객에게 대한민국 스타일이라는 인식을 쉽게 할 수 있도록 하자. 물론 모든 호텔을 이런 식으로 하자는 것은 아니다. 일단 가칭 한국호텔이라는 명칭을 사용할 때 여기에 브랜드를 달고자 하는 호텔에 한해서 적용시키는 것이다.

둘째, 대한민국의 전통 한정식을 제공해 줄 수 있는 매뉴얼을 제공한다. 외국인 관광객이든 내국인이든 한국의 전통음식을 먹을 수 있도록 하자. 예를 들면 비빔밥도 해당되고 전통 밥도 해당된다. 대한민국의 전통적인 분위기를 연출할 수 있는 음식이면 가능하다. 호텔 하면 '무조건 양식이고 이탈리안 식'이라는 관념에서 탈피해야 가능한 일이다.

셋째, 내부 분위기에서 우리의 전통분위기를 느낄 수 있도록 객실 내 등을 주마등으로 하자. 옛날 과거시험을 보러 갈 때 주막에서 잠을 자는 식의 호롱불 개념의 전등을 켜도록 하자. 물론 시스템적으로 매우 간편해야 한다. 디자인 색상을 조금만 바꾸면 가능한 일이다.

넷째, 외국인 관광객에게 대한민국의 전통적 이미지를 심어줄 수 있는 공연을 하자. 호텔에서 공연이 없어진 지 오래다. 그러나 이제는 호텔과 지역의 전통춤단체 기관이나 공연단체 등과 연계하여 호텔마다 아주 작은 소극장의 개념으로 내국인이든 외국인이든 모두가 즐길 수 있는 테마를 선정하여 이들이 호텔에 머무르는 동안 한국의 전통공연을 즐기도록 하자. 사물놀이를 비롯한 장구, 춤 등 얼마든지 있다. 아주 작은 공연에 사람들이 감동한다는 사실을 잊지 말고 대한민국의 호텔에서 대한민국의 전통공연을 볼 수 있도록 하자.

다섯째, 이들 가칭 한국호텔의 체인화를 시도하여 전국단위는 물론 전 세계적으로 체인호텔을 운영하자. 힐튼 호텔이나 리츠칼튼 호텔 모두 전 세계의 체인화에 성공한 호텔들이다. 이제는 대한민국도 전통호텔을 운영하여 전 세계적으로 전통적인 분위기를 연출하는 우리 식의 호텔을 운영해 보자. 고용창출, 외화 획득 등 다양한 부문에서 여러 가지 효과를 발휘할 수 있다.

# 대한민국, 관광산업체 CEO가 앞장서라

4-10

서비스를 잘 하려면 직원이 고객한테 아주 친절한 서비스를 잘 해야 하는 것은 당연하다. 관광산업체의 경우 다른 업종과는 달리 인적 서비스에 대한 의존도가 높다 보니 고객이 직원의 서비스에 의지하는 비율이 타 업종에 비해 훨씬 높다. 이런 이유로 고객은 아주 가벼운 문제부터 시작해서 아주 까다로운 문제까지 직원한테 의지하는 경향이 크다. 그런데 문제는 직원들이 고객을 대하는 과정에서 자칫 실수를 하거나 열심히 했는데도 불구하고 고객이 불만과 불평을 제기하는 경우, 사장인 CEO 역시 불평, 불만의 발생 원인을 제대로 파악하기도 전에 직원을 크게 꾸짖는 경우를 종종 목격한다. 필자 역시 호텔직원 생활을 오래 하면서 겪었기에 하는 말이다. 그러나 이제는 세상이 많이 바뀌었다. 고객이 왕이고 고객에게 무조건 충성하는 시대가 아니라 정당한 것을 주장하는 고객, 충성을 받을 만한 고객과 그렇지 않은 고객이 있다는 사실을 사장인 CEO가 명확하게 인지하고 이를 직원들에게도 주입시킬 필요가 있다.

대한민국이 관광대국으로 가는 길에 있어 사장은 별개가 아니고 직원과 함께 경영을 이끌어가는 사람이다. 사장이 앞장서서 고객을 열심히 대하는 모습을 보았을 때 직원도 열심히 하는 것이고 결국에는 기업의 경영흑자로 이어지는 것이다.

### 책임자가 선봉에 서라

서비스의 핵심은 책임자가 직접 선봉에 서는 것이다. 전쟁에서 적을 섬멸시키기 위해 대장이 맨 앞에서 진두지휘를 하듯이 말이다. 고객과의 전쟁은 이미 시작되었다. 고객을 상대로 전쟁을 하는 사장이 전면에서 현장 지휘를 직접 해야만 고객을 서비스 감동으로 섬멸시킬 수 있다.

병원, 호텔, 유통회사 등 서비스 기업을 운영하는 사람들이 실수하기 쉬운 것 중 하나가 현장 경영을 강조하면서도 정작 사장이나 회장은 현장에서 직접 경험을 하지 않는다는 것이다. 우리의 문제는 현장에서 답을 찾을 수 있다는 사실을 아는 사장이 그리 많지 않다는 데 있다. 물론 이론적으로는 알지만 실무에 들어가면 전혀 다르다는 것이다.

대한민국이 관광에서 차별화를 이루려면 자연자원, 문화자원, 역사 등 여러 가지가 있다. 그러나 고객을 대하는 서비스가 가장 중요할 수 있다. 서비스가 좋으면 고객은 감동받게 되고 더욱이 대한민국의 이미지를 좋게 간직하고 돌아가 다시 방문할 것이다.

전 세계에서 가장 서비스를 잘 하는 나라, 호텔에 투숙하면 직원이 세계 최고로 친절한 서비스를 하는 나라가 대한민국이라는 것을 고객이 느낄 때 대한민국이 관광대국이 되는 것이다.

# 스타벅스(Starbucks)의 성공신화

4–11

스타벅스라는 간판은 전 세계의 어느 나라를 가든지 쉽게 찾아볼 수 있다. 그리고 대한민국 역시 어느 지역을 가더라도 스타벅스라는 간판이 있다. 여기에는 대한민국의 젊은이들은 물론이거니와 중장년 세대를 비롯하여 많은 사람들이 커피를 마시기 위해 줄을 서 있다. 스타벅스가 부럽기도 하지만 한편으로는 스타벅스를 능가하는 커피 숍이 대한민국에는 없다는 사실이 안타깝다. 관광관련 직종에 30년 이상을 근무한 필자는 스타벅스라는 간판을 볼 때마다 "대한민국의 창업자들이여 세계적 수준의 커피숍을 만들자."라고 외치고 싶다. 우리라고 못 만들라는 법은 없다. 문제는 필자를 비롯하여 그 누구도 용기를 갖고 엄두를 내지 못하기에 더욱이 안타깝다. 가칭 한류커피숍(K-hallyu coffee shop)을 전 세계에 체인으로 운영해 보라는 것이다. 물론 쉬운 일은 아니다. 그러나 도전 속에 기회가 있다. 야심찬 계획을 세워 한 번 추진해 보라고 강력하게 권하는 바이다.

대한민국이 관광대국으로 가는 길에 있어 필요한 것이 있다면 대한민국을 대표하는 무엇인가 한 가지를 찾아내 세계로 진출하는 것이다. 숙박이면 숙박, 먹거리, 테마파크 등 여러 가지가 있다. 전 세계인의 주목을 받는 사업이 하나라도 있다면 아마도 대한민국을 홍보하는 데 아주 큰 효과가 있다고 확신한다. 이제라도 한 번 심각하게 생각하고 대한민국 정부에서도 이런 도전적인 창업자에게 파격적으로 지원하는 방안을 고려하자. 만약 성공한다면 우리의 젊은이들이 전 세계의 주요 곳곳에서 근무하게 될 것이고 젊은이들의 실업문제를 해결할 수 있다. 그렇다면 스타벅스를 창업한 하워드 슐츠(Howard Schultz)는 어떻게 성공했는지 한 번 알아보자.

하워드 슐츠는 1953년 뉴욕 브루클린의 빈민가에서 태어났다. 1975년 노던미시간대학교를 졸업하고 제록스사의 세일즈와 마케팅 분야에서 일했으며 이후 가정용품을 생산하는 스웨덴회사에서 일했다. 그는 출장을 가서 우연히 들른 스타벅스의 커피 맛과 경영방식에 매료되어 대기업의 부회장자리를 박차고 스타벅스에 합류하게 된다. 그는 평범해 보이는 커피전문점을 인수하여 전 세계 최고의 커피전문점으로 성공시켰다.

그가 성공한 원인은 어디에 있을까. 한마디로 고객을 위한 감동서비스를 실천했기에 가능한 일이다. 돈을 받는 캐셔(cashier)의 친절한 서비스, 금속막대를 누르는 순간 '쉭' 하는 소리와 함께 거품이 일어나게 하는 방식은 고객들로 하여금 흥미를 자아내기에 충분했다. 여기에 좋은 서비스를 고객에게 제공하는 것은 물론이거니와 직원에게 좋은 서비스를 제공하는 스타벅스는 직원이 기계의 부속품이 아니라고 하면서 직원들을 가족처럼 대하는 것으로 유명하다. 그는 파트타임직원에게도 초창기부터 의료보험을 적용시켜 모든 직원들이 의료혜택을 받게 하였다.

대한민국의 청년들은 도전정신이 있다. 그리고 두뇌도 우수하다. 이런 것을 강점으로 해서 한번쯤 도전해 보자. 커피 숍, 제과, 한식 등 외식업 분야에서도 찾으면 얼마든지 있다. 일본의 스시(초밥)가 성공하였듯이 우리의 먹거리도 충분한 승산이 있다. 예를 들면 떡볶이가 대표적인 사례이다. 누군가 브랜드화시켜 세계화 전략을 구상해 보자. 맥도널드 햄버거가 전 세계를 누비듯이 말이다. 얼마든지 우리도 해낼 수 있다.

# 구글(Google)의 감동서비스

4-12

대전시설관리공단 이사장으로 재직하던 시절 지역의 CEO들과 함께 구글이라는 기업을 탐방한 적이 있다. 구글의 서비스가 아주 유명하다고 하여 서비스를 전공한 필자에게는 무척이나 흥미 있었다. 무언가 특이한 것이 있으면 공단에도 적용하고자 연수를 갔던 것이다. 대한민국이 관광대국으로 가는 길에 있어 무엇보다도 서비스가 중요하다는 말을 여러 번 한 적이 있다. 관광업체 직원들의 고용불안과 고용에 대한 처우 등 여러 가지 문제가 있다 보니 최근에는 관광업체 직원으로 가기를 무척이나 꺼리고 싫어하는 경향이 아주 높다. 코로나19로 인해 더욱이 관광산업 전반이 불황인데다 처우문제까지 어렵다 보니 관광산업체가 이렇게 계속 가다가는 큰 위기에 봉착할 것 같은 분위기다. 코로나19 이후 관광산업체의 활로를 모색하는 차원에서 구글 이야기를 소개해 보고자 한다. 물론 구글과 관광은 별개지만 말이다. 단지 이들의 성공방정식을 모델로 삼아 우리도 이와 같은 경영방식을 한번쯤 고민해 볼 필요가 있기 때문이다.

인터넷 기업으로 성공한 구글의 경영이념인 "세상에 최상의 제품을 서비스한다"로 보아 서비스 중심의 기업임을 쉽게 발견할 수 있다. 구글의 성공원인은 한마디로 내부 직원들의 만족을 통한 외부고객에의 감동을 주는 것이 주원인이 아닌가 싶다. 세계 최고의 제품을 판매하기 위해 무엇보다 중요한 것은 직원들의 기분이 최상의 상태가 되었을 때이다. 그래야 고객에게 최상의 서비스를 제공한다는 것을 구글의 창업자 세리게이 브린(Sergey Brin)과 래리 페이지(Larry Page)는 너무나도 잘 알고 있었다. 세계 최고의 제품은 세계 최고의 서비스에서 나온다는 사실을 잊지 말자.

일단 50만 평이 넘는 광활한 캠퍼스 같은 회사는 일명 테마공원이라고도 한다. 직장 내에서는 어디서나 쉽게 발견할 수 있는 것이 바로 스쿠터다. 스쿠터는 아주 작은 일인용 오토바이와 같은 교통기구인데 이를 이용해 직원들은 자유롭게 동과 동을 오고갈 수 있다. 직원들의 이동의 편리성을 위해 회사차원에서 마련한 것이다. 그리고 신입사원들은 프로펠러가 달린 모자를 쓰고 다니는 것을 쉽게 볼 수 있는데 다소 흥미로운 분위기를 연출하는 이들 신입사원들은 얼굴에 온통 미소를 띠고 있다. 이 역시 복장으로 새로운 분위기를 창조하려는 의도에서 나온 것이 아닌가 싶다. 그리고 호텔에서 가장 유명한 주방장을 고용해서 음식을 만들게 하여 직원들이 원하는 대로 먹을 수 있게 하였다. 심지어 가족들을 데려와서 먹을 수도 있다. 음식을 집으로 가져가기도 하고 캠퍼스 곳곳에서는 탁구장을 쉽게 발견할 수 있다. 아이스크림을 가득 담은 아이스통을 발견할 수 있으며 가는 곳마다 좋은 장소에는 파라솔을 펼치고 편안하게 앉아서 일하는 직원들을 쉽게 발견할 수 있다. 그러나 무엇보다도 중요한 것 중의 하나가 하루를 근무하면서 총 근무시간의 약 20%는 자유롭게 상상하면서 보낼 수 있다는 것이다.

이제 대한민국에도 다른 업종에서는 물론 구글과 같은 기업이 나오겠지만 구글의 수준은 아니라도 고객에게 최고의 서비스를 제공하고 최고의 대우를 받는 임직원을 두는 관광기업이 탄생하기를 간절히 바라는 바이다. 이런 관광기업이 탄생해야 관광학과를 졸업한 학생들이 큰 꿈을 꾸고 관광업체에 종사하기를 희망할 것이다. 대한민국이 관광대국으로 가는 길에서 최고의 대우와 최고의 서비스를 지향하는 관광업체가 나와야 한다고 생각한다.

# 서비스가 강한 나라

4-13

4차 산업시대에는 사람의 노동력이 필요하지 않다고 생각하는 사람이 있다. 물론 맞는 말이다. 그러나 가만히 생각해 보라. 과연 지금 이 시점에 사람의 노동력이 필요하지 않은 사업이 얼마나 되는지를 말이다. 아마도 대부분의 사업에 인력이 필요하며 성공한 기업 역시 인적 서비스가 강한 기업이다.

삼성의 고객 서비스를 한 번 보자. 아주 작은 제품을 산 후 고장났을 때 친절하게 고쳐주는 것을 경험했다면 금방 이해하리라 본다. 물론 삼성만 그런 것은 아니다. 대기업이나 중소기업에서 출시한 상품을 구입한 후 애프디서비스(after service)를 살펴보라. 다른 나라에 비해 훨씬 서비스가 뛰어나다는 것을 알 수 있다. 더욱이 은행 창구 등에 가보면 대한민국의 인적 서비스 수준을 짐작할 수 있다. 어디 이뿐인가. 지금은 코로나19로 인해 항공기가 운항하지 않지만 코로나19 이전만 해도 항공기는 전 세계를 누비며 다녔다. 외국의 항공사조차도 스튜어디스나 관련 직원을 채용할 때 대한민국 승무원이 지원하기를 원했다는 것만 보아도 대한민국의 인적 서비스는 가히 짐작할 만하다. 중국의 은행 창구와 대한민국의 은행 창구에서 줄을 서서 기다려보자. 서비스의 수준을 금방 가늠하리라 본다. 물론 4차 산업시대에 사람의 노동력이 기계로 대치되는 것은 사실이다.

서비스의 강국인 대한민국이 이제는 관광산업에서 그 가치를 인정받아야 한다. 세계적으로 성공한 관련 기업의 성공사례를 살펴보면 대부분 성공한 원인 중 하나가 서비스이기 때문이다. 여러분이 잘 아는 맥도날드 햄버거를 창시한 레이 크록의 예를 한 번 들어보자. 그가 성공한 이유는 초창기에 그가 한 말에서 찾아볼 수 있다.

"진정으로 고객을 생각한다면 고객이 살고 있는 주택의 지하실 구조까지도 파악하고 있어야 하며 그 집에 이르는 지름길을 알아내는 일 등도 필수적이다. 물건을 배달하거나 옮길 때 더 나은 길을 고객에게 가르쳐줄 수 있을 정도가 되어야 한다. 나는 언제나 그렇게 했다. 그것이 지금은 중요한 지식이 되어 맥도날드에 도움을 주고 있다."

레이 크록의 성공은 바로 고객 서비스에 있다. 그는 서비스에 승부를 걸었던 것이다. 어디 이뿐인가. 여러분도 잘 아는 KFC를 창시한 샌더스의 경우를 살펴보자. 그 역시 전 세계에 치킨 체인사업을 전개해 어느 나라를 가도 KFC 간판을 쉽게 볼 수 있다. 그는 치킨사업의 자금을 마련하기 위해 수백 명의 사람을 만났으며 실패한 것도 수백 번이었다. 그가 1,000번 이상의 도전을 한 후 비로소 성공한 것은 그만의 서비스로 차별화를 시도하였기에 가능했던 것이다. 그는 로터리 클럽에 가입하면서 로터리 클럽의 강령에 큰 감명을 받았다고 한다. "이익을 생각하기 전에 먼저 베풀어라. 최고의 서비스를 추구하는 이가 가장 많은 이익을 얻는다."라는 강령이다. 그 역시 서비스에 승부를 걸었다.

대한민국은 서비스 하나는 세계적 수준이라 자부한다. 서비스와 관광산업은 매우 중요한 관계성을 가지고 있다. 관광산업 대부분이 서비스에 중점을 두기 때문이다.

그것도 인적 서비스의 의존율이 매우 높다. 호텔, 리조트, 카지노, 항공, 여행, 외식 등 모든 관광산업부문에서 서비스를 빼고는 산업을 논할 수 없다.

대한민국의 서비스 수준이 세계적 수준이라고 볼 때 이제는 관광산업으로 성장의 동력원을 찾아야 할 시점이다. 대한민국에는 관광관련 학과의 전공자가 매년 수천 명이 졸업을 한다. 이제는 4차 산업시대로 관광과 디지털이 복합된 개념의 사업이 호황을 이룰 것으로 본다.

# 외국인 관광객을 위한 교통정보서비스

4–14

외국인의 한국여행 준비 중 가장 필요했던 정보

| 구 분 | 1순위 비율 | 중복집계 시 |
|---|---|---|
| 이동거리 및 교통편 | 24.3 | 52.4 |
| 방문지 정보 | 30.0 | 47.3 |
| 음식 및 맛집 정보 | 14.5 | 46.8 |
| 숙박시설 | 9.5 | 25.4 |
| 쇼핑장소 | 8.4 | 33.9 |
| 기타 | 13.2 | 42.7 |

자료: 문화체육관광부(2019), 2018 외래관광객 실태조사

외국인이 대한민국을 방문하는 경우 가장 필요했던 정보에 대해 문화체육관광부의 자료를 인용하여 분석해 보면 이동거리 및 교통편이 52.4%로 가장 높은 것으로 조사되었다. 관광의 특성상 낯선 곳에 대한 미지의 탐구나 강한 호기심으로 인해 여행을 떠난다고 볼 때 당연한 이야기이다. 목적지에 도착한 후 목적지의 교통편을 어떻게 이용할 것인지를 처음 출발지에서부터 고민하게 된다. 사실 이런 문제로 인해 관광객이 이동할 수 있는 각종 교통수단이나 이동거리에 대한 시간 등을 전 세계의 관광객을 대상으로 교통정보를 제공할 수 있는 시스템을 갖추는 것이 매우 필요하다.

외국인 관광객을 대상으로 상품을 판매한다면 가장 중요한 것이 바로 교통편이

다. 물론 최근에는 개인으로 오는 경우가 대부분이라고 볼 때 개인 외국인 관광객에게 관련 정보를 제공해 줄 수 있는 시스템 역시 매우 중요하다. 이를 성공적으로 수행하기 위해서는 일단 항공사, 철도의 상호 제휴가 필수적이다. 국내에 취항하고 있는 항공사를 대상으로 코레일과 관련된 교통편 정보를 제공해 주어야 한다. 일단 외국인 관광객에게 항공권을 판매하는 동시에 목적지에 대해 외국인 관광객이 철도나 기타 버스, 택시 등 다양한 교통편을 이용할 수 있도록 처음부터 철도, 항공, 기타 교통편을 종합적으로 이용할 수 있는 가칭 올 패스(ALL PASS) 티켓과 같은 것을 판매하여야 한다. 예를 들면 대한민국에 취항하고 있는 루프트한자(Lufthansa Group) 독일 항공의 경우 독일 전역에서 이용이 가능한 Rail & Fly 상품과 익스프레스 열차 상품을 판매한다. 외국인 관광객이 독일 공항에 도착하자마자 독일 내 5,600여 개의 도이치 반(DB; Deutsche Bahn) 역에서 출발이 가능하기 때문에 외국인 관광객의 경우 교통편에 대한 불만이 없다. 이용고객에 대해 마일리지도 적용해 주면서 각종 수하물을 위탁하거나 수취할 수 있는 서비스도 제공한다.

다음으로는 47.3%로 방문지에 대한 정보인데 이 역시 외국인 관광객에게는 매우 필요한 정보다. 방문지는 도착지의 관광정보인데 교통의 중심지인 역을 중심으로 관광상품을 중요시해야 한다. 역으로부터 이동거리가 멀면 당연히 관광지로서의 매력성을 잃을 수 있다. 물론 유명관광지라고 하면 이동거리나 역과는 무관할 수 있지만 대부분의 관광객이 여행에 따른 편리성을 추구한다고 볼 때 역 주변의 관광은 매우 중요하다. 이를 반증이라도 하듯 2016년 철도기술연구원의 철도역 영향권별 관광지 및 방문자 수에 대한 분석 결과 철도역에 가까울수록 관광지 개소 수가 증가하고 있다는 연구결과가 발표된 바 있다. 자료에 따르면 KTX를 기준으로 역 반경 2.5㎞ 내에 0.59개, 7.5㎞ 내에 0.33개, 반경 12.5㎞ 내에 0.18개 등이 개설되어 있는 것만 보아도 기차역과 관광지는 매우 상관관계가 깊다고 본다.

대한민국이 관광대국으로 가는 길에 여러 가지 난제가 많지만 교통편이 잘 구축되어 있는 것은 관광에 있어 매우 매력적이라고 할 수 있다. 문제는 이런 정보를 어떻게 알리고 홍보하느냐이다. 한국관광공사의 경우 전 세계를 대상으로 대한민국의 교통정보를 비롯한 관광정보 일체를 알리는 역할을 수행해야 한다. 아직도 전 세계에는 대한민국의 우수한 관광자원에 대한 정보를 제대로 아는 외국인 관광객이 많지 않다는 사실에 주목해야 한다.

# 관광 선진국으로 가는 길, 국내관광정책

## 제 5 부

# 대한민국 관광객의 역사

5-1

전 세계를 기준으로 관광객의 현황에 대한 연구를 진행하다 보면 대한민국은 1950년대 이후, 즉 6·25전쟁을 겪은 후인 1950년대 중반에는 겨우 2,100명의 외국인 관광객이 대한민국을 찾았다고 한다. 물론 전쟁이라고 하는 험난한 과정이 있었기에 관광객이 대한민국을 찾는다는 것은 거의 불가능한 시대였다. 그러나 1960~70년대에 관광이 경제적 이득과 직결된다는 막연한 인식과 함께 관광을 위한 기초적인 산업기반이 어느 정도 단계에 이르자 대한민국을 방문하는 외국인 관광객은 더한층 활발하게 진행되는 시대를 맞이한다. 이 당시 대한민국을 방문한 외국인 관광객은 1978년에는 100만 명에 달했다. 처음으로 100만 명의 외국인 관광객이 찾은 것이다.

1980년대에 86 아시안게임과 88 서울올림픽을 개최하면서 전 세계에서 대한민국이라는 나라를 새롭게 인식하는 것은 물론 아시아의 변방지역에 위치한 대한민국이 전 세계의 주목을 받지 못하다가 올림픽과 아시안게임을 거치면서 주목받게 되었다. 1989년에는 그간 내국인들은 일정한 나이에 해당하지 않으면 절대 외국여행을 할 수 없었다. 그러나 해외여행이 자유화되면서 내국인들도 해외여행을 통해 많은 것을 보고 느끼면서 관광의 중요성을 인식하게 되었다. 이런 추세에 맞추어 1990년대 후반부터 2000년대 후반까지는 대한민국 역사상 최초로 2002년 한·일 월드컵이 공동 개최되면서 다시 한 번 올림픽에 이어 대한민국이 주목받게 되었다.

여기에 더하여 한류 붐이 일면서 대한민국은 다시 한번 전 세계의 주목을 받았으며 특히 월드컵 경기에서 4강 안에 들면서 축구에서도 큰 주목을 받았다.

2000년대 후반에는 서비스산업의 중요성과 관광산업이 타 산업을 견인하는 데 중요한 역할을 한다는 것을 정부차원에서 어느 정도 인식하여 관광산업에 많은 관심을 기울이기 시작하였다. 이런 기조에 맞추어 2008년에는 외래 관광객 689만 명이 대한민국을 방문하였으며 한국방문의 해 등 외래 관광객을 유치하기 위한 다양한 마케팅 전략으로 2019년에는 1,750만 명의 외래 관광객이 대한민국을 찾았다. 물론 프랑스나 미국, 독일 등에 비한다면 현저히 떨어지는 숫자이지만 규모가 작은 대한민국에 거의 2,000만 명의 외래 관광객이 방문했다는 사실이 대단한 수치임에는 분명하다. 인구 5,100만여 명에 비하면 말이다. 이즈음에 내국인이 해외에 나가는 즉 아웃바운드 시장의 변화는 어떻게 되었는지 살펴볼 필요가 있다. 물론 해외여행이 자유화되기 이전의 시대는 거의 해외에 나갈 수 없었기에 2000년도를 기준으로 볼 때 인-아웃바운드의 수가 1,000만 명에 달하고 2010년도에는 2,000만 명, 2014년에는 3,000만 명의 시대를 맞이하게 되었다. 해외여행객 3,000만 명의 시대에 이제 대한민국을 찾는 외국인 관광객이 2,000만 명의 시대에 이른 것이다. 여기에는 코로나19와 같은 악재가 겹쳐 2019년 이후에는 거의 제로상태로 외국인 관광객이 대한민국을 찾지 못하였다. 물론 해외에 나가는 내국인도 마찬가지다. 코로나19는 대한민국뿐만 아니라 전 세계의 관광을 멈추게 하였다.

대한민국 관광객의 역사를 살펴보면 미래 관광객의 추이를 짐작할 수 있다. 1950년대 암울한 시기를 거쳐 이제 새로운 시대를 맞이하는 2020년 이후에는 대한민국을 찾는 외래 관광객의 숫자가 머지않아 3,000만 명 시대가 올 것이라고 확신한다. 물론 여러 가지 제약적인 요인도 있다. 코로나19와 같은 전염성 강한 병이

다시 지구를 자극한다면 관광이라는 말 자체가 무색할 것이다. 그러나 이미 우리는 현재 어려운 상황을 겪고 있으며 이로 인해 발생되는 피해가 엄청나다는 것도 전 세계가 인식하고 있다. 필자 역시 1979년도부터 관광이라는 산업과 연계하여 일하고 있지만 이번 코로나19와 같은 상황은 처음이다.

대한민국은 새롭게 외래 관광객을 맞이해야 할 시점이 도래하였다고 본다. 이번 코로나19를 통해 이제는 모든 산업에서 어떤 것이 중요한지를 정부나 국민, 아니 전 세계 사람들이 인지하고 있다. 관광산업이 발전하고 인간의 여행이 자유로워지려면 전염성 강한 병이 돌아서는 절대 산업 자체가 발전할 수 없다. 팬데믹 현상을 맞이하여 무엇을 준비해야 하는지도 알 수 있다. 희망컨대 코로나19와 같은 전염병을 잠식시킬 수 있는 신약이나 백신이 나온다면 여행의 수요는 엄청날 것으로 본다. 이미 미국의 여행 관련 주가가 폭등하고 있다는 사실만 보아도 짐작이 가능한 일이다.

대한민국이 향후 관광대국으로 가는 것은 결코 쉬운 일이 아니다. 그리고 우리만 노력해도 달성하기 힘들다. 그러나 전 세계가 지금까지 한번도 경험하지 못한 코로나19와 같은 전염병에 대해 지금과 같이 노력한다면 머지않아 여행수요가 폭증하는 시대가 올 것이다.

# 1960~70년대 관광정책의 주요 변화

5-2

1960년대와 70년대는 대한민국이 개발도상국으로서 한창 개발이 진행되던 시점이다. 1950년대는 관광에 대한 이렇다 할 조직이나 법률이 정립되지 않은 상태에서 1961년 관광사업진흥법이 제정됨으로써 관광개발관련 법률의 기초적 토대를 만들어놓은 것이 하나의 특징이라고 할 수 있다. 이어 1963년도에 관광계가 관광국으로 분리, 확대됨에 따라 관광지역제라는 것을 도입, 그 당시 1969년도에 대종대 등 20개 지역이 관광지로 지정되었다.

1960년대에는 관광이라는 조직이 처음 등장하던 시기라고 할 수 있으며 당시로서는 관광에 대해 정부차원에서 큰 관심을 갖지 못했다. 이어 1970년대에 들어서자 박정희 대통령은 외화획득차원에서 관광에 대해 관심을 기울이기 시작했다. 외국인 관광객을 유치함에 따라 외화를 벌어들인다는 인식을 깊이 가졌으며 더욱이 외국인 관광객을 유치하기 위해서는 관광단지의 개발이 필요하다는 인식 아래 크고 작은 관광프로젝트가 진행되었다. 그 대표적인 사례로 경주보문관광단지, 제주 중문관광단지를 본격적으로 개발하기 시작했다. 1975년 관광단지개발촉진법 제정으로 국가나 지방자치단체, 국제관광공사가 관광개발사업에 뛰어들었다.

1970년대에 비로소 관광권역이라는 이름이 등장하기 시작, 당시에는 주로 공공주도형이나 정부투자기관에서 전적으로 맡아 개발이 진행되었다. 1970년대만 해도 통금시간이 있었던 시기로 민간인이 저녁 늦게 돌아다니지 못하던 시대였다. 그러나 관광단지개발촉진법에 의해 관광단지 내에서 운영하는 업체는——외국인 관광객에게는 파격적으로 저녁 늦게까지 술과 음식을 먹을 수 있도록——통금시간이 적용되지 않았다. 이때는 외국인 관광객을 유치하고자 관광개발계획의 승인제 및 사업시행허가제를 도입하여 정부차원에서 관광개발을 하려는 노력과 열정이 대단하던 시대였다.

경주 보문단지나 제주 중문관광단지의 개발이 1970년대에 시작되어 현재 이들 지역이 관광의 메카로서 이름을 날리는 것 역시 1970년대의 관광에 대한 정부의 강력한 의지 덕분이다. 1975년에 관광기본법이 제정된 것만 보아도 관광으로 인한 경제적 효과를 얻기 위해 많은 노력을 기울인 것은 사실이다.

1960년대부터 1970년대는 주로 관광을 교통과 연계하는 사업으로 정책을 수립하였으며 이는 교통이 건설정책과도 밀접한 관계가 있어 교통, 건설과 연관된 융·복합개념으로 인식되었으나 교통과 건설에 비해 관광의 비중은 그리 높지 않아 항상 이들 두 개의 기관에 하부조직으로 편성되었다. 1970년대 이후에는 다시 문화와 관광을 연계성으로 인식, 문화와 연계하는 것으로 부처의 이동이 잦았다. 1970년대 이후에는 관광국의 기능과 역할이 주로 문화공보부로 이관논의가 활발하게 진행되었고 매번 정부조직개편 때마다 관광국은 교통부에 소속되었다. 1979년에는 1국에서 2국(관광진흥국, 관광지도국)으로 개편되었으며 관광지도국 안에 국민관광과가 신설되었다. 국민관광과의 신설로 1980년대에는 국민관광의 시대를 열기 위해 정부차원에서 노력을 기울이기 시작했다.

관광이라는 용어가 본격적으로 탄생하기까지 많은 우여곡절이 있었지만 1960~

70년대에는 경제적 가치에 많은 비중을 둔 것이 파격적이라고 할 수 있다. 특히 외국인 관광객을 유치하려는 노력을 볼 때 오늘날 관광이 다소 푸대접을 받는 것과는 달리 해석할 수 있다.

# 1980~90년대 관광정책의 주요 변화

5-3

1980년대는 국가적으로 큰 행사를 많이 치른 해라고 할 수 있다. 1986년 아시안게임과 1988년 서울올림픽을 치르면서 대한민국의 위상을 전 세계에 드높인 해였다. 여기에 1989년부터 전 국민이 자유롭게 해외여행을 할 수 있게 되어 말 그대로 해외여행의 전면적 실시가 이루어진 해이기도 하다.

1980년대 이전의 관광정책이 외국인 관광객 유치에 전력을 기울였다면 이후의 시대에는 국내관광을 활성화시키려는 정부의 의지가 강한 해였다. 국제관광과 외국인 관광객 유치에 어느 정도 실적을 보이자 이제는 국내관광의 활성화를 도모하기 위해 정부에서는 국민관광장기종합개발계획을 1983년에 수립했으며 전국관광장기종합개발 계획이 1989년에 수립되었다. 이 모든 것은 국민관광을 활성화시키려는 의도에서 수립된 계획이다. 1980년대에는 전국을 권역으로 구분하여 전국을 5대권, 24개 개발소권으로 정하고 68개의 신규관광지를 지정함으로써 국민들이 관광할 수 있는 토대를 만들어놓았다.

관광과 관련된 조직(건설부와 교통부)이 통합되어 건설교통부로 되면서 관광관련 조직과 기능은 신설된 문화체육부로 이관되었다. 1960~70년 외국인 관광객을 유치하기 위한 관광단지 조성에 박차를 가하던 것과 달리 관광과 관련된 개발을 건설교통부에서 관할함으로써 관광에 대한 조직이 다소 약해지는 결과를 초래하였다. 당시 김영삼 정부에서는 작은 정부를 표방하면서 가능한 조직을 축소하는 추세였으며 문화부와 체육청소년부, 상공부와 동력자원부를 통합하였으며 관광의 중요성에도 불구하고 조직에서는 관광을 분리하는 것이 아니라 축소하여 교통부의 관광조직을 문화체육부로 통합하였다. 그러나 이후 김대중 정부가 들어서자 관광에 대한 획기적인 변화가 이루어지기 시작하였는데 그 계기는 바로 1997년의 IMF이다. 김대중 정부에서는 국가적인 경제 대위기가 닥치자 외화에 대한 중요성을 깊이 있게 인식하게 되었다. 외화가 바닥난 상태에서 외화를 벌어들이는 수단은 바로 외국인 관광객 유치였다.

김영삼 정부에서 문화체육부로 통합되어 관광이 흡수된 것과 달리 김대중 정부가 들어서자 관광이라는 용어가 처음으로 정부부처의 중요한 부처로 들어가 문화체육관광부로 다시 탄생하게 되었다.

관광으로 인한 외화획득은 박정희 정권에서 중요시하였으나, 80년대와 90년 전두환, 노태우, 김영삼 정부에서 관광에 대한 인식이 다소 떨어졌던 것을 되살리는 계기가 된 것이다. 문화관광부는 1차관보, 2실 6국 5관 29과로 5담당관 16개 소속기관으로 편성되었다. 당시 해외홍보는 국정 홍보처에서, 문화는 문화재청에서 담당하였으며 문화관광부 조직은 1차관보 2실 6국 4관 27과 4담당관 9개 소속기관으로 축소되었다.

김대중 정부시절에 관광이 처음으로 국가의 주요 부처에 들어간 것 자체가 매우 의미 있는 일이라고 생각한다. 이는 관광을 경제적 효과와 외화획득이라는 개념으로 인식하였기에 가능한 일이다. 그러나 김대중 정부시절에 관광청을 설립하지 않은 것은 매우 안타까운 일이라고 할 수 있다. 정부차원에서 관광의 중요성을 인식하면서 거기에 정부부처의 문화체육관광부로 조직이 형성되었는데도 불구하고 관광청으로서의 조직을 신설하지 못한 것은 관련 전문가의 부재 때문이 아닌가 싶다. 여기에 해외관광객 유치와 대한민국 관광홍보, 관광단지조성, 호텔업, 여행업 등 관광산업으로서의 발전가능성이 그 어느 시대보다 김대중 정부시절에 더 큰 조직을 만들어 운영할 수 없었던 것은 정부차원에서 관광청까지의 조직을 확대하는 것에 대해 좀 더 진지하게 토의하지 않았기 때문이다.

1990년대를 돌이켜보면 관광을 문화의 한 부분으로 생각하거나 아니면 문화정책과 관광정책을 동일시하는 것에 의해 문화재청에서 흡수하는 것으로 잘못 인식한 것이 아닌가 싶다. 그러나 관광을 산업으로서 깊이 있게 인식하였다면 아마도 관광청으로 가는 것에 대해 누구도 이의를 제기하지 못했을 것이라 본다. 관광은 광범위한 융·복합산업으로 생각해야 한다. 관광산업은 그 규모가 크다는 것을 인식해야 하며 규모가 큰 만큼 정부에서도 그에 맞는 조직을 운영할 필요가 있다.

# 2000년대 관광정책의 주요 변화

5-4

2000년대의 관광정책은 주로 중앙정부의 조직으로부터 행해지던 관광개발방식이 지역을 중심으로 하여 대폭적으로 관광개발이 이루어졌다는 것이 특징이다. 관광지 조성 및 개발이 중앙에서 지방으로 이양됨으로써 지역중심형 관광개발이 본격적으로 이루어졌다고 보면 된다. 2개 시 · 도 지역이 상호 연계하여 관광개발을 하기도 하고 독자적으로 권역을 설정하여 관광개발이 이루어졌다. 예를 들면 백두대간 산 관광권, 유교문화권, 동해안 해양관광권, 낙동강 강관광권, 가야문화권, 광역도시권 관광권, 신라문화권 등으로 광역이나 시 · 도 간의 경계를 포함하여 관광권을 설정하였다. 또 한 가지는 관광레저도시를 추진하기 위하여 관광레저도시추진기획단이 신설되었으며 별도의 팀으로 구성하여 운영하였다. 뿐만 아니라 2007년에는 아시아문화중심도시 추진단이 신설되어 종전보다 범위가 좀 더 확대되어 정책을 펼쳐나갔다.

정부에서는 야심찬 계획으로 관광과 레저를 중심으로 융 · 복합의 개념이 혼합된 복합형 자족형 도시를 표방하면서 관광레저도시는 산업교역형, 지식기반형, 관광레저형 등으로 운영하면서 민간기업이 중심이 되어 개발된 것이 큰 특징이라 할 수 있으며 2005년에는 시범사업으로 태안, 해남 · 영암이 정부로부터 선정되어 추진하였다. 지금까지의 관광정책이 관 주도의 정책으로 이루어졌다면 2005년에는 관광레저도시추진기획단을 신설하여 운영한 것 자체만으로도 관광을 다른 부처와 별도로 운영하여 독립적인 관광정책을 펼쳤다고 보면 된다. 관광은 2000년대 들어 정부의 주요 부처에서 문화체육관광부로의 호칭을 그대로 유지해 온 것도 큰 성과라고 할 수 있다. 관광정책 자체만으로도 일단은 정부에서 관광을 제대로 인식했다는 것을 방증하는 결과라고 본다. 특히 이명박 정부에서는 관광국의 명칭을 관광산업국으로 변경함으로써 관광의 호칭을 산업국으로 변경한 것 자체가 관광을 산업으로 인식한 것이므로 이에 의의를 둘 필요가 있다. 또 한 가지 획기적인 일은 2008년 8 · 15광복절에 '저탄소 녹색성장'이라는 국가비전 선포와 함께 그 다음해에 정식으로 관광레저기획관이 신설되고 그 아래의 조직으로 녹색관광과가 신설되는 등 이명박 정부에서는 관광을 산업으로 인식하여 관광 경제적 측면에서 접근을 시도한 것으로 본다. 즉 김대중 정부가 관광을 통해 외국인 관광객으로부터 외화를 벌어들인다는 개념과 이명박 정부가 관광을 산업으로 인식한 것은 관광 경제적 측면으로 볼 때 매우 고무적인 일이라고 할 수 있다. 이어 박근혜 정부가 들어서자 관광산업국의 명칭이 다시 관광국으로 변경되었으며 관광과 레저, 체육을 전담하는 관광체육레저정책실이 신설되어 2차관 6실 1단 16관으로 확장되었으며 2018년 동계올림픽 특구기획단이 신설되었다. 또한 박근혜 정부에서는 관광산업정책과 국제관광정책 기능 강화를 위해서 관광정책실을 운영하여 그 밑에 국제관광정책관을 신설하였다. 박근혜 정부시절에도 관광을 확대시키기 위한 노력과 관련 정책을 체육이나 문화로부터 분리한 것만 보아도 관광의 중요성을 정부차원에서 깊이 인식한 것으로 사료된다.

문재인 정부 들어서는 관광산업발전을 위해서는 무엇보다 조직이 강화되고 보강되어야 하지만 청와대에서 관광의 핵심 역할을 해야 할 관광비서관이 없어졌으며 정부차원에서 관광을 대변할 컨트롤 타워가 사라지게 되어 다소 아쉽다는 것이 관광연구자들의 일반적인 견해다. 그러나 관광복지 측면에서 노동자 휴가지원제도 등으로 인해 휴가문화가 확산되었으며 특히 중소기업의 근로자에 대한 삶의 질이 높아졌다고 할 수 있다. 이는 바로 국내관광의 신규수요가 확장되는 계기를 마련한 것이나 다름없다. 뿐만 아니라 문재인 정부에서 추진하는 생애주기별 · 계층별 관광지원, 지역관광활성화, 관광산업 혁신 생태계 구축 등의 정책은 복지관광 측면에서 매우 긍정적이라고 할 수 있다.

# 국가관광경쟁력 순위 1위를 달성하자

5-5

관광을 국가의 전략산업으로 육성하기 위한 전략 중 가장 중요한 것이 있다면 일단 대한민국이 아·태지역의 국가관광경쟁력 순위에서 1위를 달성하기 위한 전략을 세우는 것이다. 1위를 달성하는 것이 결코 쉽지만은 않지만 2017년 기준, 대한민국이 세계 순위에서 19위를 달성, 일본과 중국이 각각 4위, 15위를 달성한 것에 비하면 순위에서 다소 밀리지만 더 높은 순위를 달성하고자 하는 노력이 있다면 얼마든지 순위는 바뀔 수 있다. 왜냐하면 2019년에는 16위를 달성하였기 때문이다. 일본만 하더라도 과거에는 대한민국에 뒤처져 있었지만 2008년 일본은 관광청을 신설하여 관광의 산업화 및 개발에 박차를 기해 오늘날 세계 순위 4위를 달성하였다.

아태지역 국가관광경쟁력 순위와 평가지표별 순위

| 구분 | 한국 | 일본 | 중국 | 홍콩 | 싱가포르 | 말레이시아 | 대만 | 태국 |
|---|---|---|---|---|---|---|---|---|
| 세계 순위 | 19 | 4 | 15 | 11 | 13 | 26 | 30 | 34 |
| 환경조성 | 24 | 13 | 63 | 1 | 8 | 35 | 22 | 73 |
| 관광정책 및 기반조성 | 47 | 11 | 84 | 31 | 1 | 21 | 29 | 37 |
| 인프라 | 27 | 13 | 51 | 8 | 2 | 32 | 35 | 33 |
| 자연·문화 자원 | 22 | 7 | 1 | 35 | 53 | 29 | 34 | 19 |

자료: 정광민(2017), 2017년 한국관광경쟁력 10단계 상승의 의미와 시사점, 문화관광연구원 인사이트 97호 인용

## 항공-철도-여행을 연결하라

관광의 경쟁력은 교통에 달려 있다. 교통이 불편한 지역을 여행지로 선택하는 사람은 없다. 물론 오지탐험을 전문으로 하는 사람이라면 당연히 교통이 불편해도 찾아갈 것이다. 그러나 상식적으로 생각해서 교통이 불편하면 절대 관광의 경쟁력을 확보할 수 없다. 일본이 관광 경쟁력을 갖춘 것은 교통이 편해서 국민들이 쉽게 여행할 수 있기 때문이다. 여행객이 항공기를 선택하고 이어 철도를 타고 바로 여행지에 도착할 수 있는 지역이라면 지자체에서 많은 돈을 들여 홍보하지 않아도 많은 여행객이 찾아간다. 그러나 교통이 불편하다면 관광지로서의 매력성이 떨어지는 것은 당연한 이치이다.

관광 경쟁력을 확보하려면 무엇보다 교통티켓 하나만 가지고도 전국을 돌아다닐 수 있는 교통시스템을 구축해야 한다. 예를 들면 제주에 거주하는 사람이 강원도 강릉까지 여행을 간다고 생각해 보자. 일단 심리적 거리가 멀지만 교통편을 생각하면 아주 간단히 여행지까지 도착하는 데 전혀 문제가 없다. 일단 제주에서 항공을 예약하고 양양에 도착하는 순간 바로 버스나 렌터카 이용이 가능하다고 생각해 보라. 그리고 이러한 모든 교통편이 단지 예약 하나만으로 해결된다고 생각해 보라. 당연히 여행지를 선택하는 데 있어 전혀 문제가 없다. 기차, 버스, 택시, 항공기 심지어 그 지역의 자전거나 오토바이 등 모든 이동수단을 단지 티켓 하나만 가지면 이용할 수 있도록 하는 것이다. 여행객은 가는 편이 편리한 교통시스템을 갖춘 목적지는 오는 편도 편하다는 사실을 이미 알고 있다. 따라서 관광을 국가적 차원에서 활성화시키려면 국토부와 관광을 연결시키는 방안, 즉 현행 문화체육관광부에서 하는 것보다는 관광 경쟁력을 훨씬 더 갖출 수 있다.

내국인 여행객이든 외국인 여행객이든 가장 중요한 것이 교통이라는 사실을 명심해야 한다. 일단 주요 관광지를 홍보하려면 교통시스템과 어떻게 연결할지부터 철저하게 연구해서 테마관광지를 홍보하라. 특히 목적지 부근의 철도나 공항, 버스터미널 부근의 관광지를 개발하고 알리는 것이 일반 교통으로부터 소외된 지역을 알리는 것보다 향후 여행지로서의 경쟁력을 확보하는 데 훨씬 더 유리하다. 물론 관광의 매력성을 갖추었는데 교통이 불편한 지역이라면 우선적으로 교통시스템부터 갖추려고 노력해야 한다.

향후 여행객의 여행패턴은 걷는 것에 많은 관심을 갖는다는 사실을 명심하자. 따라서 공항, 기차역, 터미널, 항만 등을 중심으로 여행객이 내려서 바로 이어져 걷는 코스에 도착한다면 많은 여행객으로부터 인기를 얻는 데 문제가 없다. 지역의 관광지는 대부분 교통과 연계되어 있지만 노약자, 장애인, 어린이 등이 교통편을 이용, 바로 목적지에서 걷는 코스에 도착하는 것이 쉽지는 않다. 바로 이런 점에 착안하여 목적지와 교통을 연계하는 방안을 최우선으로 연구해야 한다.

철도-항공-교통-목적지 등을 원 스톱(One-Stop)으로 연계하는 여행지를 개발하는 것이 가장 중요하다. 바다, 산, 들을 중심으로 이미 교통편이 구축되어 조금만 보강하면 최적의 관광지가 될 수 있는 곳을 찾아야 한다. 관광의 개발과 활성화를 도모하기 위해서는 교통이 중요하다는 내용을 이미 여러 번 언급한 바 있다. 대한민국의 관광을 국토부에서 담당하고 그 산하에 '관광청'을 설립함으로써 대한민국의 관광경쟁력을 확보할 수 있다는 것은 바로 철도-항공-교통(버스, 택시, 일반 교통편 등)-목적지의 연계성만 보아도 쉽게 짐작할 수 있다. 일본의 '관광청'을 국토부 산하에 두는 이유가 바로 여기에 있다.

# 세계적 수준의 관광상품을 개발하고 발굴하자

5-6

세계적 수준의 관광상품을 개발하는 것은 물론이거니와 발굴하는 것에 힘써야 한다. 우선 현재 알려지지 않았지만 세계에 내놓아도 손색없는 가능성 있는 상품을 발굴해야 한다. 현재와 같이 관광을 개발하거나 관광상품을 관광객에게 내보일 때 대부분 자체적으로 경쟁력을 갖춘 관광상품이라기보다는 다른 지자체에서 하는 것이니 우리도 해야 한다는 식의 관광개발이나 관광상품을 만들어서는 절대 안 된다. 대표적인 사례가 각 지자체마다 유사한 축제상품을 개발하거나 진행하는 것을 보면 경쟁력이 매우 떨어진다. 물론 예외의 경우도 있다. 생각을 해보라. 전국의 중소도시 할 것 없이 특·광역시마다 막대한 예산을 들여 축구운동장을 건설하였지만 실제로 사용하는 날을 가만히 생각해 보라. 1년에 얼마나 이용하는지를 말이다. 물론 축구운동장 시설은 필요하다. 그러나 지자체마다 대형운동장을 건설하고 운용한다고 생각해 보자. 바로 옆동네에서도 아주 큰 운동장을 건설해서 운용하는 데 인구수는 겨우 3만이 넘지 않은 도시에서 운동장을 앞다투어 건설한다. 경쟁적으로 시설을 건립한다고 볼 때 이는 예산의 큰 낭비가 된다. 옆 지자체와 시설을 공유하는 방안을 모색한다면 국가의 예산을 줄일 수 있고 서로가 시설을 공유함으로써 지자체에서 정작 사용해야 할 예산을 다른 곳에 투입할 수 있다. 마찬가지로 관광상품을 지자체마다 경쟁적으로 개발하는 것 역시 예산의 큰 낭비이다. 지자체마다 어느 한 곳이 인기가 있다면 앞다투어 유사한 관광상품을 개발한다. 예를 들어 어느 한 지자체에서 막대한 돈을 들여 출렁다리를 건설하였더니 많은 관광객들이 몰려들었다고 가정해 보라. 그러면 당장 모든 지자체에서 앞다투어 출렁다리를 건설한다. 역시 막대한 돈을 들인다. 출렁다리를 놓아야 할 곳이라면 당연히 놓아야 한다. 모두 그런 것은 아니지만 각 지자체마다 막대한 돈을 들여 출렁다리를 건설하고 있다. 이 역시 한편으로는 예산의 낭비로 이어져 결국 나중에는 동네 사람도 이용하지 않을 수 있다는 사실을 명심하자.

관광상품을 개발할 때는 처음부터 철저한 검증과 타당성 조사가 엄격하게 이루어져야 한다. 물론 출렁다리 건설도 타당성 조사가 이루어졌기에 가능한 일이다. 그러나 이런 평가는 제3의 기관에서 철저하게 이루어져야 한다. 왜냐하면 모든 것이 국가 예산이기 때문이다.

세계적 수준의 관광상품을 개발한다는 것 자체가 그렇게 쉽지만은 않다. 관광전문가가 아니면 절대 어려운 일이다. 대한민국의 경우 세계적 수준의 관광상품을 개발하여 세계 전 지역으로부터 관광객을 유치해야 한다. 우리가 이미 알고 있듯이 안동하회마을이나 전주의 한옥마을 등은 지금도 매년 수백만 명의 내·외국인 관광객이 찾고 있다. 이런 지역을 계속해서 발굴해 내야 한다. 지자체마다 관광지를 개발, 예산을 낭비할 것이 아니라 철저하게 검증된 기관에서 평가하고 검증해서 세계적 수준의 관광상품을 개발해 내는 것이 중요하다. 정부차원에서 남해안 광역관광루트, 섬진강 문화예술벨트 등을 국토부와 문체부에서 추진하고 있다. 이제는 모든 도시가 관광지로서의 경쟁력을 갖추기보다는 특정한 지역을 선정하여 집중적으로 개발하고 지원해 주는 방안으로 정부가 앞장서 정책을 추진해야 한다. 원주 그림책도시, 남원 소리 기반 전통예술도시, 군산 근대시간 여행 등은 관광상품으로서의 경쟁력을 갖추고 있다. 문제는 집중적으로 지원을 하고 이런 유형의 상품을 개발해서 한국관광공사는 대한민국을 알리는 테마 관광지의 홍보대사가 되어야 한다. 얼마 전 BTS가 빌보드 차트에서 1위를 달성하였다. 이런 공연을 한국관광공사가 나서서 전 세계에 대한민국을 알리는 역할을 해야 한다. 여기에는 비단 관광만 하는 것이 아니라 문화와 관련한 행사, IT 행사, 체육 등 다양한 행사가 얼마든지 있다. 이런 것을 적극적으로 전 세계에 알려야 향후 대한민국을 찾는 외국인 관광객이 3,000만 명을 달성할 수 있다.

세계적 수준의 문화 관광축제를 육성해야 한다. 현행과 같이 지자체마다 축제를 시행하여 막대한 예산을 낭비한다면 큰 문제가 발생할 수 있다. 물론 지역민들의 행사로서 지자체마다의 축제는 중요하다. 그러나 앞서 언급한 바 있듯이 지자체마다 축구장 개설을 할 것이 아니라 공유하는 것을 염두에 두듯이 축제 역시 바로 옆 지자체에서 아주 수준 높은 축제를 역사적 배경에 의해 시행한다고 가정할 때 이것을 유사하게 경쟁적으로 할 것이 아니라 옆 지자체에서 하는 축제를 같이 공유해서 즐기면 되는 것이다. 그리고 자체적으로 경쟁력 있는 다른 것을 찾아야 한다. 그 테마를 축제에서 찾다 보니 결국 지자체마다 축제를 해서 똑같은 프로그램, 유사한 테마가 난무하여 결국 축제를 찾는 관광객이 마음에 들지 않는 것이다. 이런 방식으로는 대한민국이 세계적 수준의 관광상품을 내놓는다는 것 자체가 매우 어려운 일이다. 선별적으로 세계적 수준의 축제 몇 곳, 아니 단 한 곳이라도 집중적으로 지원하고 투자해서 전 국민이 참여할 수 있을 뿐만 아니라 전 세계적으로 관심을 갖는 축제를 개발하자. 브라질의 삼바축제와 같은 세계적 관광상품을 만들어보자. 그리고 한국관광공사는 이런 세계적 축제를 알리고 기획하는 것 자체를 집중적으로 연구해야 한다.

# 전주 한옥마을을 세계적 관광상품으로 만들자

5-7

미국 캘리포니아주 남서부 애너하임(Anaheim)에 있는 세계적 수준의 놀이공원 디즈니랜드(Disneyland)는 개장 이후 총 입장객의 수가 2억 명을 훨씬 넘을 정도로 매년 천만 명 이상이 방문을 한다. 입장객 중 특이한 것은 70% 이상이 성인이라는 것이다. 바깥에는 산타페 열차를 운영하고 놀이공원 안에는 옛 추억과 역사를 회상하기 위해 1890년대 미국의 마을을 그대로 본떠서 만든 '메인 스트리트 USA'를 중심으로 주변에는 각종 테마를 선정, 예를 들면 '모험의 나라', '개척의 나라', '미래의 나라' 등 7개 구역으로 나누어 방문객들의 호기심을 자극하고 있다. 1971년에는 올랜드 디즈니랜드의 100배가 넘는 부지를 확보하여 월트 디즈니랜드(Walt Disneyland)를 개설하였고 매년 수천만 명이 월트 디즈니랜드를 방문한다.

월트 디즈니랜드는 일본, 중국, 홍콩 등 아시아권 나라에도 디즈니랜드를 개장하여 운영하고 있다. 대한민국의 경우 한때 디즈니랜드를 개설하려는 시도를 하였으나 실패로 돌아갔다. 여러 가지 이유가 있으나 아마도 높은 부동산 가격이 원인 중 하나가 아닌가 싶다.

관광산업은 굴뚝 없는 고부가가치 산업이라는 것쯤은 이제 누구나 잘 알고 있다. 아마도 21세기에는 관광산업으로 인한 국제수지의 영향력, 국가의 GDP 기여, 지역경제 활성화, 고용창출이라는 거대한 국가의 난제를 관광산업으로 돌파해야 한다고 생각한다. 특히나 석유 한 방울 나지 않는 대한민국으로서는 전 세계의 관광객을 불러들일 거대한 관광전략을 세워야 할 것이다.

점증적으로 국민소득의 향상, 개인 가처분소득의 증가, 여가에 대한 국민들의 인식전환, 교통수단의 발달, 삶에 대한 질 변화 등으로 여행의 수요는 폭발적이 될 수밖에 없다. 그러나 현실적으로 대한민국의 관광상품에 대한 현주소를 보자. 물론 전문가들이 대한민국에는 다양한 관광상품이 있어 외국인 관광객을 유치할 수 있는 좋은 기회라고 하지만 정작 전 세계의 관광객에게 감동을 줄 정도의 관광상품은 없다고 본다. 이제 보통의 관광상품으로는 외국인 관광객을 유치할 수 없다. 한마디로 탄성과 감동을 자아낼 수 있는 관광상품을 만들어야 한다. 디즈니랜드를 대한민국에 개장하는 것도 하나의 대안이 될 수 있지만 필자의 견해로는 우리의 것을 전 세계에 알리는 것이 더없이 중요하다. 디즈니랜드가 성공한 데는 여러 이유가 있지만 우선 그들만의 역사적인 것들을 보여줌으로써 많은 사람들이 과거를 추억할 수 있는 기회를 준 것도 아주 큰 이유라고 할 수 있다.

전주의 한옥마을을 전 세계에 알릴 수 있도록 지금보다 훨씬 더 크고 더 우아하고 더 많은 프로그램과 전 세계인이 꼭 한 번 가보고 싶은 월드테마 한옥마을로 거듭나게 하는 방안을 정부차원에서 심도 있게 논의해 볼 필요가 있다.

이제는 관광상품도 감동을 뛰어넘을 수 있는 수준으로 만들어야 한다. 물론 지역의 크고 작은 관광상품도 있지만 그러한 것은 국민관광, 역사적 관광 등 나름대로 내국인과 외국인 관광객에게 맞춤 서비스를 제공하면 된다. 그러니 전 세계인이 대한민국의 한 마을을 꼭 다녀오는 것이 소원이라고 할 정도로 전주의 한옥마을을 만들어보자. 지금도 매년 100만 명 이상의 관광객이 전주의 한옥마을을 찾는다고 볼 때 이제 우리도 우리의 것이 전 세계인을 감동시킬 수 있는 가장 경쟁력 있는 것임을 깨달아 이를 집중 탐색 · 개발해야 한다. 특히 동북아 중심시대에 대한민국이 관광대국으로 가는 길에서 가장 중요한 것 중의 하나는 동북아에서 가장 위대한 관광상품 하나는 반드시 가지고 있어야 한다는 것이다.

전주의 한옥마을에서는 말을 탈 수 있고 임금의 행차를 관람하고 6 · 25전쟁을 회상하며 이순신 장군의 활약상을 보여줄 수 있도록 하자. 뿐만 아니라 대한민국이 전 세계를 제패한 싸이 공연, 방탄소년단 등 한류의 테마를 중심으로 개발하여 전 세계인의 축제로 만든다면 전주의 한옥마을을 키울 수 있다. 물론 정부차원에서 전주에 파격적인 지원을 해준다는 것 자체가 큰 논란의 소지가 있겠으나 이제는 나누어주는 방식의 프로그램 개발로는 전 세계인이 감동하는 관광상품을 절대 만들 수 없다. 지자체마다 싸울 것이 아니라 아주 큰 프로젝트는 그러한 것을 수행할 만한 과거의 경력을 무시할 수 없다. 전주의 한옥마을은 어제 오늘 나온 이야기가 아니다.

대한민국이 관광대국으로 가는 길에 전 세계인에게 감동을 주기에 충분한 관광상품이 아직 없다는 것은 아주 안타까운 일이다. 이제라도 늦지 않았다. 정부차원에서는 관광전문가들과 중지를 모아 당장이라도 디즈니랜드와 같은 큰 프로젝트를 수행하자.

# 세계 관광시장의 3%를 점유하자

5-8

(단위 100만 명, 10억 달러, %)

| 구분 | 비율 | 2010 | 2012 | 2014 | 2016 | 2018 |
|---|---|---|---|---|---|---|
| 관광객 수 | 세계(a)<br>한국(b) | 952<br>8.8 | 1,043<br>11.1 | 1,142<br>14.2 | 1,239<br>17.2 | 1,408<br>15.3 |
| | 비율(b/a) | 0.9 | 1.1 | 1.2 | 1.4 | 1.1 |
| 관광수입 | 세계(c)<br>한국(d) | 977<br>10.2 | 1,117<br>13.2 | 1,274<br>17.3 | 1,239<br>16.8 | 1,448<br>15.2 |
| | 비율(d/c) | 1.0 | 1.2 | 1.4 | 1.4 | 1.0 |
| 관광지출 | 세계(e)<br>한국(f) | 977<br>14.3 | 1,117<br>16.5 | 1,274<br>19.5 | 1,239<br>23.7 | 1,448<br>28.4 |
| | 비율(f/e) | 1.5 | 1.5 | 1.5 | 1.9 | 2.0 |

자료: 문화체육관광부(2019), 한국관광통계

대한민국이 관광대국으로 가는 길에 있어 무엇보다도 세계 관광시장의 점유율을 높여야 한다. 물론 관광객을 유치하는 것이 하루아침에 이루어지는 것은 아니지만 모든 인프라를 갖추고 있을 때 가능한 일이다. 우선 현재의 문화체육관광부(2019)의 자료에 따르면 물론 코로나19 이전의 일이지만 2010년도를 기점으로 대한민국이 세계관광객 수의 0.9%를 차지하면서 지속적으로 늘어났다. 2012년 1.1%, 2016년 1.4%, 2018년에는 다시 2012년도와 똑같이 1.1%를 달성했다. 2010년~2018년 사이의 성장률을 살펴보면 완만하게 1%를 유지한 것으로 나타나 이에 대한 관광객의 점유율을 높이기 위한 전략이 요구된다. 즉 향후 대한민국이 관광대국으로 가는 데 있어서는 약 3% 정도의 세계 관광객을 유치할 필요가 있다. 관광수입 면에서 살펴보면 역시 2010년도 1.0%를 시작으로 2014년도 1.2%, 2016년도 1.4%, 2018년도 1.0%를 차지하고 있다. 적어도 스페인과 같은 관광대국과는 비교할 수 없지만 점차적으로 관광수입 면에 있어서도 세계 관광시장의 3%를 목표로 설정하여 향후 관광객을 유치하였을 때 관광수입이 대폭적으로 늘어날 것이다. 물론 코로나19와 같은 악재가 발생하지 않아야 한다는 전제가 있기는 하지만 관광수입이 어느 정도 궤도에 올라선다면 아마도 정부나 지자체 그리고 국민들은 관광이 경제에 커다란 기여를 한다고 생각하게 된다. 관광지출 면에서 볼 때 2010년도 1.5%를 시작으로 2012년도 1.5%, 2014년도 1.5%, 2016년도에는 다소 올라가 1.9%, 2018년도는 2.0%를 달성했다. 물론 인플레이션이나 물가수준을 감안할 때 연도별로 조금씩 올라간 것은 큰 의미를 부여할 수 없으나 일단 코로나19 이전의 관광지출은 완만한 곡선을 이루었다고 할 수 있다.

세계의 관광시장 점유율을 높이려면 여러 가지 방안을 모색해야 하지만 일단은 관광객이 가장 즐겨 찾는 도시를 중심으로 한 관광객 유치 전략이 필요하다. 대부분의 외래 관광객이 다른 나라를 방문할 때 우선적으로 방문하고 싶어 하는 곳이 그 나라의 수도이거나 중심도시이다. 대한민국 서울의 경우 2018년 기준 1,125만 명으로 국제관광객 방문 전체 국가를 비교해 볼 때 11위이다. 이는 인구대비나 국토면적상으로 볼 때 결코 작은 수치는 아니다. 그러나 여기서 한 가지 중요한 것은 서울과 같은 중심도시의 국제관광객 수를 늘리는 것이다. 예를 들면 부산이나 대구, 인천, 제주 등과 같은 도시에서의 인프라를 어느 정도 확충하여 국제관광객을 유치할 수 있는 여건을 하루빨리 조성할 필요가 있다. 태국의 경우 방콕, 푸껫, 파타야 등의 도시에 국제관광객이 대거 몰려와 이미 한 곳을 방문한 관광객은 3개의 도시를 순차적으로 여행하면서 관광객 수가 분산 유치되어 결국 태국은 3개 도시에 국제관광객이 몰린다. 일본의 경우에도 도쿄와 오사카, 관광대국이라 할 수 있는 스페인의 경우에도 바르셀로나와 팔마 등의 도시가 국제관광객을 유치하는 데 상위권에 랭크되어 있다.

대한민국의 경우 수도 서울을 중심으로 국제관광객이 몰리는 현상이 있다. 물론 좋은 일이다. 그러나 앞서 태국이나 일본, 스페인과 같이 도시가 분산되어 국제관광객을 유치한다면 대한민국도 우리가 바라는 세계 관광객의 3%를 점유할 날이 머지않았다고 본다. 물론 악재가 없어야 하지만 노력한다면 가능한 일이다.

대한민국이 관광대국으로 가는 데 있어 우선 무엇보다도 세계 관광시장에서 대한민국이 차지하는 점유율을 높이는 것이 첫째 목표이고 그 다음으로는 서울을 중심으로 한 관광객 집중현상을 분산하여 제2의 수도, 제3의 수도를 중심으로 국제관광객을 유치할 필요가 있다. 그 하나의 방안으로 최근 급부상하고 있는 세종시를 중심으로 한 백제문화권과 연계하여 국제관광객을 유치하는 것도 향후 세계 관광시장의 3%를 점유하는 데 있어 커다란 역할을 할 것으로 기대된다.

# 서울특별시, 세계도시 경쟁력을 높여라

5-9

글로벌 도시지수 상승도시 TOP 5

| 도시 | 2019년 | 2020년 |
|---|---|---|
| 샌프란시스코 | 22위 | 13위(↑9) |
| 뮌헨 | 32위 | 24위(↑8) |
| 상하이 | 19위 | 12위(↑7) |
| 베이징 | 9위 | 5위(↑ 4) |
| 비엔나 | 25위 | 22위(↑3) |

글로벌 도시지수 하락도시 TOP 4

| N) | 도시 | 2019년 | 2020년 |
|---|---|---|---|
| 1 | 서울 | 13위 | 17위(↓4) |
| 2 | 싱가포르 | 6위 | 9위(↓3) |
| 3 | 암스테르담 | 20위 | 23위(↓3) |
| 4 | 바르셀로나 | 23위 | 26위(↓3) |

출처: A.T. Kearney. "2020 Global Cities Report", 상위 30개 도시 기준

국가의 수도는 매우 중요하다. 왜냐하면 나라를 대표할 뿐만 아니라 대부분의 국제관광객이 가장 가고 싶어 하는 도시는 자신이 방문하고자 하는 나라의 수도이기 때문이다. 대한민국이 관광대국으로 가는 길에서 수도인 서울의 역할이 매우 중요하다. 수도인 서울에 대부분의 외국인 관광객이 집중되고 몰리기 때문이다. 그러나

문제는 최근 전경련과 미국 AT시커니의 글로벌 도시지수 분석자료에 따르면 서울시는 최근 5년(2015~2020년)간 글로벌 도시경쟁력을 비교한 수치에서 경쟁력이 계속 하락하고 있는 것으로 나타났다. 특히 전국경제인연합회, 글로벌컨설팅기업 AT시커니의 '글로벌도시보고서'와 일본 모리기업재단의 '세계도시종합경쟁력 랭킹'을 종합적으로 분석한 보고서에서 서울은 최근 5년간 기업활동, 기업환경 등에 있어 지속적으로 하락하는 것으로 보고되었다. 그러나 도시환경, 문화 등의 순위는 크게 상승한 것으로 나타나 외국인 관광객 유치 면에서는 다소 긍정적 차원으로 여겨지는 것이 다행이나 전체적으로 보면 서울의 순위가 크게 낮아지는 상황이다.

종합순위가 하락한 원인은 GDP 성장률, 임금수준, 인재확보 용이성 및 법인세 등 13개 지표에서 대폭 하락하여 결과적으로 종합순위가 크게 떨어졌다. 외국인 관광객에게 이러한 도시랭킹 순위는 매우 중요하다. 왜냐하면 외국인 관광객의 경우 한 나라를 방문할 때 이런 종합적인 도시 순위도 매우 관계가 깊기 때문이다. 순수 관광목적의 여행인 경우도 있지만 비즈니스나 투자 목적의 여행도 상당수 있다고 볼 때 이들이 찾는 도시랭킹 지수는 매우 중요하다. 참고로 2020년 기준 상위 30위권 도시(전경련 자료)를 살펴보면 다음과 같다.

2020년 기준 상위 30위권 도시

| 순위 | 도시 | 2015 | 증감 | 순위 | 도시 | 2015 | 증감 |
|---|---|---|---|---|---|---|---|
| 1 | 뉴욕 | 1 | – | 2 | 런던 | 2 | – |
| 3 | 파리 | 3 | – | 4 | 도쿄 | 4 | – |
| 5 | 베이징 | 9 | ↑4 | 6 | 홍콩 | 5 | ↓1 |
| 7 | 로스앤젤레스 | 6 | ↓1 | 8 | 시카고 | 7 | ↓1 |
| 9 | 싱가포르 | 8 | ↓1 | 10 | 워싱턴 DC | 10 | – |
| 11 | 시드니 | 15 | ↑4 | 12 | 상하이 | 21 | ↑9 |

| 순위 | 도시 | 2015 | 증감 | 순위 | 도시 | 2015 | 증감 |
|---|---|---|---|---|---|---|---|
| 13 | 샌프란시스코 | 22 | ↑9 | 14 | 브뤼셀 | 12 | ↓2 |
| 15 | 베를린 | 17 | ↓2 | 16 | 마드리드 | 16 | – |
| 17 | 서울 | 11 | ↓6 | 18 | 멜버른 | 19 | ↑1 |
| 19 | 토론토 | 13 | ↓6 | 20 | 모스크바 | 14 | ↓6 |
| 21 | 보스턴 | 23 | ↑2 | 22 | 비엔나 | 18 | ↓4 |
| 23 | 암스테르담 | 25 | ↑2 | 24 | 뮌헨 | 38 | ↑14 |
| 25 | 부에노스아이레스 | 20 | ↓5 | 26 | 바르셀로나 | 27 | ↑1 |
| 27 | 두바이 | 26 | ↑1 | 28 | 프랑크푸르트 | 28 | – |
| 29 | 몬트리올 | 24 | ↓5 | 30 | 마이애미 | 31 | ↑1 |

자료: 전경련

서울의 경우 2015년도에는 11위에서 17위로 무려 6단계나 하락하였으며 뮌헨의 경우 2015년도 38위에서 24위로 14단계나 상승하였다. 주로 순위가 많이 하락한 도시는 서울, 토론토, 모스크바, 부에노스아이레스, 몬트리올이며 상승폭이 큰 도시는 베이징, 시드니, 상하이, 샌프란시스코, 비엔나, 뮌헨 등이다. 중국의 경우 베이징과 상하이가 동시에 상승한 것으로 나타나 아시아권에서는 그래도 중국의 두 도시가 상위를 랭크하고 있다.

대한민국이 관광대국으로 가는 길에 있어 도시의 경쟁력은 매우 중요하다. 최소 전 세계 주요 도시 30곳 중 10위 이내를 차지하는 것을 목표로 꾸준히 노력한다면 서울시의 경쟁력이 세계의 외국관광객을 유치하는 데 있어 큰 문제가 없을 것이다. 단순히 관광자원이나 문화에 대한 매력성만 가지고 외국인 관광객을 유치하는 데는 한계가 있다. 국가의 수도를 중심으로 경쟁력을 갖추어 비즈니스, 창업, 국제회의 등 다양한 요인이 외국인 관광객을 유치하는 데 큰 힘이 된다는 사실을 잊지 말자.

# 3,000만 외국인 관광객 유치 전략 3가지

5-10

대한민국도 외국인 관광객 3,000만 명 돌파라는 목표를 세워 아시아에서만큼은 최고의 관광객 유치를 위한 전략을 지금부터 진행해 나가야 할 것이다. 외국인 관광객을 유치하기 위해서는 다양한 전략이 필요하겠지만 우선 중점적으로 3가지만 간략하게 설명하겠다.

첫째는 'DMZ를 세계의 관광상품화'하기 위한 전략을 정부차원에서 세우라는 것이다. 전 세계적으로 분단된 국가는 대한민국 외에 단 한 곳도 없다. 현실적으로 남과 북이 통합히거나 통일을 이룩하기 어렵다면 장기적인 목표를 세워 통일을 위한 전략과 함께 남과 북이 상호 협조 및 공조하여 DMZ만이라도 전 세계의 외국인 관광객들에게 보여줄 수 있는 상품을 개발하자는 것이다. 공동구역 내에서 외국인 관광객이 자유롭게 분단의 현실을 눈으로 볼 수 있고, 지금까지 약 70년 이상 보존되어 온 DMZ 지역을 자연환경을 중심으로 한 에코관광(echo tourism)을 활성화시키자는 것이다.

남과 북의 갈등 해결과 화합이 이루어지기 힘든 상황에서 이를 해결할 수 있는 방안, 즉 지도자 간에 합의를 이루어내기 가장 좋은 방법이 관광이다. 관광은 평화로 가는 지름길이라는 말을 강조한 바 있다. 공동구역 내에서 외국인 관광객에게 상호 간에 정한 일정한 구역 내에서 관광을 시켜주고 이의 관광수입을 남과 북이 공동 기금으로 활용하는 방안이다. 북한은 관광이 중요하다는 것을 그 어느 때보다 잘 인식하고 있다. 김정은 시대에 마식령 스키장을 비롯하여 관광특구로 선정, 외국인 관광객을 유치하려는 노력이 이미 현실화되고 있기에 가능한 일이다.

지금까지 남과 북의 화합을 위해 노력했지만 다소 부정적인 결과를 초래한 것은 우선 사람의 이동이 자유로운 관광이라는 가벼운 주제로 협의가 이루어지지 않은 것도 큰 원인 중 하나다. "가랑비에 옷 젖는 줄 모른다"는 속담이 있다. 이제부터라도 관광을 내세워 평화로 가는 길을 모색하고 남과 북이 공동으로 관광을 발전시키는 전략을 세워보자. 남과 북의 관광관련 학자들이 공동으로 전 세계에 상품화할 수 있는 관광방안을 찾아야 한다. 이것은 그리 어려운 일이 아니다. 북한이 관광을 전략적 산업으로 접근하려면 관광에 대한 대한민국의 경영노하우 역시 전수의 대상이 될 수 있기 때문이다.

두 번째로 외국인 관광객을 유치하기 위해서는 문화유산을 전 세계에 알릴 수 있는 홍보방안을 수립해야 한다. 유네스코 세계문화유산은 세계유산위원회가 세계유산협약에 따라 전 세계의 인류를 위해 보호하고 관리할 가치가 있다고 인정한 것을 대상으로 세계유산일람표에 등록한 문화재로 대한민국을 넘어 전 세계 모든 인류에게 가치를 인정받은 문화재이다. 문화유산은 자연유산 · 문화유산 · 복합유산으로 분류되어 있다. 예를 들어 대한민국의 서원은 2019년에 유네스코 세계문화유산에 등재되었다. 전국에는 조선시대 성리학의 교육기관으로 대표적인 9개의 서원이 있는데 소수서원, 남계서원, 옥산서원, 도산서원, 필암서원, 도동서원, 병산서원, 무성서원, 돈암서원이다. 이것은 대한민국의 중부와 남부 지역에 골고루 퍼져 있다. 서원이 위치한 지역은 경관이 많이 고려된 지역으로 대부분 산과 물이 가까운 지역에 있다. 뿐만 아니라 불국사, 석굴암, 해인사 장경판전, 종묘 창덕궁, 수원화성 등 상당히 많은 유산이 등재되어 있다. 이를 전 세계적으로 홍보하는 방안을 적극 수립하고 외국인 관광객 유치에 커다란 영향을 미친다는 사실을 직시할 필요가 있다.

중요한 것은 이러한 것들을 어떻게 홍보할 것인가이다. 최근 한류의 확산으로 방탄소년단들이 전 세계를 누비고 있다. 홍보를 위해 아주 좋은 방안이 될 수 있다. 그리고 중요한 것은 국가적 차원에서 홍보해야 한다는 것이다.

세 번째로 외국인 관광객의 경우 카드 한 장이나 휴대폰으로 장소나 위치에 관계없이 언제든지 대한민국 내에서는 결제가 가능한 전자시스템을 구축하라는 것이다. 외국인 관광객이면 누구나 아주 쉽게 결제가 가능한 시스템을 기차, 항공기, 버스, 마을버스, 자전거, 오토바이, 렌터카 등 모든 교통수단과 관련하여 결제가 가능한 시스템을 구축할 필요가 있다. 이미 유럽에서는 하나의 결제시스템으로 일원화되어 있다. 이를 교통뿐만 아니라 숙박, 음식점, 면세점, 관광지 내에서 모든 것을 구입할 수 있도록 편리한 시스템을 구축해 놓아야 한다.

# 관광경쟁력 평가지표, 100위 넘는 항목 관리해야

5–11

대한민국의 관광경쟁력을 키우자

2017년 5월 23일자 교통신문의 기고에 따르면 세계경제포럼의 항공관광산업위원회 티파니 미스라히(Tiffany Misrahi) 위원장이 이제 동북아의 잠룡들이 부상함에 따라 '아시아 관광시대'가 열리고 있다고 언급한 바 있다. 종전의 유럽여행에서 점증적으로 전 세계의 관광객들이 아시아를 찾는 것은 어제 오늘의 일이 아니다. 아시아를 중심으로 관광객이 몰린다면 우리도 이러한 추세에 부응하기 위한 전략적 방안을 모색해야 한다. 이를 위해서는 무엇보다도 대한민국의 관광경쟁력을 키우지 않으면 안 된다.

따라서 아시아 관광시대에서 대한민국이 중심이 되기 위한 관광정책이 절실히 요구되고 있다. 대한민국의 경우 아시아나 유럽의 나라에 비해 현저하게 뛰어난 관광자원을 보유하고 있지 않으며 더욱이 지구상에서 유일하게 남과 북으로 분단되어 있는 현실은 매우 안타까운 일이지만 한편으로는 이를 다른 관점에서 보아 남북의 분계점인 비무장지대를 전 세계의 관광객이 찾을 수 있는 국제관광지로 육성시킨다면 머지않아 대한민국의 대표적인 브랜드 자산이 될 것이라는 점이다.

격년마다 한번씩 실시하는 국가 관광경쟁력 평가에서 대한민국은 2019년에 16

위를 달성했다. 국제적으로 관광의 평가지표가 되는 항목들에 대해 철저하게 관리해서 대한민국이 10위 안에 들어가는 것을 목표로 삼아야 한다.

물론 코로나19로 인해 지금은 엄청난 시련을 겪고 있지만 말이다. 여기서 한 가지 짚고 넘어갈 부분은 대한민국이 비록 전체 순위에서 16위를 달성하였지만 90개 지표별 순위는 여전히 높지 않아 문제점으로 지적된다는 것이다. 22위를 달성한 자연과 문화자원에 비해 관광정책 및 관광기반조성은 47위로 다른 주요 국가에 비해 현저하게 떨어진다. 관광정책과 관광기반조성이 간단한 것 같지만 결코 쉬운 일은 아니다. 관광정책의 경우 일단 정책을 입안하는 사람들이 긍정적인 마인드로 접근할 필요가 있으며 관광기반조성의 경우에는 정부차원에서 투자가 이루어져야 한다. 관광정책을 수립할 때 국가적으로 큰 틀에서 관광의 경제적 가치의 중요성을 기반으로 정책을 수립해야 하며 이에 대한 전문가가 그 어느 때보다 절실하다. 자동차가 편리하게 다닐 수 있는 도심지 시설, 4차 산업시대 인터넷망 구축, 비대면 관광, 기타 외국인이 관광하기에 적합한 시설 등을 수시로 점검하여 개선해 나가야 한다.

일본의 경우 4위, 중국이 15위, 싱가포르 13위를 기록했다. 특히 평가지표 항목 중 대한민국이 100위권을 넘어가는 아주 최악의 지표에 대해서는 별도로 관리해야 할 필요가 있다. 우선 인적 자원 및 노동시장 측정지표에서 대한민국은 2개의 지표 즉 고용 및 해고 사례에서 110위, 외국인 노동자 고용/해고 용이성에서 119위를 달성했다. 이는 고용의 보장과 관리차원에서 국제적 지표 순위에 커다란 영향을 미치는 지표로 관리해야 할 것이다. 고용문제는 고용노동부의 소관으로 관광산업체의 빈번한 해고사례와 외국인 노동자의 고용과 해고의 용이성 등이 중요 평가지표로 관련 업계와 고용노동부의 지속적인 협의가 중요하다. 향후 관광산업의 특성상 서비스의 중요성으로 인해 지속가능한 고용유지는 매우 중요하다. 특히 여성고용과 고위직의 여성고용 비율 등은 관광기업뿐만 아니라 일반기업이나 공기업 등 모두에서 중요하다. 다음으로는 관광정책 및 기반조성 항목에서 가격경쟁력 중 구매력 평가부문에서 114위로 이 역시 매우 낮은 지표로 측정되었다. 이 부분을 담당하는 기획재정부나 산업통상자원부에서는 가격경쟁력을 갖추기 위해 관광객의 구매력을 철저하게 관리해서 관련 지표의 상승효과를 얻어야 할 것이다.

관광정책 및 기반조성 부문에서의 미세먼지농도 측정항목에서 매우 낮은 순위인 130위로 측정된바 소관부서인 환경부와의 공조노력이 무엇보다 중요하다. 미세먼지의 경우 외국인 관광객에게는 매우 민감한 항목으로 건강과 직결되는 문제이다. 미세먼지의 수치를 줄이는 방안을 연구할 필요가 있으며 또한 미세먼지 측정도구를 활용해서 사전에 관광특구지역이나 기타 관광객이 많이 몰리는 장소에——현재도 실행하고 있지만——미세먼지의 측정수치를 실시간으로 알리는 시스템을 설치해야 한다. 관광객이 자유롭게 다닐 수 있도록 미세먼지 제거하는 방법을 환경부와 협의해야 할 것이다. 다음으로는 멸종위기종에 대한 평가항목에서 117위를 달성, 이 역시 지표가 매우 낮다. 담당소관이 환경청으로 산림청, 국립공원 등과 협력하여 멸종위기종에 대한 관리를 철저히 할 필요가 있다. 전 세계적으로 환경에 대한 중요성이 대두되면서 멸종위기나 연안해안의 어업규제 등 멸종위기에 처한 동물이나 생물, 식물 등에 대해 철저한 관리를 하는 것이 모든 나라의 공통사항이다.

관광인프라를 구축하는 것도 국가의 관광경쟁력 평가에서 매우 중요하다. 이는 교통시스템과 직결되는 것으로 공항이용객의 편리성과 관광객의 방문도 등은 상호 밀접한 관계가 있다고 볼 때 공항의 밀도는 지표에서 매우 중요하다. 항공운송은 국토부의 소관으로 공항의 환경개선운동의 차원에서 공항부지의 확보를 통해 비행기의 이착륙, 공항 내 시설 등 항공이용고객의 불편사항 등이 평가의 지표로서 매우 비중이 크다.

다음으로는 자연/문화자원으로 보호구역의 면적이 105위, 자연자원의 매력성이 124위로 대체적으로 주변 국가에 비해 훨씬 낮은 수치를 기록하고 있다. 이들 모두는 환경부 소관으로 보호구역의 면적은 대한민국뿐만 아니라 전 세계가 공통적으로 관심을 갖는 부분으로 향후에도 이 부분에 대한 평가지표는 매우 중요하다. 또한 자연자원의 매력성은 관광의 경쟁력 평가뿐만 아니라 관광객에게 있어 어떻게 보면 가장 중요한 수치이다. 관광의 매력성을 갖추지 않으면 관광객의 방문은 기대하기 어렵다.

# 국제관광경쟁력지수(TTCI) 순위가 바뀌고 있다

5-12

코로나19 이전과 비교하면 지금의 수치는 거의 0에 가깝다. 그만큼 관광의 경쟁력이 최하위에 있다. 지금의 상태로 국제관광경쟁력지수에 대해 이야기하는 것은 큰 의미가 없다. 그러나 관광의 현 주소와 미래의 주소를 이해하려면 코로나 이전의 경쟁력지수에 대한 이해는 필수적이다.

참고로 스페인은 세계경제포럼이 2017년에 발행한 관광경쟁력지수에서 136개국 중 1위를 차지하였으며 2015년에도 1위를 차지한 바 있다. 이것을 이야기하는 이유 중 하나는 1위를 차지한 나라의 관광산업이 국가경제에 어느 정도 이바지하는지를 이해하기 위해서다. 스페인의 관광산업은 비즈니스/은행, 다음 부문으로 국가에서 차지하는 경제의 비중이 매우 높은데 무려 3번째로 큰 기여를 한다. 스페인 전체 GDP의 약 10~11%를 차지한다.

또 한 가지 주목할 것은 국제관광경쟁력지수가 서서히 변하고 있다는 사실이다. 왜냐하면 세계관광의 주도권을 종전에는 구주지역이 차지하였지만 아태지역과 미주지역으로 서서히 나누어져 외국관광객이 특정국가에 편중되지 않았다는 것이다. 말 그대로 삼각지대를 이루고 있다. 세계경제포럼(WEF, 2013, 2019)과 The Travel & Tourism Competitiveness Report에 따르면 국제관광경쟁력 상위 20개국의 분포현황에서 주목할 변화가 발생하고 있다. 우선 미주지역 2개국에서 미주지역 3개국으로 아태지역 5개국에서 7개국으로 구주지역 13개국에서 구주지역 10개국으로 수치의 변화가 발생하였다. 관광객 분포가 점점 더 다양해지는 것은 관광의 속성상 이미 다녀간 곳보다는 미지의 나라에 대한 동경심이나 호기심이 지역과 나라를 떠나 발생하기 때문이다. 주목할 것은 아태지역에 분포되어 있는 일본, 중국, 호주, 한국, 싱가포르, 뉴질랜드는 상위 20위 안에 들어 있고 이들 나라들은 대부분이 경제부국들로서 이제는 관광산업이 후진국에서만 발생하는 것이 아니라는 사실을 증명해 주고 있다.

관광산업은 인접한 산업의 발전을 획기적으로 발전시키는 데 큰 기여를 한다. 뿐만 아니라 관광을 통해 타 문화를 이해하고 국가 간 소통의 견인차 역할을 한다는 것도 매우 중요하다. 게다가 종전에는 국가의 수도를 중심으로 대부분의 국제관광객이 집중되어 왔다. 물론 지금도 그런 현상이 나타나고 있지만 대한민국을 찾는 외국인 관광객의 경우 개별자유여행이 70%를 넘어섰다고 한다. 이는 말 그대로 해석하자면 종전의 서울을 중심으로 한 관광을 벗어나 대한민국의 구석구석 알려지지 않은 곳까지 외국인이 관심을 갖고 방문하는 것이다. 따라서 코로나19 이후 지방에서는 외국인 관광객에게 큰 호응을 얻을 수 있는 관광상품을 개발하는 것에 관심을 두고 외국인 관광객 유치를 위한 전략을 세울 필요가 있다. 외국인 관광객은 있는 그대로의 모습이 중요하며 별도의 모형이나 인위적인 관광상품보다는 현재 지방에서 수백 년 동안 내려온 전통이나 자연자원 등에 관심이 더 많다는 사실에 주목할 필요가 있다. 코로나19 이전의 2019년에 1,750만 명의 외국인 관광객이 대한민국을 찾았다. 이 숫자는 물론 관광의 선진국이라고 할 수 있는 스페인이나 미국, 프랑스에 비한다면 현저히 낮지만 그래도 2,000만 명 시대가 도래할 날이 머지않았다는 것만 해도 큰 희망이다.

# 대한민국 관광정책을 수립할 독자적 기구가 필요하다

5-13

관광은 1960년대부터 1970년대까지 교통과 건설정책과 등에 편입되어 사용되었으며 1970년대 이후로는 문화라는 용어와 함께 사용되었다. 그러나 관광이라는 용어는 정부부처에서 자주 사용되지 않았으며 이는 관광을 전공하는 필자는 물론이고 관련자 모두에게도 책임이 있다고 생각한다.

이제 관광이라는 용어가 정부부처에서 자주 사용되도록 관광인 모두가 노력해야 할 시점이 왔다. GDP에 막대한 영향을 미치는 것은 물론이고 관광으로 인해 국민행복을 달성한다는 취지의 목표를 세워 관광이야말로 핵심으로 키워야 할 전략산업으로 인식시킬 필요가 있다. 정부에서는 관광에 관한 정책입안 시 항상 주제목으로 다루는 것이 아니라 단지 이벤트성으로 정책을 입안하는 경우가 많아 현실적으로 부정적인 정책도 많다. 최근 산림휴양형 관광 활성화를 위해 스위스에서 행하는 산악호텔에 대한 정책안을 살펴보면 과연 관광정책을 제대로 수립하는 것인지 의문이 들 정도이다. 현재 관광호텔 객실 수는 넘쳐나고 이를 채울 관광객이 부재한 상태에서 또 다른 형태의 숙박업을 허용하면 모든 숙박업자들은 부도가 날 수밖에 없다. 물론 취지는 아주 좋다. 그러나 현재의 숙박여건으로 볼 때 전국의 관광호텔을 포함한 숙박시설 수가 약 8만 개에 달하며 여기에 기타 숙박시설을 포함시킨다면 이것보다 훨씬 많아진다. 문제는 이들 호텔들 모두 코로나19로 인해 현재 폐업 중인 호텔이나 숙박업체도 상당수라는 것이다. 그리고 용도변경을 시도해 다른 목적으로 활용하는 호텔 수도 점점 늘고 있다.

이제는 대한민국이 관광대국으로 가는 데 있어 세계적 시각에서 미래를 예측할 수 있는 전략이 담긴 관광정책을 개발해야 한다. 정책개발은 그저 한두 명의 노력으로 이루어질 수 없다. 관광을 담당하는 정책개발자가 중심이 되어 직접 정책을 개발할 수 있는 여건을 만들어주어야 한다. 그러나 관광정책을 수립하는 정부부처에서 근무하는 공무원의 경우 대부분 고위직이 부재하며 설사 정책을 수립하려 해도 다른 부서와 많은 업무가 겹쳐 독자적 차원에서 관광정책을 수립하고 집행하는 데 한계가 있다. 물론 한국관광공사가 있어 나름대로 정책을 제안하거나 개발도 하지만 공사의 기능은 주로 마케팅에 있다.

동북아시대를 맞이하여 대한민국의 관광이 중심이 되려면 일단 관광정책을 수립할 독자적인 기구의 설립이 반드시 필요하다. 조직 내에서는 관광개발, 관광정책, 관광법안개발, 관광교육 등 다양한 부문에서 관광의 선진국이라 할 수 있는 프랑스나 스위스에 버금가는 기구가 필요하다. 이들 나라 모두 관광청이 설립되어 운영하고 있다.

관광정책을 개발할 수 있는 독립성을 보장해서 정부부처 가료회의에도 관광을 주 전략으로 내세우도록 기관의 책임자가 참가해야 한다. 그저 행사 때만 관광 이야기를 잠깐 들어보는 것만으로는 대한민국의 관광은 영원히 동북아시대의 핵심이 될 수 없다. 대한민국은 전 세계에서 보기 드물게 남과 북이 분단되어 있다. 물론 여러 가지 장벽도 있다. 그러나 현실적으로 DMZ 관광은 세계적 관광상품이라 해도 전혀 손색이 없다. 그러나 아무리 관광상품이 뛰어나다고 해도 관광상품으로서의 가치를 제고시킬 전략이 부재하다면 관광은 결코 대한민국에서 뒷전에 밀릴 수밖에 없다.

따라서 정부는 이제라도 관광정책을 제대로 수립하고 전 세계에 알릴 수 있는 독립적인 기구를 설립할 필요가 있다.

# 관광정책을 제대로 세우자

5–14

동북아 중심시대, 대한민국이 관광의 중심이 되려면 무엇보다 관광진흥계획을 철저하게 세워야 한다. 관광에 대한 비전이 명확해야 정책을 수립하는 데 있어 실질적인 계획을 수립할 수 있다. 과거 정부에서는 관광진흥 5개년 계획을 세워 관광정책을 수립하였다.

정부에서 제1차 연도(1999~2003년)에 세운 비전과 목표에 대해 나머지 제2차, 제3차, 제4차 연도에 세운 것과 필자의 견해로 비교해 보면 제1차 연도에 세운 비전이 상당히 역동적인 것이라고 본다. 21세기 관광대국으로의 새로운 위상 확립이라는 선포는 필자가 주장하는 '대한민국 관광대국으로 가는 길'이라는 주제와 일맥상통하며 특히 지금부터 약 20년 전의 비전이라고 볼 때 정부차원에서 관광의 중요성을 인식하여 관광대국이라는 용어를 쓴 것 자체가 매우 의미가 있다고 할 수 있다.

과거 문화체육관광부의 관광진흥 5개년 계획을 상호 비교분석해서 필자 나름대로 정책을 평가해 보면 제1차 연도의 목표가 외래 관광객 700만 명, 관광수입 120억 불 달성, 신규고용인원 116,000명, 정부의 GDP 474조 원 중 8%에 달하는 37.89조 원으로 GDP의 8%는 대단히 큰 수치라고 본다. 이 당시의 관광진흥과 관련하여서는 관광산업이 저비용, 고효율 사업 집중육성이라는 슬로건을 세워 나름대로 관광이 성공적이었다고 판단된다.

제2차 연도(2004~2008년)에서는 창의적이고 매력적인 관광한국을 비전으로 정하여 대한민국을 전 세계에 매력적인 나라라는 이미지로 부각시키려는 노력을 기울였다. 처음으로 외래 관광객 수 1,000만 명 달성이라는 큰 목표를 세웠으며 관광수입 100억 달러 달성으로 세계 10위~20위권을 목표로 설정하였다. 2008년에는 고용창출 330만 명 달성이라는 아주 큰 목표를 세워 관광에서 고용창출을 이루어내도록 많은 노력을 기울인 것은 관광산업이 고용창출효과가 크다는 것을 정부차원에서도 인식하였기에 가능했다.

제3차 연도(2009~2013년)는 동북아 지역의 매력적인 관광부국이라는 비전을 세워 1, 2차 연도에는 동북아라는 언어가 빠졌지만 3차 연도에는 동북아라는 말이 나와 관광수요의 확대를 동북아 중심에서 찾으려는 노력차원이 아닌가 싶다. 다시 말해 창의와 혁신으로 관광산업의 경쟁력을 확보하여 이를 바탕으로 관광객 유치를 하려는 전략이 아닌가 싶다.

외래 관광객 1,100만 명 달성으로 관광수입 150억 불을 세워 관광의 경제학적 측면에서 접근한 것으로 보인다. 관광산업에서의 일자리 창출을 170만 개로 잡아 여전히 관광에서 고용창출을 크게 기대하였다. 이어 제4차 연도(2014~2018년)에는 관광으로 행복한 국민, 융성하는 대한민국으로 비전을 선포하고 관광으로 행복을 찾자는 의미는 복지관광의 의미를 내포한 것으로 보인다. 관광을 통해 국민들의 행복을 증진시키는 것은 제1차, 2차, 3차 연도와는 달리 국민을 위한 관광행복이라는 점에서 매우 의미 있다고 본다. 외래 관광객 2,200만 명 유치로 처음으로 2,000만 명대를 넘는 수치를 잡아 외래 관광객의 규모를 크게 산정하였다.

관광산업에서 일자리 창출이 중요하다는 것은 공히 제1차 연도 116,000명, 제2

차 연도 330만 명, 제3차 연도 170만 명, 제4차 연도 150만 명 일자리 창출이라는 수치만 보아도 관광으로 고용이 창출된다는 의미는 그 누구도 의심할 여지가 없다. 관광이 정부의 GDP에서 차지하는 비중을 거의 8%대로 책정한 것으로 보아 이제 더 이상 관광이 향락산업으로 소비만 부추긴다는 이야기는 논리에 맞지 않는다고 본다.

관광산업의 비전을 명확히 세워 국가의 전략산업으로 집중 육성해야 한다. 단지 단기성의 계획으로는 동북아시대 대한민국이 관광의 중심이 될 수 없다는 사실을 명심하라. 뿐만 아니라 관광은 국민을 행복하게 해주고 저소득층의 관광에도 정부 차원에서 힘써야 한다. 이제는 복지차원의 관광이 이루어져야 한다고 생각한다. 저소득층의 경우 여행을 가기가 결코 쉽지 않다. 지금은 저소득층이 해외나 국내에 여행을 갈 수 있는 기회가 넉넉지 않다. 그러나 지금부터라도 정부차원에서 저소득층의 관광에 어느 정도 비중을 두어야 한다. 왜냐하면 관광으로 국민을 행복하게 할 수 있다는 사실을 정부차원에서 깊이 인식해야 향후 관광정책을 수립하는 데 있어 관광이 큰 역할을 할 것으로 보기 때문이다.

# 관광 선진국으로 가는 길, 해외 주요 선진국의 관광정책

제 6 부

# 뉴질랜드의 관광정책

6-1

뉴질랜드 정부는 1991년 12월에 관광부(Ministry of Tourism)를 중심으로 뉴질랜드 관광위원회(New Zealand Tourism Board)를 발족했다. 과거 정부가 주로 관광을 주도해 온 것을 민간기업 중에서 저명한 인사를 중심으로 구성, 관광의 특성상 융·복합산업의 관계로 인해 금융, 마케팅, 항공, 관광, 기업 등 산업계의 주요 인사들로 편성하여 정부의 관광산업정책과 관광관련 단체들과의 상호 협력체를 구성하기 위한 위원회라고 할 수 있다.

뉴질랜드는 국경폐쇄 및 외국인 입국 금지조치로 인해 2020년 기준 약 129억 NZD(한화 약 10조 300억 원)의 손실이 발생할 것으로 예측했다. 뉴질랜드의 경우 코로나19 이전인 2016년 관광으로 벌어들인 수입은 뉴질랜드 GDP의 5.1%에 달할 정도로 관광수입이 차지하는 비중이 매우 높았다. 노동인구의 약 5.0%가 관련 산업에 종사하며 대부분의 관광객은 호주로부터 들어오는 관광객이다. 뉴질랜드의 국제관광경쟁력 순위는 16위로 관광의 경쟁력이 높은 나라이다.

뉴질랜드는 관광을 국가전략산업으로 인식하고 관련 부처도 관광부 장관(Ministry of Tourism)으로 행정부의 고위직에 해당한다. 뉴질랜드는 일찍이 관광의 중요성을 인식하여 1901년 세계에서 최초로 뉴질랜드 관광청을 설립할 정도로 관광에 대한 열정이 대단한 나라이다.

조직도를 살펴보면 우선 관광부의 장관이 관광에 대한 모든 행정을 책임지고 그 밑에는 비즈니스 혁신과 고용관련부 밑에 거버넌스와 정보그룹, 거버넌스 기관과 감독, 양쪽에는 노동, 과학, 기업 그룹담당, 관광전담부서를 두고 있으며 관광을 특화시키기 위한 조직으로 뉴질랜드관광, I-site 방문자 정보 네트워크(Network), 퀄마크(Qualmark) 인증, 지역관광 등의 조직으로 운영되는 것이 특징이다. 뉴질랜드의 경우 다른 나라와 달리 관광조직을 최상부에 놓고 관광관련 조직을 몇 개의 그룹으로 별도의 조직체로 구성한 것이 특징이라 할 수 있다.

뉴질랜드의 국가관광조직은 "Tourism New Zealand(TNZ)"로 매우 강력한 조직이다. 관광부 장관에 의해 관광위원회 의장이 총괄하는 조직으로 정부의 최고위층까지 수직으로 정책이 전달되는 시스템이다. 뉴질랜드의 경우 여행관련 각종 정보제공은 "i-SITE Network"에서 제공하며 관광이 국가의 핵심산업인 만큼 관광객에게 신뢰를 심어줄 수 있는 인증 마크제도를 운영하는 것이 특징이다. "Qualmark"를 통해 관광의 품질인증을 하고 있으며 관광객의 숙박시설에 대해서는 스타등급제도 적용, 그 외의 관광관련 업체에 대해서는 인증시스템을 도입하여 운영하고 있다. 외국인 관광객의 경우 숙박이 인증된 것을 선호하기 때문에 매우 중요하며 불평불만의 원인이 상당수 숙박관련 불편에서 발생한다고 볼 때 매우 중요한 인증제도라고 할 수 있다.

뉴질랜드의 관광품질 인증제도인 퀄마크(Qualmark)는 세계 최초의 관광산업 환경인증제도로 지구를 환경으로부터 구하자는 환경인증제도라고 할 수 있다. 이런 제도를 실시하는 이유 중 하나는 아마도 외국인 관광객에게 뉴질랜드의 국가 신뢰도나 환경보호에 대한 인식이 다른 나라보다 강해서 더 많은 노력을 기울이고 있다는 사실을 알리기 위함도 있다.

뉴질랜드가 관광을 국가의 전략산업으로 인식하기에 관광부(Ministry of Tourism)와 같이 타 부처와는 독립된 성격의 관광행정조직을 운영하는 것이다. 관광정책을 수립하고 집행하는 과정에서 강력한 컨트롤 타워 기능을 수행할 수 있는 기관이 없이는 이의 진행이 절대 불가능하다고 판단하였기에 이런 시스템을 도입하여 운영하는 것이다.

# 헝가리의 관광정책

6-2

헝가리는 관광을 활성화시키기 위해 2016년 정부의 노력으로 관광청을 설립하였다. 헝가리가 이토록 관광청의 설립을 통해 관광의 활성화를 추진하려는 목적은 무엇보다도 관광관련 각종 정책 개발이나 법안 등을 주도적으로 처리하기 위해서는 관광청이라는 강력한 행정기구가 필요하다고 인식했기 때문이다.

헝가리는 관광청을 통해 외국에 헝가리를 알림은 물론 헝가리의 브랜드화를 추진함으로써 서비스의 질을 높이고 외국인 관광객에게 헝가리의 관광상품을 홍보하는데 큰 목적이 있다.

4차 산업혁명시대에 관광산업도 디지털화의 물결에 동참하지 않으면 결국 관광산업 역시 도태할 수밖에 없다는 강한 의지가 반영되어 관광청을 설립한 것으로 보인다. 따라서 헝가리는 관광청을 중심으로 국가관광데이터공급센터(National Data Supply Centre; NTAK)를 설립하여 실시간으로 숙박업 관련 데이터나 관광객의 이동으로 인해 발생하는 각종 통계수치를 산업계에 제공함으로써 언제든지 관광업의 동향을 파악할 수 있도록 했다. 즉 플랫폼의 구축을 통한 데이터 분석이 중요한 시대라는 것을 정부에서 인식한 것이다. 데이터는 전 업종에 모두 적용된다. 대한민국의 관광업 역시 이런 데이터가 매우 필요한 시점에 왔다.

헝가리에서는 코로나19로 인해 관광수입의 적자는 물론이고 고용의 불안정을 느낀 나머지 스마트폰 애플리케이션을 통해 호텔의 예약 및 결제 시스템이 모두 가능해졌다. 이러한 시스템을 향후 헝가리의 모든 호텔산업에 적용시킴은 물론 전 세계의 숙박업에도 영향을 미치는 아주 중요한 시스템이다. 숙박업에서는 휴대폰을 통한 애플리케이션을 전 세계의 호텔에 적용시킨 지 이미 오래되었다.

헝가리 역시 코로나19로 인해 관광산업 전반에 엄청난 피해가 발생했다. 이는 헝가리뿐만 아니라 유럽지역을 포함한 전 세계가 코로나로 인해 관광산업에 막대한 피해를 입었다. 헝가리에서는 관광청을 통한 미래의 관광전략을 수립하였는데 이는 자연경관보호 및 개발, 가족친화적인 관광환경조성, 관광객 대상 정확한 정보제공과 새로운 디지털 시스템을 응용한 관광개발 등이다.

또한 숙박업의 환경을 조성하기 위한 프로젝트의 일환으로 국가숙박개발프로젝트를 진행, 헝가리의 해변 및 놀이공원, 테마파크 주변의 3만여 개에 달하는 숙박시설 개선사업에 지원하고 있다. 총 재정규모는 3조에 달할 정도로 매우 큰 프로젝트 지원사업이다.

# 스페인의 관광정책

6-3

스페인은 세계 최고의 관광대국이다. 스페인의 관광관련 주요 정책은 중앙정부에서 모두 이루어지며 각 지방자치단체에서는 관광자원 개발 등의 사업이 각각 독립적으로 운영되는 것이 특징이다. 해외홍보 및 마케팅활동은 스페인 관광공사인 "TourEspana"에서 시행하며 중앙정부와 광역단체 규모의 지방은 스페인관광협의라는 협의체를 통해 상호 협력과 개발방안을 논의한다.

스페인에서는 관광청을 운영하면서 그 하부조직으로 관광위원회(Inter ministerial Tourism Committee; ITO)가 구성되어 관광정책, 중앙정부와의 협력, 관광개발제안, 관광자원보전 등 관광 선반에 대한 성책수립과 관련된 모는 사항에 대해 검토의 기능을 갖는다. 또한 이들의 모든 조직은 장관이 의장을 맡아 상임위원회에서 모든 일이 실행된다. 스페인에서는 관광조직이 체계적으로 운영되는 것을 알 수 있으며 관광으로 인한 경제적 효과를 인식한 만큼 조직을 편성하는 경우에도 중앙정부와 지방이 상호 협력하며 모든 일은 토의를 통해 이루어진다. 장관이 회의를 직접 진행하며 관광청을 중심으로 하부조직과의 연계가 아주 잘 되어 있다.

스페인에는 관광부문회의(Conferencia Sectorial de Turismo; CST)라는 것이 있는데 이곳에서는 관광분야와 관련한 현안문제에 대해 집중토의를 하며 총회는 에너지 · 관광 · 디지털 어젠다부 장관이 의장을 맡아서 직접 회의를 진행한다. 각 자치도 및 시도단위의 관광주요 책임자가 참석하여 스페인 관광관련 회의를 진행한다. 참가자들은 관광분야의 실무와 이론을 겸비한 전문가집단으로 구성되었으며 회의 안건 및 관광분야에 대한 정책 등을 개발한다. 중요한 것은 스페인정부에서 관광관련 토의에 장관이 직접 참가 회의를 주재하는 것은 물론이거니와 관광청장은 반드시 참석하여 관광정책 전반에 대한 제안을 한다는 것이다.

다음으로 스페인 관광협의회(Consejo Espanol Turismo)라는 것이 있는데 관광분야의 해외진출을 목표로 상공회의소, 노동조합, 기타 각 분야의 전문가들로 구성되어 있으며 이들은 스페인정부에서 펼치는 관광정책과 주단위의 관광청 활동 등에 대해 모니터링을 한다. 협의회는 민간부문과 공공부문이 상호 협력하는 시스템을 구축하는 연결고리 역할을 한다. 관광정책을 기획하고 실행하려면 민간과 공공의 상호협력이 매우 중요하기 때문이다.

대한민국의 관광협회보다 강력한 기구라고 할 수 있으며 이들 역시 장관의 부처에 소속되어 활동을 한다. 스페인에는 관광의 품질을 인증하는 시스템이 있는데 외국인 관광객 유치를 위해서는 관광상품의 품질이 매우 중요하다는 인식 아래 각 지자체나 도시에서 판매되는 관광상품 서비스의 질을 높이기 위해 많은 노력을 한다. 한 가지 특이한 점은 2000년부터 Q마크 인증시스템을 도입한 것이라고 할 수 있다. 인증을 획득하기 위해서는 일정한 자격과 기준에 도달해야 하는데 이에 미치지 않으면 스페인정부에서는 Q마크 인증을 부여하지 않는다. Q마크 인증을 받은 업체는 대부분 관광관련 기업이며 호텔, 여행사, 레스토랑, 지역의 펜션업체, 리조트, 스키장 등으로 관광객이 많이 이용하는 시설이 모두 포함된다.

스페인에서는 일본의 여관(료칸)과 같은 숙박시설을 흔히 볼 수 있는데 이들 숙박업소는 파라도레스(Parador nacional de turismo)라 불리는 곳으로 외국인 관광객에게 매우 인기가 있다. 이들은 국가에서 운영하는 숙박업소 개념의 공기업형태의 호텔이며 주로 관광지에 위치한다. 스페인은 오랜 역사 문화적 유적지가 많은데 이 시설들을 개조하여 외국인 관광객이 이용하기 편리한 숙박업소로 활용하고 있다. 관련 업종에 종사하는 직원의 수만 약 4,000명에 달할 정도로 고용창출효과가 매우 크다. 관련업종에 종사하는 직원들은 스페인 관광청과 긴밀한 관계를 유지하면서 관광청의 해외 및 국내 홍보활동을 돕는다.

# 프랑스의 관광정책

6-4

코로나19 이전에는 한 해 프랑스를 찾는 해외 관광객 수가 무려 9,000만 명에 달했다. 세계 관광경쟁력 평가에서 2위에 달할 정도로 관광에서만큼은 세계의 최고 선진국이다. 숙박 및 식음료 서비스는 국내 총생산(GNP)의 2.5%, 국민 총생산(GDP)의 7%에 이른다. 이러한 수치는 OECD 국가의 평균 4.1%보다 무려 3%나 더 높다.

프랑스의 관광조직은 기존의 'Maison de la France'와 'ODIT France'가 통합된 'Atout France'가 2009년 프랑스관광공사로 출범하였다.

프랑스에서는 관광정책 관련 최고 협의기구라고 할 수 있는 '국가관광위원회(Le Conseil National du Tourisme; CNT)'를 운영함으로써 관광정책 제반에 대한 토의를 정부의 핵심부서에서 다루는 것이 특징이다. 또한 국가관광위원회는 관광정책을 수립하는 데 있어 관광주무장관이 의장이다. 주로 정부를 상대로 관광정책을 건의하고 현안문제에 대해 특별안건 형식으로 부처 간 협의를 한다.

프랑스는 레지옹 관광위원회라는 것이 있어 관광과 관련한 모든 행정을 여기에서 담당한다. 프랑스 광역자치단체에 소속되어 있는 레지옹은 자신의 지역을 해외에 홍보하는 역할을 주목표로 한다. 현재 프랑스 본토에 22개, 해외영토에 4개로 구성되어 있으며 임직원의 수는 약 650명에 달한다. 총 1억 1천5백만 유로의 예산을 가지고 해외 홍보에 전력을 기울이고 있다.

프랑스 관광공사의 경우 추진연합체의 형태로 운영되며 1,000개의 기관이 참여하고 있다. 정부, 지자체, 관광사업자, 그 외 관광관련 유사업종이 공동추진연합체를 구성한 것이 특징이다.

프랑스정부에서 추진하는 관광정책 중 특이한 것은 관광의 경제적 효과를 측정하기 위한 시스템, 즉 평가시스템을 구축하여 관광으로 인한 고용효과, 고용지수, 경제적 효과 등에 대한 평가를 언제든지 할 수 있는 시스템을 갖춘 것이다. 또한 프랑스에서는 전 세계적으로 관심 있는 영화제 예를 들면 칸 영화제 같은 것을 통해 유명 인사들을 활용한 국가 관광마케팅전략을 펼친다. 또한 관광지마다 관광관련 상품들의 서비스품질을 보증하기 위해 제도적, 정책적으로 완벽한 시스템을 갖추고 있어 서비스품질만큼은 국가차원에서 관리를 한다.

### 프랑스의 관광조직을 이해하자

2020 OECD자료에 따르면 프랑스의 관광조직은 크게 중앙정부조직과 중앙정부시행기구, 지방기관 등의 3개 조직으로 나누어진다. 중앙정부조직으로는 총리직할 관광범부처위원회가 있으며, 하부조직으로는 프랑스 유럽 외무부, 국제개발 교육문화 세계화 총국, 관광프로모션, 대사관 등이 있다. 이들은 각각 경제재정부, 지역정책국, 관광관련 하위부서로 구성되어 있다. 중앙정부 시행기구로는 프랑스 관광청, 국제바캉스수표사무소가 있으며 지방기관으로는 레지옹 관광위원회, 더빠르뜨망 관광위원회, 코뮨지역관광사무소 등의 조직이 운영되고 있다.

우선 정부차원에서 관광을 총괄적으로 다루는 조직인 관광범부처위원회는 정부에서 지향하는 관광에 대한 종합적인 정책을 수립하며 장기적인 플랜을 계획한다. 뿐만 아니라 종합적인 정책이 각 부처와의 조율을 거쳐 최종적으로 완성되면 중앙과 지방의 관광정책을 일원화시키기 위한 상호 조율을 하게 되는데 이때 바로 관광청에서 컨트롤 타워 역할을 수행하여 각 지자체와의 관광개발이나 관광정책을 수립하는 데 있어 정부와 지방의 소통매체 역할을 수행하게 된다.

프랑스정부에서는 약 10년간 교통이나 건설 등의 모든 인프라가 구축되자 국민의 삶의 질 개선, 복지, 환경보호 등에 관심을 갖기 시작하여 관광부처를 사회의 흐름과 산업의 트렌드에 맞추어 관련 부처——생활 · 문화 · 환경 · 청소년 · 여가부 등——로 이관하여 운영하게 된다.

프랑스정부에서는 관광관련 직책에 대한 변화도 겪게 되는데 초창기에는 관광분야 국장의 지위를 산업부 장관의 통제하에 두고 이어 관광의 중요성이 어느 정도 인식되자 다시 국장에서 차관의 지위를 얻게 된다. 이어 문화나 청소년, 환경분야보다는 실질적으로 관광의 경제적 가치를 인식하게 되자 프랑스정부의 조직 중에서도 가장 핵심적이라고 할 수 있는 건설 · 교통 · 관광부에 관광을 둠으로써 핵심적인 위치를 차지하게 된다. 대한민국이 현재 문화체육관광부에서 관광의 지휘자가 장관이라 하지만 실제 관광업무만 독자적으로 수행하는 것은 아니다. 따라서 일본과 같이 국토교통성 내에 있는 국단위의 관광관련 업무를 별도로 분리하여 독립적인 관광청을 신설한다면 별도의 예산이나 직원들의 새로운 인원채용이 이루어지지 않아도 된다.

프랑스 관광청의 경우 지역의 관광개발이나 정책 등을 도와줄 뿐만 아니라 정책개발에도 참여한다. 또한 투자관련 제안을 해주거나 프랑스 관광홍보를 하는 데도 큰 기여를 한다. 즉 관광청은 중앙과 지방의 가교역할을 수행한다.

프랑스의 경우 관광과 관련해서는 최고기관이라 할 수 있는 국가관광위원회를 1910년부터 운영하고 있다. 이들 조직은 다시 2018년에 관광범부처위원회로 명칭이 바뀌었으며 현재 총리의 주재로 직접 운영한다.

# 일본의 관광정책

6-5

일본은 관광 경쟁력을 확보하는 차원에서 2008년 관광청을 신설하였다. 관광청(Japan Tourism Agency)은 국토교통성(Ministry of land, infrastructure, transport and Tourism)의 외국(外局)으로 조직, 독립되었다. 조직도를 살펴보면 관광청장의 하부조직으로 차장이 있으며 그 밑에 총무과, 참사관, 관광산업과가 있다. 심의관 밑에는 국제관광정책과 국제교류추진과가 있으며 관광지역진흥부 밑에는 관광지역진흥부와 관광자원과로 구분되어 조직이 운영되고 있다. 일본의 경우 독립된 관광청으로서 관광관련 정체성을 확보하고 있다는 것이 매우 중요하다. 관광입국추진전략회의는 관광입국 추진계획부터 관광자원의 보호 및 육성방안까지 모두 관광청을 통해 이루어진다.

2011년 일본 관광청 자료를 살펴보면 조직별 업무에서 국제관광정책과에서 외국인의 출입국 수속 간소화를 위한 업무를 추진하는 것이 특징적이다. 대한민국의 경우 외국인 출입국과 관련해서는 법무부 소관으로 법무부의 협조가 이루어져야만 외국인 출입국 간소화절차를 마련할 수 있다. 그러나 국제관광정책과에서 출입국 간소화 등에 대한 업무를 직접 다룬다는 것으로 보아 일본이 외국인 관광객 유치를 위해 필요한 것이 무엇인지를 제대로 인지했음을 알 수 있다.

일본 관광청의 경우 국제교류추진과에서 국제기관과의 교섭조정업무를 담당한다. 이는 필자가 강력하게 주장하는 것으로 관광을 통해 교섭이 이루어진다면 가장 먼저 갈등이나 긴장이 해소될 수 있기 때문이다. 특히 일본의 경우 관광청과 같은 국가의 독립된 기관이라면 타국 관광청과의 교섭이 쉽게 이루어질 수 있다. 즉 관광청이 한편으로는 외교부의 역할을 담당할 수 있다는 얘기다. 외교적으로 해결되지 않을 때 관광청의 관광교류를 우선적으로 내놓는다면 국가 간 갈등이 쉽게 해결된다. 일본의 경우 국제관광정책과, 국제교류추진과 등의 국제적 문제는 관광청을 통해 이루어져 관광산업의 국제경쟁력을 확보하는 데 있어서도 매우 유익한 도구로 활용할 수 있다. 참사관의 경우 관광입국관련 기본계획을 수립하고 국가의 관광주요 전략회의를 개최하며 회의를 통해 도출된 관광관련 안건은 곧바로 정부에 전해져 정책의 수립과 집행이 일사천리로 해결될 수 있다.

### 총리주재 관광입국 추진

일본은 관광의 활성화를 위해 정부에서 직접 나서 정책을 수립하기 시작하였다. 2013년 총리주재로 관광입국추진각료회의를 개최하여 여기서 '내일의 일본을 지지하는 관광비전 구상회의'를 통해 일본정부의 관광진흥정책을 추진하게 된다. 이것이 바로 관광입국추진계획으로 일본은 총리주재로 회의를 격상시키면서 범정부차원의 관광을 활성화시키기 위한 단계로 들어서게 된다.

일본은 관광인력 양성을 위해 힘쓰는 한편 사후면세점 즉시환급제도의 활성화를 위한 각종 정책을 펼치며 와이파이 확충 등으로 외국인 관광객의 불편을 해소하기 위해 많은 노력을 기울이게 된다. 특히 일본의 경우는 내수에 많은 관심을 두고 지방의 경제를 활성화시키기 위한 노력을 기울인다. 이미 오래전부터 각 지방별로 교통이나 기타 관광객의 편의시설과 함께 광역관광 주요 루트 등을 중심으로 한 테마 관광자원을 발굴하고 대내외적인 교통정비를 마무리한 상태였다. 지방의 경우 특히 교통이나 편의시설로 인한 관광객의 불편을 일찍부터 개선하는 데 많은 역점을 두어 이것이 바로 일본의 지방 관광활성화 전략으로 이어지게 된다.

### 수상이 참여하는 일본의 관광정책 고문회의

일본의 경우 수상이 관광입국간담회라는 주제를 갖고 교수, 관광업계, 관련 공무원 등으로 구성된 총리산하 자문단을 통해 관광산업으로 인한 사회적, 경제적 효과 등에 대해 총리에게 각종 정책을 직접 전달하는 식의 간담회를 개최한다. 사실 정부의 최고위층까지 나서 관련 정책간담회를 개최한다는 것 자체가 그리 쉬운 일은 아니다.

대한민국의 경우도 일본과 마찬가지로 지방의 인구가 소멸되고 있으며 이미 인구소멸로 없어지는 도시가 몇십 년 내에 수십 곳에 이를 것이다. 일본의 경우 국민들의 소비가 이루어져야 다시 생산이 이루어지고 경제가 회복의 길로 들어서지만 인구감소는 소비에 막대한 타격을 주게 되어 이를 타개할 방법을 고민하고 있었다. 그러자 그 대안으로 외국인 관광객을 일본에 유치하여 이들이 소비하도록 한다면 일본의 인구감소나 저출산·고령화는 외국인들의 방문과 이들의 소비에 대한 기대를 토대로 정책을 수립하게 된다. 그래서 나온 것이 바로 2006년의 관광입국추진기본법(觀光立國推進基本法)이다. 이를 시행, 2007년부터 본격적으로 정책에 담아 실행에 옮겨서 나온 것이 바로 관광입국(觀光立國)이다. 이러한 정책을 통해 장기침체에 빠진 일본의 경제를 살리는 국가 기본과제의 하나로 삼아 국가의 주요 전략과제로 추진해 왔다.

관광으로 엄청난 경제적 효과를 이미 경험한 일본으로서는 이제 외국인 관광객 유치에 열을 올리고 있다. 일본의 경우 관광정책고문회의에 국토교통부관광성부대신급, 관광청장 등이 참석하여 관광관련 회의를 정기적으로 개최하고 있다. 여기에 상공회의소 단체까지 포함한다는 것 자체는 이미 관광을 경제적 관점에서 바라보고 있다는 의미이다. 이런 맥락에서 일본은 지역마다 외국인 관광객 유치에 의욕적으로 열정을 담아 추진하는 지역에게는 파격적인 인센티브를 제공하고 일본관광공사 인증 관광안내소 간 네트워크 구축, 나리타공항의 경우 국제선과 국내선을 바로 연결하여 나리타공항을 이용하여 일본을 방문하는 외국인 관광객이 불편함이 없도록 최상의 정책을 펼치고 있다.

일본의 경우 동아시아 국가와 연대한 유럽 및 구미 관광객 유치를 위한 각종 정책을 개발하고 있다. 이는 동아시아에서 일본이 관광의 중심국이 되기 위한 노력의 일환으로 볼 수 있다.

# 국가별 관광행정조직

6–6

2015년 기준 대한민국 인바운드 상위 20개 나라의 관광행정조직

| 순위 | 국가 | 관광업무 담당 나라별 정부기관(NTA) |
|---|---|---|
| 1 | 중국 | 국가여유국 |
| 2 | 일본 | 운수성 |
| 3 | 미국 | 상무부 |
| 4 | 홍콩 | 관광청 |
| 5 | 대만 | 관광부 |
| 6 | 필리핀 | 관광부 |
| 7 | 태국 | 관광청 |
| 8 | 말레이시아 | 관광예술문화부 |
| 9 | 인도네시아 | 관광부 |
| 10 | 러시아 | 연방관광청 |
| 11 | 싱가포르 | 관광산업부 |
| 12 | 캐나다 | 관광청 |
| 13 | 호주 | 관광부 |
| 14 | 영국 | 관광청 |
| 15 | 독일 | 상공부 |
| 16 | 프랑스 | 관광부 |
| 17 | 이탈리아 | 관광부 |
| 18 | 뉴질랜드 | 관광부 |

| 순위 | 국가 | 관광업무 담당 나라별 정부기관(NTA) |
|---|---|---|
| 19 | 남아프리카공화국 | 관광부 |
| 20 | 터키 | 문화관광부 |

자료: 김형철, 관광부장관인가? 관광청장인가? 자료 일부 인용; NTA(National Tourism Administration)

2015년 대한민국을 방문한 외국인 관광객 수를 기준으로 상위 20개 국가의 관광관련 행정조직체계를 조사한 결과 대부분의 나라에서 관광부나 관광청의 조직으로 관광행정을 관리하는 것으로 나타났다. 대한민국과 유사한 조직체로 운영하는 나라의 경우 터키는 문화관광부에서 관광의 행정조직을 관리하고 있으며 싱가포르의 경우에는 관광산업부라는 명칭으로 국가의 관광조직을 운영하고 있다. 싱가포르의 경우에는 다른 나라와 달리 산업부라는 명칭을 부여함으로써 관광과 산업을 연계하여 하나의 산업으로 인식, 국가의 전략산업으로 육성하고자 하는 의도가 있는 것으로 판단된다. 프랑스, 이탈리아, 뉴질랜드, 남아프리카공화국, 대만, 필리핀, 인도네시아의 경우 관광부에서 관광행정을 부단위로 운영함으로써 대한민국의 문화체육관광부로 운영하는 것과는 달리 독립적인 기능을 부여하였다. 이로써 관광에 대한 중요성을 인식시키고자 하는 데 그 목적을 둔 것이라 생각한다. 물론 대한민국과 같이 복합적인 기능으로 문화체육관광부와 유사한 형태의 관광예술문화부의 형태로 운영되는 말레이시아도 있다.

관광청의 이름으로 운영되는 국가에는 홍콩, 태국, 캐나다, 영국이 있으며 이들 나라 역시 관광대국으로 매년 외국인 관광객이 많이 찾는다. 러시아의 경우에는 연방관광청으로 운영되며 일본은 운수성 아래 별도의 관광청 조직으로 관광행정을 관리하고 있다. 미국은 상무부, 중국은 '국가여유국'이라는 조직을 통해 관리하고 있다.

대한민국이 관광대국으로 가는 길에 있어 관광의 행정조직은 매우 중요하다. 일단 관광조직을 구성하는 것은 국가의 관광에 대한 관심과 관광으로 파생되는 국가의 전략산업으로 인식하고 있느냐 그렇지 않느냐와 매우 밀접한 관계가 있다고 볼 수 있다. 태국의 경우 특별법으로 수상직속기구로서 '태국정부관광청'이 관광에 대한 모든 업무를 담당하고 있다. 대한민국의 경우 문화체육관광부에서의 관광과 관련된 예산이 차지하는 비중이 높아지고 관련 산업에 대한 업종 역시 괄목할 수준으로 늘고 있는 점을 감안하면 이제는 대한민국에서도 관광청의 설립을 국회차원에서 심도 있게 논의할 필요가 있다.

# 주요 관광 선진국들의 관광정책 특징

6-7

주요 관광국들의 정부기능과 추진시책 비교

| 구 분 | 주요 특징 | 주요 국가 | 주요 관광시책 |
|---|---|---|---|
| 발전선도형 관광국 | 높은 관광경쟁력 보유 | 프랑스, 영국, 스페인, 독일, 미국, 캐나다 | • 관광시장점유율 확대<br>• 관광객의 안전과 보안책임<br>• 지속가능한 관광개발<br>• 국민여행의 지속성장<br>• 매력 있는 관광지 개발<br>• 지역경제 활성화 |
| 선도추격형 관광국 | 비교적 높은 관광경쟁력 보유 | 홍콩, 호주, 덴마크, 뉴질랜드 | • 관광산업육성 인센티브 제공<br>• 질 높은 관광상품 개발<br>• 새로운 관광상품 개발<br>• 관광인프라 확충<br>• 국가적 차원의 관광투자, 규제 개선 |
| 발전도약형 관광국 | 관광경쟁력을 높이려는 국가 | 아일랜드, 일본, 그리스, 중국, 말레이시아 | • 새로운 관광산업 신성장전략 구사<br>• 국민의 관광기회 확대<br>• 지역관광여건 개선<br>• 관광인프라투자 및 인센티브 확대<br>• 신성장 관광분야 발굴 육성 |

자료: 심원섭(2011), 해외관광정책 추진체계 사례분석, pp.210-211

다른 나라에 비해 높은 관광경쟁력을 보유하고 있는 나라의 경우 위의 표에서 보는 바와 같이 관광을 경제적 차원으로 인식, 관광시책을 펼쳐나가는 과정에서 지역경제의 활성화에 중점을 두고 있다. 또한 관광시책 중 눈여겨볼 만한 것은 국민

여행의 지속성장과 관련하여 시책을 펼치고 있다. 국민여행의 지속적인 성장을 도모하는 것으로 보아 관광선진국의 경우 국민 모두가 여행에 많은 관심을 갖는다는 것을 알 수 있으며 이는 곧 경제적 여유와도 밀접한 관계가 있다. 관광수준이 일정 이상 도달하기 때문에 이들 국가가 관광객의 안전과 자국으로의 외래 방문객과는 상관성이 있다고 판단, 방문객들의 안전을 도모하는 것은 매우 중요하다. 마찬가지로 대한민국도 안보와 밀접한 관계가 있어 남북 간의 긴장은 외국인 방문객을 유치하는 데는 큰 장애가 될 수 있다. 다음으로 비교적 높은 관광경쟁력을 보유한 국가의 관광시책의 특징을 살펴보면 국가적 차원에서 관광투자와 규제개선에 많은 시책을 펼치는 것으로 나타난다. 이들 국가에서는 관광으로 이미 경쟁력을 확보했기에 타국에 비해 규제가 많은 것이다. 규제의 개선을 통해 관광경쟁력을 확보하고자 하는 노력이 엿보이며 관광산업을 육성하는 데 있어 많은 인센티브를 제공하는 것 역시 관광산업을 활성화시키려는 노력임을 알 수 있다. 뿐만 아니라 관광인프라 확충에도 많은 노력을 기울이는 것은 외래 관광객으로부터 경쟁력을 갖추기 위한 전략으로 볼 수 있다.

대한민국의 경우에도 향후 관광시책을 펼치는 데 있어 가장 핵심적으로 적용시켜야 할 것 중의 하나는 각종 규제를 혁파하는 것이다. 현재 관광산업을 발전시키는데 저해되는 요인들에 대한 규제를 과감하게 철폐해야 한다. 마지막으로 관광경쟁력을 높이려는 국가의 경우 국민의 관광기회를 확대시킴으로써 여행을 통한 국민행복을 찾으려는 노력의 시도가 아닌가 싶다. 관광경쟁력을 높이려는 국가의 경우 관광산업을 신성장 전략으로서의 시책을 펼치고 있으며 이는 관광산업을 국가의 경제와 연계시키려는 의도로 볼 수 있다. 최근 대한민국의 경우에도 지역의 관광여건을 개선시키려는 노력이 엿보이며 특히 관광인프라 투자와 관련된 시책을 펼치는 것은 매우 고무적인 일이라 할 수 있다.

대한민국이 관광 선진국이라 할 수 있는 프랑스, 영국, 스페인과 같은 나라와 어깨를 나란히 하기 위해서는 무엇보다도 관광이 지역경제에 지대한 영향을 미친다는 것을 정부차원에서 인식, 향후 관광시책을 펼쳐나가는 데 있어 보다 적극적으로 관광정책을 개발해 나가야 한다. 더욱이 관광 경쟁력을 확보하기 위해서는 방문하는 관광객의 안전이 무엇보다 중요하다. 외국인 관광객이든 내국인 관광객이든 이들이 가장 중요시하는 것은 안전과 보안책임이다. 이런 시스템을 갖추지 못한 나라를 자유롭게 방문한다는 것은 매우 어려운 일이다. 관광 선진국들은 지속가능한 관광개발에도 많은 역점을 둔다는 사실 또한 직시할 필요가 있다.

# 세계관광기구의 관광정책

6-8

여행을 선호하는 사람들은 과연 언제 자유롭게 여행할 수 있을까? 늘 걱정이다. 최근의 백신접종과 백신여권 등 다양한 보도를 접하면서 2022년 말이나 2023년 초에는 어느 정도 여행을 자유롭게 할 수 있지 않을까 하는 생각을 해본다. 왜냐하면 이제는 중증환자치료를 위한 병상확보가 중요하고 가능하면 경증환자는 가정에서 치료할 수 있기 때문이다. 또한 코로나19와 함께 생활하는 시대가 올지도 모르기 때문이다. 독감이나 감기는 이미 오래전부터 우리의 일상생활과 함께하였기 때문이다.

최근 세계관광기구에서 "ONE PLANET VISION FOR A RESPONSIBLE RECOVERY OF THE TOURISM SECTOR; 관광부문의 책임 있는 회복을 위한 하나의 지구에 대한 비전"을 발표한 바 있다. 여기서 공중위생, 사회적 통합, 생물의 다양성 보존, 기후보전을 위한 실천행동, 순환적 경제, 거버넌스와 재정분야의 우선적 중요성 등을 제시하였다. 대부분의 내용이 보건이나 기후 등 관광과 관련된 것들로 이들의 보호나 안전장치를 위한 것으로 해석된다. 즉 이제는 세계가 지구를 보전하지 않으면 생태계가 무너지고 이로 인해 하나뿐인 지구의 피폐화로 경제는 물론 관광이 무너질 것이라 예측하는 것이나 다름없다.

관광은 환경과 아주 밀접한 관계가 있다. 자연생태계의 보존은 매우 중요하다. 여기에 더욱 중요한 것이 기후변화이다. 기후의 온난화로 인해 남극의 얼음이 점점 사라지고 지구가 뜨거워지면서 생태계의 대혼란이 시작된 것이다. 환경 보존이 매우 중요한 시점에 온 것이다.

세계적으로 유명한 어느 한 호텔에서 환경운동을 펼친 이야기는 환경보호에 큰 힘이 될 것으로 보인다. 호텔에서는 객실 안 침대 위에 "Save the Earth; 지구를 구하자"라는 아주 작은 메모를 올려두고 "만약 고객이 사용한 리넨류(linen; 각종 타월이나 침구류)를 재사용한다면 지구를 구할 수 있습니다."라고 하였다. 물론 상황에 따라서는 달리 해석할 수 있다. 왜냐하면 서비스가 가장 중요한 호텔에서 고객이 사용한 타월이나 침대의 시트 등은 매일 교환해 주어야 정상이기 때문이다. 그러나 경우에 따라서는 고객이 단지 몇 시간 사용한 리넨류를 세탁하면 세탁하는 과정에서 사용하는 각종 약품은 곧 환경을 파괴하는 행위가 될 수 있다. 세탁과정에서 사용한 화학약품은 물론 모두 세정되겠지만 그래도 일부는 강물이나 하천으로 유입될 수 있기 때문이다. 따라서 전혀 사용하지 않는 것보다는 환경의 피해를 가져올 수도 있다. 이런 이유로 인해 호텔은 비용을 절감하고 고객은 환경을 보호함으로써 서로 공적인 이익을 통해 지구를 살리자는 것이다. 호텔에서는 고객들로부터 좋은 호응을 얻었다고 한다.

여행을 자유롭게 다니고 우리의 생활이 일상으로 돌아가려면 환경보호는 매우 중요하다. 상당수의 바이러스가 환경으로 인한 오염에서 발생한다는 사실에 주목하자. 세계관광기구에서는 관광이 활성화되기 위해서는 무엇보다도 환경이 중요하다는 것을 인지시켜 관광산업체를 비롯한 모든 기업이 환경운동에 적극적이어야 한다는 캠페인을 전개할 필요가 있다. 여행하면서 환경보호운동까지 같이하는 것이다.

오버투어리즘(OVERTOURISM; 과잉관광)이라는 용어는 관광지의 인기로 인해 매일 수 많은 관광객이 몰려서 발생한 신조어이다. 지역에서는 관광객이 오는 것을 꺼리고 있다. 더 심한 경우는 관광객의 출입까지 허용하지 않는 곳도 있다. 관광으로 인해 관광객 스스로는 매우 유익하고 재미있는 여행을 할 수 있지만 관광객을 수용하는 입장에서는 달리 해석할 수 있다. 이렇게 되면 관광으로 인한 지역경제의 활성화가 아니라 오히려 관광으로 인한 지역의 환경파괴로 이어질 수 있기에 더욱 철저히 환경을 관리해야 한다. 따라서 관광객 스스로 지켜야 할 것들을 이행하여야 한다.

코로나19로 인해 관광산업체가 많은 어려움을 겪고 있다. 사람들이 몰리는 곳에서 혹시나 바이러스에 감염될지도 모른다는 두려움으로 사람들은 밖으로 나오기를 꺼린다. 관광의 특성상 사람들이 자유롭게 움직이지 않으면 관광행위가 발생하지 않는다는 사실은 너무나 자명하다.

이제 세계관광기구에서는 세계보건기구에서 하는 일만큼이나 위생과 관련된 것이나 날씨, 환경 등을 위한 운동에 적극적으로 나서야 한다. 호텔에서 지구를 살리자는 슬로건을 통해 고객이 참여하도록 한 것처럼 이제는 세계관광기구에서 적극적으로 나서야 한다. 관광에서 지켜야 할 행동, 관광객과 환경의 중요성, 지구를 살리는 방법 등에 대해 세계의 모든 나라와 함께 지속적으로 공동 캠페인을 펼쳐나가야 한다. 관광지는 우리 스스로가 보호하고 관리하지 않으면 미래 세대들한테 우리가 즐겼던 관광자원을 결코 물려주지 못할 것이다.

대한민국이 세계 최고의 관광대국이 되려면 환경운동에 모범적으로 나서야 한다. 왜냐하면 우리는 이미 코로나19를 가장 선도적으로 잘 방어한 나라로 전 세계에 알려져 있기 때문이다.

# 의료의 강국 대한민국, 의료관광을 활성화시키자

## 제 7 부

# 국제의료관광 전문인력을 양성하자

7-1

2012년 한 해에 전 세계적으로 약 1,000억 달러의 매출이 의료관광시장에서 발생하였다. 그중에서 한국이 차지하는 매출은 약 2,500억 원 정도에 그쳤다. 물론 10년 전의 일이지만 그 후 의료관광으로 인한 매출은 계속 증가해 왔다. 그러나 OECD국가 중 의료강국이라 할 수 있는 한국에서 이 정도의 수치에 만족할 수는 없다.

어려운 한국경제를 살리려면 의료와 관광분야에서 그 해결책을 찾아야 한다는 매킨지보고서도 나와 있다. 그렇다면 우리가 의료관광의 강국이라 할 수 있는 태국이나 싱가포르보다 우위를 차지하려면 어떤 방안을 우선적으로 모색해야 하는지를 살펴볼 필요가 있다.

코로나19 이후 이제는 국내시장에서만 전문 마케터가 필요한 것이 아니라 국제적 감각을 지닌 국제전문 마케터가 필요한 시대이다. 특히 전 세계를 대상으로 의료관광객을 유치하기 위해서는 한국의 의료관광을 해외에 홍보하고 알릴 수 있는 전문 마케터의 역할이 매우 중요하다. 그러나 문제는 의료와 관광에 대한 전문지식을 갖춘 인적 자원이 부족하다는 것이다. 코로나19 이전에는 한국의 많은 병원들이 의료관광객을 유치하기 위해 자체적으로 외국에 홍보활동을 하거나 지자체 차원에서 외국에 홍보부스나 사무소를 개설, 직원을 파견해 운영하고 있었다. 그러나 이들이 과연 외국에 나가 의료관광 관련 한국의 상품들을 제대로 알릴 수 있는지가 의문이다. 의료분야의 경우 특히 융·복합차원에서 관광이 가미된 의료관광의 경우 전문 마케터가 아니면 설명할 수도 없으며 환자를 유치할 수도 없기 때문이다.

이를 해결하기 위해 제안하는 방법 중 하나가 국제적인 감각을 지닌 국제의료관광 전문 마케터를 집중 육성하자는 것이다. 최근 전 세계적으로 급부상하고 있는 의료관광이라고 하는 학문은 아직 이렇다 할 체계적인 교육이 이루어지고 있지 않으며 의료관광의 대국이라 할 수 있는 싱가포르나 태국 등의 나라도 전 세계적으로 입증할 만한 교육과정이 만들어진 것은 아니다. 한국에서는 수재들이 대부분 의대를 지원하며 대다수의 우수한 인재들이 의료와 관련된 전공으로 몰리고 있다. 그러나 이들 대다수는 졸업 후 자신들의 영역이라 할 수 있는 병원으로 환자의 진료를 위해 들어가고 있다. 의과대나 약대를 졸업한 사람, 보건학을 공부한 사람, 관광분야를 공부한 사람 모두는 가능한 각자 전공에 따라 의료분야와 관광분야에 종사하기를 원한다. 그러나 이들을 받아들일 수 있는 의료보건산업분야나 관광분야는 한계가 있다고 본다. 이미 그런 현상이 곳곳에서 일어나고 있다. 의대를 졸업해도, 한의대를 졸업해도, 과거 평생 보장되던 기회가 점점 사라지고 있다. 병원 개업을 해도 과거 100% 성공 보장이라는 공식은 이제 거의 찾아볼 수 없게 되었으며 기존의 병원들조차도 환자 부족으로 인해 매년 폐업률이 높아지고 있기 때문이다.

이제는 새로운 수요가 발생하는 의료관광시장을 눈여겨볼 필요가 있으며 이들 분야에서 필요한 새로운 직종을 발굴하고 그 분야에 대한 전문지식을 갖추어야 한다. 순수 의료기술만으로는 점점 경쟁이 치열해지는 세계의 의료시장에서 살아남을 수가 없다. 또한 국내의 수요만으로 경쟁할 것이 아니라 전 세계를 대상으로 환자를 한국으로 유치해야만 의료시장이 넓어져 현재 과포화상태인 의료공급을 소화시킬 수 있다고 본다. 물론 코로나19와 같은 전염병이 사라진 후의 일이지만 말이다. 병상 수만 하더라도 OECD국가 평균치의 약 2배나 가지고 있는 한국으로서는 향후 병원의 운영을 가늠할 수 없다. 이런 병상 수를 무엇으로 채울 것인가. 그저 환자의 치료기간을 늘려 병상 수를 채울 수 있는 것도 아니며 노령화된다고 하여 노인 환자로만 병상 수를 채울 수 있는 것도 아니다. 남아도는 병상 수를 채우기 위해서는 전 세계적으로 환자를 유치할 수 있는 국제의료관광마케팅 전문가를 집중 육성해야 한다. 국제적인 감각과 의료, 관광의 융·복합차원의 교육과정이 이루어지고 있는 대학의 학과를 개설할 필요가 있다. 여기에서는 관광, 의료, 보건, 행정, 어학, 국제문화, 관광마케팅, 국제매너 등의 다양한 교과목을 가르쳐야 한다. 의과대학의 교육과정에도 변화를 주어 인문학도 들어가고 특히 마케팅, 관광관련 교육과목이 들어가서 의료인도 전 세계를 대상으로 환자를 유치하는 방안을 모색해야 할 시점이 왔다. 이들은 국제적인 감각을 가지고 전 세계의 주요 국가를 대상으로 환자를 유치하는 전문 마케터이다. 의료관광세미나, 환자치료세미나, 의료기술세미나 등 외국에서 행해지는 모든 행사에 이들이 직접 참여하여 한국의 의료기술과 치료방법 등을 알리고 한국으로 환자를 유치하기 위한 마케팅활동을 적극적으로 펼쳐나가야 한다.

# 포스트코로나19, 의료관광산업을 육성시키자

7-2

대한민국이 관광대국으로 가기 위해서는 우선 관광산업으로 경제를 활성화시키고 고용창출 더 나아가서는 관광으로 인한 GDP 성장 등 모든 부문에서 세계적으로 경쟁력을 갖추기 위해서는 의료관광의 활성화가 필수적이다. 관광산업에서 의료관광이 차지하는 부분이 상당하기 때문이다. 일인당 지출비용은 순수 관광목적보다는 몇 배나 높아 의료관광이야말로 대한민국의 경제를 활성화시키고 무역수지를 개선시키는 데도 큰 역할을 할 수 있다. 부존자원이 부족하고 석유 한 방울 나지 않는 대한민국에서 의료기술은 매우 중요하다. 이를 바탕으로 전 세계의 의료관광객이 대한민국을 방문한다는 사실을 상상해 보라. 물론 코로나19와 같은 감염병이 소멸되어 전 세계가 안정화되는 시점에서 말하는 것이다. 이제는 코로나19와 같은 전염병으로 인해 전 세계에서 어려움을 겪고 있기 때문에 코로나19 이후 철저한 방역시스템이 전 세계적으로 이루어질 것으로 확신되는바 대한민국은 의료 강국으로서 의료관광의 경쟁력을 키우기 위한 정부차원의 노력이 절실한 시점이다. 의료관광은 부가가치가 매우 높은 관광형태 중 하나라고 할 수 있다. 이제 의료도 무역의 하나로 보아야 한다. 이미 의료기술과 의료관련 각종 장비는 전 세계의 선진국 중 특히 의료강국에서는 전략산업으로 집중 육성하고 있다. 코로나 이후에 대비해야 한다.

이제는 코로나19 이후, 백신으로 인한 팬데믹(pandemic)이 사라지고 종전처럼 전염병으로부터 자유로워진다면 의료강국이라는 대한민국의 브랜드를 적극 활용하여 대한민국의 의료관광산업 경쟁력을 제고하는 방안을 모색해야 한다. 이를 실천하기 위해서는 무엇보다 정부, 지자체, 대학, 관련 산업연구소, 의료기관 등이 의료관광산업의 경쟁력을 키우기 위한 종합적인 방안을 지속적으로 모색할 필요가 있다.

중국 · 말레이시아 등 의료기술이나 의료진 등이 대한민국보다 훨씬 뒤떨어진 국가에서 의료산업의 경쟁력을 제고하기 위해 의료관광산업 관련 각종 규제 등을 전면적으로 혁신함으로써 대한민국의 의료산업을 추월할 가능성이 매우 높아졌다. 중국의 경우 이미 외국인의 의료행위에 대해 전면적으로 개방, 자국 내에서 치료행위를 할 수 있도록 허용하였으며 특히 외국인 투자유치에 대해 상당한 노력을 기울이고 있다. 세계의 유명병원들이 앞다투어 상해에 들어오고 있으며 이들은 아시아권 환자뿐만 아니라 전 세계를 대상으로 의료관광객을 중국으로 유치하기 위한 각종 제도와 법, 규제를 혁신적으로 혁파시키고 있다. 코로나19 이전에는 보수적으로 보이던 일본도 의료관광산업을 육성시키기 위해 치료목적의 환자에게는 비자를 연장시키거나 외국의 의료관광객에게 호의적인 정책을 펼쳐나가고 있다. 싱가포르의 경우에도 코로나19 이전에는 국가적인 차원에서 신성장동력산업으로 의료관광산업을 적극 육성하였다. 인구 5백만 명의 아주 작은 나라에서 매년 백만 명이라는 엄청난 숫자의 의료관광객을 받아들임으로써 명실공히 아시아의 의료관광허브를 구축하는 데 앞장서고 있다. 그러나 대한민국은 아직 의료관련 각종 규제와 법안들이 국회에 계류되어 있을 뿐만 아니라 찬성/반대의 논리에 젖어 계속해서 주변 국가들에게 좋은 기회를 제공하고 있다.

### 한국뷰티여행(Korea Beauty Travel) 사업단을 운영하자

코로나19 이후, 대한민국의 강점인 뷰티미용을 발판으로 전 세계의 의료관광객을 유치하자. 단 한번만 대한민국을 방문하여 치료만 해도 얼굴이 예뻐지고 피부가 좋아진다면 아무리 먼 나라라 할지라도 앞다투어 대한민국을 방문할 것이다. 그러나 중요한 것은 그런 치료를 할 수 있는 충분한 의료기술과 자원을 갖추고 있다고 해도 정작 전 세계의 사람들에게 알려져 있지 않다면 아무 소용이 없다. 왜냐하면 홍보가 아주 중요하기 때문이다. 가칭 Korea Beauty Travel 사업단을 만들어 해외에 파견시키거나 해외 지점을 개설하여 운영하자. 물론 관련 기업차원에서 이루어져야겠지만 한류의 붐을 타고 한류문화 관광상품을 알리기 위한 일환으로 사업을 다음과 같이 전개하자는 의미이다.

첫째, 국내 피부미용관련 병원과 협약을 맺고 이들이 제시하는 각종 상품을 최대한으로 표준화시켜 홍보하도록 한다. 병원 자체적으로 홍보하기는 어렵기 때문이다. 다만 협약을 맺은 병원이 일정금액을 수수료 방식으로 유치건수에 따라 지불하는 방식을 선택하는 것이다. 여러 가지 방식이 있겠지만 건수당, 일인 매출액 등 관련 내용에 대해 해당병원과 계약하는 방식이다. 여러 개의 병원을 동시다발적으로 홍보할 수 있다. 지방의 유명병원이나 서울의 병원 등과 연계하여 외국인에게 바다와 인접한 병원, 유명산에 인접한 병원, 쇼핑센터가 밀집된 병원, 유명 음식단지가 밀집된 병원 등으로 구분할 수 있으며 가격, 서비스 정도, 위치 등에 따라 가격을 정해서 홍보할 수 있다.

둘째, 가칭 Korea Beauty Travel과 협력병원이 계약서를 작성해서 양측 모두에게 이익이 되는 범위에서 약관을 만들어 운영하라. 의료사고 발생 시 어떻게 처리할 것인지에 대해 의료관광객에게 분명하게 설명하고 이어 병원과 에이전트와의 책임범위를 정해 상호 신의원칙에 의거 실천하도록 한다. 특히 의료사고 발생 시 법적으로 비화되는 경우도 있다. 아니면 국제재판을 받아야 할 책임인지 국내법을 적용받아야 할 것인지, 해당국가에서 의료관광객을 대상으로 직접 홍보한 경우 에이전트의 책임으로 할 것인지 그 내용을 분명히 할 필요가 있다.

셋째, 피부미용의 경우 자칫 공인되지 않은 특수의료행위로 인해 발생하는 사고가 발생하기 때문에 일단 병원에서는 병원 안에서 발생하는 책임의 범위와 병원 밖에서 발생하는 책임의 범위 등에 대해 명확하게 해야 한다. 또한 여권발급, 관광안내, 치료 후 관리, 비자발급, 숙박시설 등에 대해 에이전트에서 모든 것을 책임질 것인지에 대해 약관에 명시하는 것이 좋다.

넷째, 의료뷰티미용관련 다양한 상품을 개발해야 한다. 특히 한방피부미용상품을 개발할 필요가 있다. 먹는 피부한방, 마사지 피부미용, 침으로 하는 피부미용 등 다양한 상품을 개발하고 이들 상품에 대해 자국의 언어로 정확하게 소통할 수 있는 의료피부미용전문 통역사를 집중 양성해야 한다.

코로나19 이후 대한민국의 의료관광산업경쟁력을 제고하는 방안에 대해 심도 있게 논의할 필요가 있다. 보건복지부와 문화체육관광부를 중심으로 여기에 최근에 의료의 위상을 높이기 위해 개청한 질병관리청을 중심으로 해외 환자를 유치하기 위한 전략을 수립할 필요가 있다. 코로나19 이후의 일이지만 이제는 의료가 국력의 바로미터가 되어버렸다. 코로나19 이후 백신을 전 세계의 선진국에서 앞다투어 개발하고 있다. 대한민국도 이제는 신약개발에 많은 투자를 아끼지 말아야 한다. 이를 위해 고교 졸업생 중 1% 이내의 수재들이 입학하는 의대를 보다 확장시켜 전염병을 집중 예방할 수 있는 신약과 같은 약품을 개발하기 위한 별도의 기관을 설립하여 국가의 경쟁력을 제고시킬 필요가 있다. 이제는 백신의 효능이 입증된 나라로 관광을 와서 백신을 맞는 시대가 머지않을 것으로 본다. 만약 대한민국이 이러한 시설과 의료시스템, 백신 등에 있어 선진국보다 앞서 나간다면 이는 대한민국이 관광대국으로 가는 길뿐만 아니라 의료대국으로 가는 지름길이라 할 수 있다. 이제 정부차원에서 의료연구와 같은 부분에 대해 또는 신약개발에 대해 집중투자를 해야 한다. 단지 백신개발 하나로 전 국민의 안전을 지킬 뿐만 아니라 국가의 위상, 국가의 GDP 성장을 한꺼번에 달성할 수 있는 좋은 기회가 되기 때문이다.

# 백신여행여권을 도입하라

7-3

코로나19시대, 관광의 활성화를 모색하는 방안을 찾아야 할 것이다. 코로나19라고 하여 관광이 무너져서는 안 된다. 포스트코로나 시대에는 우선적으로 국내관광을 활성화시키는 것에 중점을 두어야 한다. 여행의 욕구가 넘치는 이 시점에서 우선 국내의 주요 관광지를 중심으로 활성화방안을 모색해야 할 것이다. 이미 제주도는 주말이면 사람들이 몰려 아우성이다. 일일 확진자의 수도 제주도는 다른 지역에 비해 많지가 않다. 그러나 문제는 육지 사람들이 많이 몰리다 보면 제주도에서도 안전을 책임질 수 없다는 것이다.

일단 백신접종을 모두 한 사람들만이라도 자유롭고 안전하게 국내여행을 할 수 있도록 사람들에게 국내용으로 백신여권(가칭)을 발급하도록 하자. 이는 처음에 도입하기가 다소 어렵겠지만 일단 시행하고 나면 큰 어려움이 없을 것으로 본다. 우선 항공기로 여행이 가능한 지역부터 실행하도록 하자. 일단 정부에서는 번거로울 수 있지만 백신접종을 한 사람에게 1회 투여, 2회 투여, 3회 투여 등의 방식으로 백신여권——국내여행의 안전장치차원에서——을 발급하여 공항에서 비행기 탑승 시에 보여주도록 하자. 물론 업계에서는 반대할 수도 있다. 왜냐하면 그런 시스템을 도입하면 많은 사람들이 공항을 이용하는 데 불편함은 물론 백신접종자에게만 여행의 자유를 허용한다는 피해의식을 가질 수 있기 때문이다. 그러나 백신접종을 하였다고 해서 그들만이 여행을 가는 것이 아니라 현재와 같이 공항에서 열을 체크하거나 기타 방식으로 공항의 이용객들에게 검사하는 시스템은 그대로 두는 것이다. 단지 심리적 안정을 위해서 국내여행용 백신여권을 발급해 주면 여행지에서 또 다른 차원의 안전을 도모할 수 있기 때문이다.

필자가 이야기하고자 하는 의도는 코로나19와 같은 바이러스가 사라진 후, 또다시 발생하는 것을 방지하기 위해서 장기적인 관점에서 도입하자는 것이다. 이제는 여행지의 주민들도 보호해야 한다. 그리고 같이 참여하는 여행객도 보호해야 한다. 각자의 건강에 책임져야 하는 시대가 온 것이다.

국내여행의 활성화차원에서 우선 시작하고 점차적으로 이런 방식의 시스템을 국외여행에도 적용시키는 것이다. 국내에서의 백신여권시스템이 안정적으로 도입되면 이를 해외에서도 적용시키는 것이다. 물론 필자가 이야기하고자 하는 것은 대한민국이 K-방역시스템을 아주 잘 하는 국가로 알려져 있으니 이제부터는 여행에서도 대한민국이 최고의 시스템을 갖춘 나라라는 것을 보여주기 위한 것이다. 국내관광의 활성화가 아직도 제대로 이루어지지 않는 이유 중 하나는 많은 사람들이 코로나19에 대한 공포감을 가지고 있기 때문이다. 혹시 여행 중에 자신이 감염될 수 있다는 두려움으로 인해 많은 사람들이 이용하는 항공기나 식당, 문화회관, 영화관 등의 출입에 어려움을 겪고 있다. 이런 문제를 조금씩 해결해 나가는 방법은 이미 백신을 맞은 사람들에게 백신여권 같은 것을 발급해 주어 이들이 국내여행을 자유롭게 할 수 있도록 하는 것이다.

코로나19로 인해 여행이 침체되어 있다. 그렇다고 그냥 포기할 수는 없다. 관광산업체에 종사하는 사람이 얼마나 많은가. 이제는 관광산업에서 고용이 창출되어야 한다.

국내관광의 활성화를 기대하고 점증적으로 세계여행이 자유로워지려면 여행자 개인마다의 확실한 건강증명서가 없이는 불가능한 시대가 반드시 올 것으로 본다. 감염의 가능성이 있는 여행객을 다른 나라에서 받아줄 수 없다. 마찬가지로 대한민국에서도 외국인 관광객을 무조건 받아줄 수는 없다. 반드시 여행자에게 백신여권과 같은 것을 발급해 주어 국내여행의 활성화를 도모함과 동시에 해외여행도 자유롭게 다니도록 백신여행여권을 도입하자.

### 국민관광 활성화시킬 백신인증전략을 세워라

최근 정부에서는 숙박할인 쿠폰 100만 장을 뿌려 국민들의 여행을 활성화시킨다는 정책을 세워 시행하였다. 물론 여기에는 치유관광지 할인, 연안 여객선 할인, 지자체 차원에서 시티투어버스 대폭적 할인 등의 다양한 혜택을 주어 코로나19로 인해 지친 국민은 물론 관광사업자의 피해를 최대한 줄이기 위해 각종 노력을 하고 있다. 물론 국민관광을 활성화시킨다는 차원에서는 매우 고무적인 일이기도 하다. 그러나 코로나19와 같은 전염병이 자칫 큰 화로 돌아올 수 있다는 우려의 목소리도 있다.

국민관광을 활성화시키고 코로나19로 인한 피해와 국민행복의 차원에서 여행정책을 세우려면 우선 소위 말하는 백신전략을 세우라는 것이다. 백신을 접종한 인증만으로도 방문지에서 자유롭게 행동할 수 있다면 전 국민은 자유롭게 다닐 수 있다.

안심온도 몇 도 이내, 마스크 착용, 여행지에서의 간격 유지, 개인 위생용품 소지, 무인주문기 설치 등은 기본이지만 가장 중요한 것은 백신인증이다. 여행사에서도 국내 여행객이 단체로 여행하는 경우 이런 인증서만 제출하면 누구나 쉽게 여행할 수 있으므로 여행업도 머지않아 다시 되살아날 것이다.

# 의료관광을 이해하면 돈이 보인다

7-4

의료관광을 제대로 이해하면 돈이 보인다. 치료의 목적과 함께 관광이 이루어지는 의료관광은 일반관광에 비해 무려 3~4배의 소비가 이루어지기 때문이다.

의료관광을 정의하자면 먼저 언어에 내포된 의미대로 해석하여 의료와 관광을 융·복합개념으로 묶어 여행을 떠나는 일종의 치료를 위해 떠나는 관광이라 할 수 있다[1]. 의료관광관련 용어에 대한 정의가 많지만 미국에서는 치료와 관광의 목적을 띤 의료관광에 대해 'Medical Tourism' 또는 'Globalization of Healthcare' 혹은 'Medical outsourcing'이라 설명하고 있다.[2] 그러므로 의료와 관광은 인간이 일시적으로 일상생활에서 벗어나 다시 복귀할 것을 전제로 하는 행위와 의료서비스와 휴양, 레저, 문화활동, 관광활동이 결합된 새로운 관광형태이다. 코로나19 이전만 해도 선진국을 중심으로 많은 의료관광객이 치료와 여행의 목적으로 타국을 방문하였다. 일단 자국에서 치료하는 것보다는 의료비용이 저렴할 뿐만 아니라 의료기술도 선진국 수준 이상으로 치료받을 수 있는 장점이 있기에 의료관광은 전 세계적으로 확산되는 추세이다.

코로나19 이전 의료의 선진국이라 할 수 있는 미국에는 오래전부터 세계의 주요

1) 피부치료와 사파리 여행, 성형수술과 온천투어 등 치료와 관광의 목적으로 떠나는 관광을 말한다.
2) Nathan G. Corter, "patients without borders: The Emerging Global Market for patients and the Evolution of Modern Healthcare", INDIAN LAW JOURNAL, Vol. 83. 2008. pp.71-72; 박재훈, 한국의료법학회지, 제19권, 제2호, 2011, p.39. 재인용

국가에서 환자들이 몰렸다. 특히 암전문병원으로 널리 알려진 MD Anderson[3]이나 Mayo Clinic[4]에는 난치병 환자들이 전 세계에서 몰려오고 있지만 미국의 병원들 역시 환자유치 경쟁이 치열해져 해외 환자유치에 매우 적극적이다. 이는 대한민국의 경우도 마찬가지다. 특히 미국의 경우 원격진료와 첨단의료장비를 내세워 필리핀이나 인도 등의 나라와 의료협정을 맺고 원격진료에 따른 각종 의료관련 임상데이터 분석을 제3세계에 아웃소싱할 정도로 의료기술이 뛰어나다. 원격진료는 환자가 직접 치료국가에 가지 않고도 단지 환자의 의료기록이 판독되면 환자의 자국에서도 얼마든지 치료받을 수 있기 때문이다.

미국의 의료관광은 정부차원이라기보다는 민간보험회사에서 자신들과 협약을 맺은 병원들에게 환자를 적극적으로 유치시키고 있다. 이는 보험회사에 수익이 있기 때문이며 환자를 유치하여 병원에 소개시키는 보험회사가 상당수 있다.

대한민국에서 의료관광이 활성화되기 위해서는 민간보험회사의 환자유치가 매우 중요하다고 할 수 있으나 아직 국내에서는 해외에서 환자를 유치하기 위한 홍보활동이 금지되어 있어 한국의 의료관광사업은 미국이나 기타 주변국가에 비해 많은 어려움이 따르고 있다. 따라서 코로나19와 같은 감염병이 종식된 이후 의료관광시장은 미주나 유럽보다는 동남아시아지역으로 상당수의 의료관광객이 몰린다는 사실에 주목할 필요가 있다. 참고로 코로나19 이전, 의료관광객이 동남아시아지역으로 몰린다는 매킨지보고서의 내용만 보아도 향후 의료관광이 어디로 이동할 것인지의 향방을 가늠할 수 있다고 본다.

---

3) 미국 텍사스주립대학 부속 MD앤더슨 암센터는 암치료뿐만 아니라 암과 관련된 연구기관으로 매년 8백만 명 이상의 환자들이 몰리는 병원이다.

4) 미국 최고의 병원이라 할 수 있는데 미국 미네소타주 Mochester에 소재했으며 환자를 위한 서비스를 표방하는 병원으로 전 세계에서 환자들이 모여들고 있다.

동남아시아를 향한 의료관광객의 발걸음

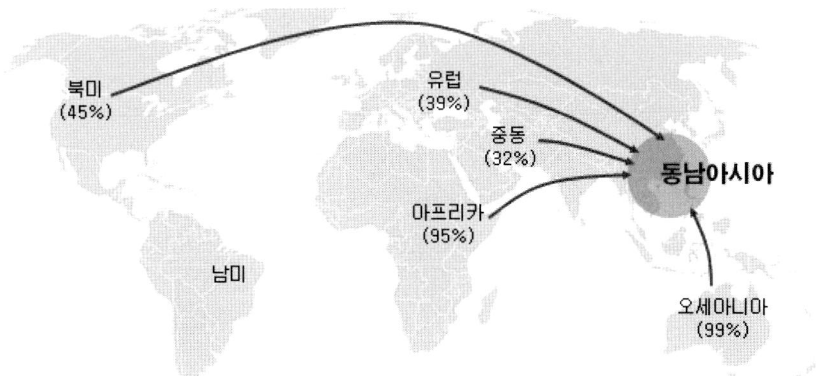


자료: 매킨지

향후 몇 년간은 많은 의료관광객이 동남아시아를 찾지만 아시아시장은 다시 동남아시아, 중동아시아, 동북아시아로 나누어져 재편될 것이다. 이 가운데 중동아시아는 9·11테러 이후 미국 방문에 거부감을 갖는 자국의 부호들 그리고 인접한 유럽인들에 국한하여 주 타깃으로 설정하고 있으므로, 실제로는 동남아시아와 동북아시아 간의 2파전이 될 것으로 예상된다.[5)]

5) 삼정KPMG 경제연구원, 의료전쟁, 올림출판사, 2010, p.33.

# 전문 솔루션 숍(solution shop)으로 관광대국을 이룩하자

7-5

의료관광에서 성공하려면 무엇보다도 차별화된 의료기술은 물론이거니와 무언가 다른 솔루션 개념의 숍(shop)이 필요하다. 코로나19로 인해 의료가 방역이나 전염병에 치우쳐 있지만 머지않아 종식되면 대한민국이 관광대국으로 가는 데 있어 반드시 필요한 것이 바로 전문 솔루션 숍이다. 앞으로는 특화되고 전문화된 병원만이 성공할 수 있다.

텍사스 심장병 연구소(Texas Heart Institute)는 심혈관 질환 분야에 집중화된 솔루션 숍, 클리브랜드 클리닉(Cleveland Clinic)은 병원 내에 집중화된 솔루션 숍으로 '연구소' 설치, 메이요 클리닉(Mayo Clinic)도 유사한 방식으로 조직화 중 다양한 전공의 전문의들이 진단을 위해 협업, 협치를 중요하게 여기고 있으며 정확한 진단을 내리는 데 중점, 정확한 진단을 위해 쓰는 시간과 비용을 고려할 때 전문화된 솔루션 숍에 대한 환자들의 수요는 늘어나고 있다. 그러나 이런 유형의 병원들도 최근 코로나19의 확산으로 인해 많은 어려움을 겪고 있다. 의료관광의 활성화를 위해서는 무엇보다 전문적인 의료기술과 의료기기를 갖춘 전문병원이 매우 중요하다. 그러나 나라별 각 의료관광의 영역에서는 자체적으로 독자적인 의료영역을 구축하여 해외의 많은 의료관광객을 유치하기도 한다. 예를 들면, 태국의 전통마사지와 메디컬 스파는 전 세계적으로 널리 알려져 코로나19 이전에는 많은 의료관광객이 태국을 찾았다. 1000년 전통의 민간생활 건강법인 타이 마사지는 매우 유명하여 태국의 어느 병원에서나 쉽게 마사지 의료서비스를 받을 수 있다. 타이 마사지를 받기 위해 일부러 태국을 찾는 관광객이 매년 늘어나는 추세이다. 뿐만 아니라 예방적 건강관리 프로그램 또는 통증치료를 적용하여 외국인 관광객에게 패키지 상품으로 판매함으로써 태국을 찾는 일반 관광객뿐만 아니라 의료관광객에게도 매우 인기가 있다. 방문객의 건강검진과 아울러 적합한 메디컬 스파를 제공해 주는 패키지 상품은 더욱 유명하며 스파의 경우 피부미용과 건강에 좋다는 소문이 전 세계적으로 널리 알려져 스파 관광(spa tour; 온천관광)이 관광객들에게 매우 큰 호응을 얻고 있다. 또한 의료관광과 관련하여서는 치바솜리조트(Chivasom), 세인트 루이스병원(Saint Louis Hospital), 세인트 칼로스(St. Carlos) 등 유명 병원도 있다. 태국 치바솜리조트(Chivasom Resort)는 스파로써 전 세계에 널리 알려져 있으며, 세계 100대 'Best of Best' 스파에서 최고의 스파로 선정되어 해외에서 많은 외국인 관광객들이 즐겨 찾는 곳이다. 물론 이러한 지역도 최근에는 코로나19로 인하여 큰 타격을 받고 있다.

인도의 경우 오랜 역사적 전통의학을 바탕으로 많은 외국인 관광객이 찾고 있다. 특히 전통의학 아유르베다(Ayurveda)는 인도의 전통의학인 시다(Siddha), 요가(Yoga), 동종요법(Homeopathy)이 WHO에 의해 전통의학(Traditional medicine)으로 인정되어 전 세계적으로 많은 의료관광객이 찾고 있다. 요가의 경우 그 역사가 수천 년 전부터 내려온 것으로 인도의 유명한 리조트나 건강관련 프로그램 개설 시에는 항상 등장하는 것이 인도의 전통의학이다. 아유르베다는 4~5천 년 전부터 내려오는 인도의 전통의학으로 널리 알려져 있으며 인도에만 약 50만 명의 아유르베다 치료사가 있어 이들의 활약이 대단하다고 할 수 있다. 또 한 가지 특이한 사실은 미국, 영국, 러시아, 독일, 헝가리, 남아공 등 세계 각지에서 아유르베다 정보채널을 운영하여 인도에 가지 않고도 이들 매체를 통해 쉽게 접할 수 있다는 것이다. 이들은 전통의학을 통해 새로운 일자리를 창출할 뿐만 아니라 국가경제에도 큰 이익을 제공하고 있다.

아난다 스파 리조트(Ananda Spa Resort)에서는 다양한 프로그램을 개설하여 의료관광객을 맞이하고 있는데 이곳은 인도의 전통스파라고 할 수 있으며, '홀리스틱 웰니스' 철학을 중심으로 한 전인적인 치유활동으로 널리 알려져 있다. 아유르베다 혹은 현대의학 방식으로 신체 및 정신건강 검진, 검진 후 철저히 개인별로 맞는 프로그램을 제공하여 고객에게 만족감을 주는 데 전혀 문제가 되지 않는다. 아유르베다, 요가, 명상, 운동, 해독 등을 이용한 치료요법 등을 제공하며 이곳의 주요 시설에서는 5종류의 숙박시설, 레스토랑, 정원, 골프, 래프팅 등 다양한 프로그램을 운영하고 있다.

대한민국이 관광대국으로서 성장하려면 다양한 관광형태가 요구된다. 이미 전 세계의 사람들은 자신들이 원하는 관광요구와 욕구를 충족시켜 주는 나라에 큰 매력을 갖게 마련이다. 대한민국의 경우 인도나 태국과 같은 전통의학이 없는 것은 아니다. 동의보감이나 한방의 침술 등 역시 전통의학으로써 매우 가치가 있다. 그러나 중요한 것은 무엇보다 뭔가 차별화시킬 수 있는 특화된 의료기술이나 전통의학이 필요한데 대한민국의 경우 성형이나 치과의 경우 세계에서 최고라고 해도 전혀 손색이 없다. 문제는 이런 의료기술의 장점을 최대한 살리는 것이다. 각종 의료규제를 최소화하면서 의료관광의 활성화에 주력을 기울여야 할 것이다. 이유는 바로 고용창출이 크기 때문이다. 대학을 졸업해도 일자리 구하기가 점점 어려워진다. 이제는 새로운 분야에서 일자리를 찾아야 할 것이다.

# 의료관광코디네이터

7-6

지구촌은 인적, 물적 교류에 있어 국경 간 경계선이 급속도로 허물어지고 있으며 어느 국가를 막론하고 다문화사회로의 진입은 피할 수 없게 되었다. 한국 역시 아주 빠른 속도로 다문화사회로 들어서고 있다. 2012년 교육과학기술부 자료에 따르면 2007년 722,686명에서 2012년 1,409,577명으로 5년 사이 2배가 증가하였다. 2019년 통계청의 다문화 인구동태 통계에 따르면, 2018년 결혼한 부부의 10쌍 중 1쌍이 외국인이나 귀화자 배우자를 맞이하였다고 한다. 2019년 다문화 혼인건수가 2만 4천7백 건으로 전체 혼인의 10.3%이다. 이 비율이 10%를 넘은 것은 2010년 이후 최고의 수치라고 한다. 그러나 여기서 주목해야 할 부분은 결혼한 이주여성 중 약 20.5%가 대학이상의 학력을 보유한 고학력 우수인적 자원이라는 것이다. 문제는 자신의 능력과 학력 및 모국어에 능통한 실력을 갖춘 우수인적 자원임에도 불구하고 이들이 일하는 장소는 한시적인 일용직이나 아르바이트 수준에 머무르고 있어 이들에 대한 대책이 시급하다고 본다. 물론 일부의 우수인적 자원은 다문화가족지원센터나 무역회사에서 통·번역이나 언어 강사를 하고 있다. 일본의 경우는 다문화 사회활동가라고 하여 외국인 전용창구나 외국인을 위한 이민국 등 자체적으로 외국어전문상담을 하는 부서에 배치하여 업무를 보게 하거나 지역에서 발생하는 다문화가정에 대한 각종 민원업무를 맡기고 있다.

결혼이주여성이 늘어나는 시점에 국내만 해도 전 세계적으로 약 100여 개국에서 결혼하기 위해 한국으로 왔다. 그렇다면 이들 우수한 고학력의 결혼이주여성을 지역에서 활용할 방법은 없는지 정부차원에서 심각하게 고려해 볼 필요가 있다. 그 해결책 중 하나가 코로나19 이후, 의료 강국인 대한민국으로 치료차 방문하는 전 세계 의료관광객의 통역업무를 이들에게 맡기자는 것이다. 자신들의 나라에서 온 의료관광객은 물론이거니와 인접한 나라에서 온 의료관광객은 모두 유사한 언어를 구사하기 때문이다. 이들 대부분은 베트남, 중동국가, 몽골, 러시아, 중국, 인도네시아, 우크라이나 등 다양한 국가에서 한국을 찾아왔다. 한국의 우수한 의료기술로 인해 매년 의료관광객의 수가 늘어나는 점에 착안해 우수 고학력 결혼이주여성들에게 국제의료관광코디네이터라는 새로운 직업에 도전하게 하는 것이다. 우선 시급한 언어문제가 해결되었다는 점에서 가장 빠르게 이들이 의료관광코디네이터 역할을 충분히 소화할 수 있다고 본다. 해당국가에서 온 환자들에게도 친근감이 있고 환자와의 소통에도 어려움이 없어 병원에서 이들만큼 좋은 인적 자원은 없다고 본다. 문제는 이들이 전문분야에서 일하려면 언어 하나만 가지고는 힘들다고 볼 때 국가차원에서 대학에 역할을 맡겨 가칭 '국제 다문화 의료관광코디네이터 교육원'을 설립하여 교육시킬 필요가 있다. 예를 들어 러시아에서 온 다문화가정이라고 하면 일단 의료, 관광, 국제문화, 한국어, 의료마케팅, 의료지식, 국제비즈니스, 컴퓨터, 의료법 등 다양한 과목을 개설하여 국제의료관광코디네이터 전문가로 양성할 필요가 있다.

대한민국이 관광대국으로 가려면 다문화가족시대에 이들에게 다양한 기회를 주어야 한다. 일본은 호텔에서 일할 사람을 채용하기에 외국인 고용노동자들에게 기회를 주기 위한 각종 법안을 발의하고 있다. 우리는 아직도 의료관광코디네이터 자격증 문제도 해결하기 어렵다. 물론 이들이 대학에 입학하거나 관련 분야에서 실무를 쌓으면 가능한 일이다. 그러나 가장 중요한 것은 어학이다. 이미 이들은 모국어를 구사하므로 어학만큼은 확실하니 이들에게 다양한 기회를 제공해야 한다. 코로나19가 종식되면 외국인 관광객 3,000만 명 시대를 맞이할 것이 확실하기 때문이다.

# 일자리 창출, 의료 서비스 무역에서 찾자

7-7

최근 코로나19의 여파로 인해 나라마다 저성장, 청년실업, GDP 하락 등의 어려움을 겪고 있다. 뿐만 아니라 노년층의 급격한 증가, 저출산 등으로 인해 사회문제가 되는 것은 물론이거니와 이런 문제가 국가경제의 어려움으로 이어지고 있다.

국가경제는 한 번 추락하면 다시 회복하기까지에는 많은 시간과 노력이 필요하다. 특히 경제가 어려워지면 가장 힘든 것 중의 하나가 일자리가 없어지고 일할 곳이 마땅치 않아 청년실업이 큰 문제로 대두된다. 이미 오래전부터 미래의 흐름을 예측한 일부 선진국에서는 일자리 창출을 서비스산업에서 찾고자 많은 노력을 기울여왔다. 서비스분야 중 의료서비스부분에서 양질의 일자리 창출이 가능하다고 판단, 많은 유망직종을 발굴하여 질 높은 일자리를 창출하고자 민간과 정부가 하나가 되어 노력을 기울여왔다. 대한민국이 의료강국이라는 장점을 살려 이 분야에서 일자리를 창출하도록 정부차원의 노력이 매우 절실하다. 현재의 대학 구조를 살펴보면 문과분야에 치중되어 향후에는 이과 중에서도 보건분야에 대한 정부차원의 지원이 필요하며 관련학과의 개설을 계속적으로 늘려야 한다. 문제는 기존의 유사한 개설학과를 통폐합시키는 방안이다. 그리고 문과 중에서도 무역이나 경영, 관광분야의 학과를 보건관련 학과와 융합시키는 것이다. 서로 다른 이질적인 것에서 새로운 것이 나온다는 사실을 알아야 한다. 이제는 협력과 협업에서 새로운 것이 창출되는 것이다.

국제노동기구의 통계에 따르면 경제의 산업국이라고 할 수 있는 미국이나 영국의 경우 보건, 사회복지서비스 분야에 종사하는 비율이 미국은 12.2%, 영국은 12.4%를 차지해 한국의 3.6%와는 큰 차이를 나타내고 있다. 그렇다면 이 분야의 비중이 현저하게 낮은 대한민국은 미국이나 영국의 보건서비스분야에 관심을 기울여야 한다.

대한민국의 우수한 의료기술과 신속한 진단 및 치료 방법, IT기술 등은 글로벌 경쟁력을 갖추기에 충분하다. OECD에서도 대한민국의 의료수준이 세계적 수준이라 인정하고 있으며 여기에 대한민국의 우수한 IT기술을 접목한다면 미국이나 기타 의료강국과 비교해도 결코 뒤지지 않기 때문이다. 물론 의료라고 하는 것은 공공성의 성격이 강해서 무역적인 측면으로 다루는 것을 다소 못마땅하게 여기는 사람들도 있다. 그러나 선진국이나 주변 국가에서 향후 일자리 창출을 의료서비스산업에서 찾고 있다고 볼 때 국내시장에만 안주하다가는 결국 주변 국가에 모든 것을 내줄 수밖에 없는 상황이 올 수도 있다. 더욱이 코로나19로 인해 의료기술이 우수한 대한민국에 많은 사람들이 주목하고 있다는 사실을 알아야 한다.

특히 일자리 창출의 경우 전 세계적으로 고령화추세가 진행 중이고 건강관련 비중이 높아 헬스케어분야에 대한 일자리가 새롭게 계속 생겨나는 것을 그냥 지켜볼 수만은 없다. 이제 나라마다 의료서비스를 무역의 관점으로 보아 의료서비스정보제공, 환자의 국가 간 이동, 의료 고급인력의 해외파견, 국가 간 원격진료, 건강관리서비스, 병원수출, 바이오산업, 의료기기수출 등에서 다수의 일자리가 창출되고 있다. 이 분야에 진출하는 사람들 대부분은 고학력 우수인력으로서 대한민국의 고학력실업자가 급격히 증가하는 추세에서 이들을 보건서비스분야로 집중 육성시켜 일자리를 만들어야 한다.

고학력출신이 몰리는 분야, 예를 들면 선진국의 경우 병원경영컨설팅전문가, 병원 내 놀이전문가, 임상데이터매니저, 의료관광코디네이터, 의료통역사, 의사의 수술을 보조하는 의사보조사, 가정방문 건강관리사, 건강관리컨설턴트 등 외에도 수백 개의 관련 직종이 고학력 의료서비스분야에서 창출되고 있다. 뿐만 아니라 의료글로벌사업으로 병원의 해외진출은 건설과 IT기술, 디자인, 의료전문인력 파견, 의료기술 전수, 의료기기 판매 등에서 엄청난 외화를 벌어들일 수 있는 여러 가지 장점이 있다. 그러나 대한민국은 아직도 의료의 민영화반대, 영리법인불허, 외국인 의사면허 국내불인정, 민간보험사의 해외환자소개 금지, 원격의료와 의료법인 자법인 설립에 대한 반대, 입원해외환자 병상 수 제한 등 외에도 수십 개의 의료 규제법안이 국회에서 잠을 자고 있다. 중요한 것은 이 분야에서 엄청난 일자리가 창출된다는 것이다.

# 코로나19 이후, 의료관광을 전 세계에 알리자

7-8

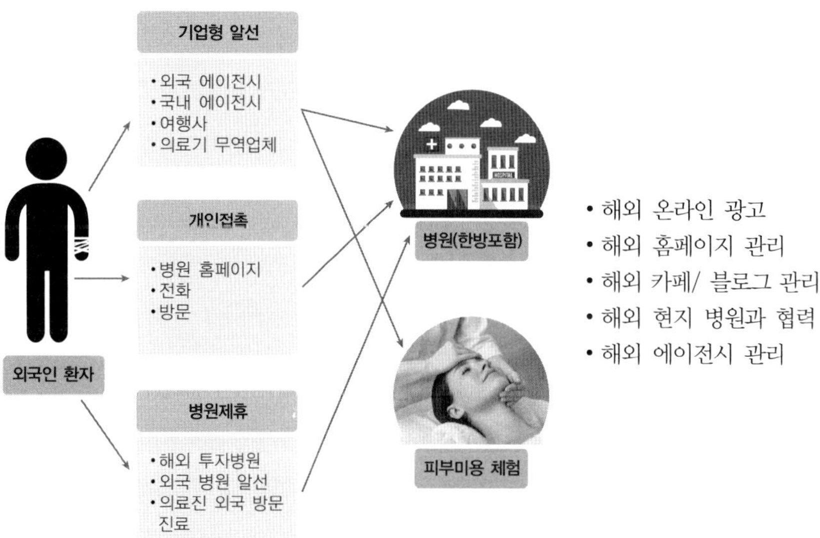


외국인 환자유치 채널 현황

코로나19로 인한 피해가 막심하다. 전 세계적으로 항공이 멈추고 관광객의 이동이 멈추어 선 지 오래다. 선진국, 후진국 할 것 없이 앞다투어 코로나 백신을 개발하는 데 온 정성을 다하고 있다. 머지않아 코로나19는 사라질 것으로 보이며 이후에는 새로운 세상이 올 것으로 확신한다. 대한민국은 코로나19가 전 세계를 휩쓸고 있을 때 방역을 가장 잘 하는 국가, 확진자가 다른 나라에 비해 현저하게 적은 숫자를 기록하여 전 세계의 주목을 받았다. 만약 코로나19가 올해 안으로 종식된다면 대한민국은 전 세계 사람들의 주목을 받는 나라가 될 것이 분명하다. 일단 확진으로 인한 사망자의 숫자가 적을 뿐만 아니라 방역체계, 국민들의 건강에 대한 관심 등은 그 어느 나라에서도 찾아보기 힘든 사례이다. 대한민국을 전 세계 사람들이 찾을 수 있도록 의료관광을 홍보하자.

세계는 좁아지고 있다. 인터넷의 등장으로 인해 아무리 멀리 있는 나라의 정보라도 단 한번의 클릭으로 관련정보를 모두 알 수 있다. 의료관광의 경우 대부분 사전에 정확한 정보를 알고 해당 국가로 의료관광을 떠난다. 그중 하나가 인터넷 관련 정보인데 향후 대한민국이 코로나19 이후 의료관광의 메카가 되기 위해서는 국가 단위나 민간협회차원에서의 인터넷정보를 제공하는 것이 매우 중요하다. 인터넷으로 제공되는 의료정보는 피부, 미용, 성형, 중증치료, 치과 등으로 매우 다양하지만 종합적으로 의료관광에 대한 정보를 중국어, 영어, 일본어, 아랍어, 러시아어 등 소위 말하는 한국을 찾는 의료관광객의 범주에 따라 최소한 약 20개국 이상의 언어로 홍보할 필요가 있다.

홍보대상인 병원은 자체적으로 협회나 국가에서 엄격한 심사를 거쳐 통과한 곳에 한해 의료관광정보를 제공해 준다. 물론 운영에 따른 소요비용은 해당 병원에서 건당 또는 홍보시간당 돈을 받는 것이다. 인터넷 관련 정보의 주내용은 병원에서 사용하는 언어, 즉 통역의 가용범위, 개인 환자들의 비밀유지, 해당병원에서 제공하는 음식의 종류, 해당병원의 병상 수, 특히 의료관광에서 중요한 의사들의 학력이나 수술건수, 수술에 대한 평판도 등을 나름대로 작성하여 인터넷에 올린다. 뿐만 아니라 의료관광을 이미 다녀간 의료관광객들을 중심으로 자신들이 병원에서 겪었던 이야기를 동영상이나 후기로 써 넣어 의료관광에 관심 있는 사람들이 24시간 볼 수 있도록 정보를 제공해 준다. 특히 병원마다 호의적인 의료관광객을 선별하여 이들을 홍보대사로 임명함은 물론, 병원에서 치료 후 나타나는 증상이나 치료과정에서 발생한 여러 가지 경험들을 실제 의료관광객이 가장 궁금해 하는 항목들에 대해 이들이 전적으로 해답을 제시하도록 하는 것이다.

특히 성형이나 피부미용관련 의료행위는 여성들이 많이 관심을 갖는다고 볼 때 해당국가의 여성잡지나 패션모델 잡지 등을 섭외하여 일정 지면을 확보 홍보하는 방안을 적극 고려해 볼 필요가 있다. 그러나 광고 게재 시 주의해야 할 것이 있다. 의료광고를 허용하는 나라가 있는가 하면 그렇지 않은 국가도 있다는 사실을 명심해야 한다. 그러나 한 가지 중요한 사실은 만일의 사태에 대비하기 위해서는 사전 보건 검열이 철저하게 이루어져야 한다는 것이다. 확실하게 문제가 없는 즉 코로나19와 같은 증세가 없는 완전한 의료관광객을 대상으로 한다는 사실을 명심하자. 이를 위해서는 입국 객들에 대한 검증절차가 공항 검색대에서 완벽하게 이루어져야 한다. 이는 백신여권으로 해결할 수 있다. 또 한 가지 대한민국은 다른 나라에 비해 성형이나 피부미용 분야에서 탁월하다는 것이 이미 정평이 나 있다. 이를 이용하여 전 세계의 수강생을 대상으로 하는 인터넷 강의를 개설할 수 있다. 이렇게 한다면 현재 수강생 부족으로 재정에 허덕이는 대학에 큰 희망이 될 수 있다. 이제는 전 세계를 대상으로 학생들을 모집하고 강의해야 한다. 특히 아시아를 중심으로 대한민국이 주축이 되어 관련 강좌를 개설한다면 엄청난 이익을 얻을 수 있을 것이다.

코로나19 이후 대한민국의 국가 경쟁력은 가장 강한 곳에서 찾아야 한다. 이미 대한민국의 의료기술은 전 세계적으로 널리 알려져 있다. 우리가 겪었던 코로나19의 대처방안, 관련 신약개발 등 이제 대한민국은 의료강국으로서 의료관광산업을 육성해야 할 필요가 있다. 이것이 국가의 경쟁력이고 대한민국이 관광대국으로 가는 지름길이라고 확신한다.

# 코로나19 이후, 병원의 생존전략은 해외에 있다

7-9

최근 코로나19로 인해 병원의 운영이 어렵다고 한다. 우선 병원을 찾는 환자들의 숫자가 현격하게 줄어들었으며 외부에 나가기를 꺼리는 상당수의 사람들 또한 환자의 수가 줄어드는 원인이기도 하다. 병원에서는 코로나19 방역 때문에 환자들의 출입이 까다로워지고 사람들은 병원 가기를 점점 두려워한다. 행여 다른 질병에 감염되지 않을까 노심초사하기 때문이다. 병원에 환자가 줄어든다면 이제 병원도 새로운 전략을 세워 환자를 유치하는 방안을 수립할 시기가 온 것이다. 코로나19가 수그러드는 시점에 이미 해외로 진출한 사례들을 찾아 바깥으로 환자를 찾아 나서야 한다.

한국의 인천공항을 중심으로 3시간 이내에 도착할 수 있는, 인구 백만이 넘는 도시가 100개가 넘는다. 이는 한국과의 시·공간적 거리의 개념이 그만큼 좁아지고 있다는 것을 나타낸 것이다. 여기에 개방의 물결은 더욱이 거세지고 있다. 물론 코로나19로 인해 모든 항공이 잠정 중단된 상태이기는 하지만 머지않아 하늘길이 열리면 코로나19 이전의 회복상태로 돌아갈 것이 분명하다. 이런 점을 감안하여 지금부터 병원의 생존전략을 해외에서 찾는 방법을 모색해야 할 것이다.

이제 대한민국의 의료시장도 국내를 벗어나 해외로 눈을 돌려야 할 시점에 도달했다고 본다. 왜냐하면 대한민국도 일본과 마찬가지로 고령화가 급속하게 진행되고 있으며 저출산으로 인해 환자의 수가 줄어들고 있기 때문이다. 여기에 병원의 수는 늘어나면서 환자유치가 어려운 상황이다.

병원의 경영상태를 살펴보면 수익증대는 정체되고 병원에서 지불하는 비용항목은 계속해서 늘어나 병원경영을 압박하고 있다. 최근의 병원관련 통계자료를 보면 의료비용의 원가비율은 95.9% 수준으로 매우 높다. 여기에 병원을 더욱 어렵게 하는 것은 인건비의 비중이 점점 늘어나는 것이다.

국내병원의 85%는 300병상 미만의 중소병원이다. 건강보험수가는 건강보험재정을 충당하고 보호하는 정책, 즉 환자의 부담을 줄이는 저부담, 저급여체계로 운영되어 건강보험수가를 올린다는 것은 국민정서상 매우 어려운 일이다. 이런 여러 가지 이유가 복합되어 대한민국도 이제는 환자의 내수만 기대할 것이 아니라 해외로 나가야 한다는 목소리가 커지고 있다. 코로나19 이전에는 실제 해외로 나가는 병원의 수가 점점 늘어나는 실정이었다. 대한민국이 해외로 나가도 경쟁력에서 전혀 뒤지지 않기 때문에 환자의 유치와 병원의 생존전략을 위해서라도 이제는 병원의 해외진출은 필수적이다. 물론 코로나19가 종식된 이후의 일이지만 말이다.

### 코로나19 이후, 해외시장을 적극 공략하라

자동차를 전문적으로 판매하는 세계의 자동차 회사 벤츠나 아우디 등의 경우를 살펴보자. 판매를 하는 전담 마케터가 전 세계를 다니면서 홍보하고 시장을 개척하는 데 있어 큰 역할을 한다. 병원도 마찬가지라고 본다. 의사의 의료기술은 뛰어나지만 의사가 판매나 마케터의 역할을 하기는 매우 어렵다. 코로나19 이후 병원이 해외로 진출하기 위해 가장 시급한 것은 해외시장을 개척하는 일이다. 판매, 홍보, 마케팅, 병원설립 등에 있어 행정적, 법적으로 완벽한 의료지식을 갖춘 자들만이 해외시장을 확보할 수 있다. 이들이 해외현지에서 활발하게 활동할 때 비로소 대한민국의 병원이 해외에 진출하는 데 큰 어려움이 따르지 않는 것이다.

세계적 호텔체인인 힐튼이나 라마다 호텔 등은 호텔의 운영전략이나 호텔의 운영기술, 마케팅 등의 전반적인 것을 전 세계에 수출하는 전략으로 성공하였다. 이들은 호텔의 전문경영진을 육성하여 전 세계를 대상으로 자신들이 개발하고 축적한 호텔경영 노하우를 우리나라뿐만 아니라 전 세계의 호텔운영자들에게 알리고 있다. 물론 호텔과 병원의 경영 노하우는 다를 수 있다. 그러나 해외시장을 개척하는 것을 보면 별반 다를 리 없다. 각각의 경영은 다르나 시장 개척하는 방법은 유사하기 때문이다.

코로나19 이전, 초창기에 진출한 병원 상당수가 실패한 원인 중 하나를 꼽으라고 하면 국내에서 환자를 유치하는 수준의 광고를 통한 환자유치라는 단순한 개념의 틀에서 벗어나지 못했기 때문이라고 본다. 대부분의 투자가 중국에서 이루어지는데 병원전문가와는 무관한 현지의 지역인사나 기업인의 말만 믿고 투자하여 실패한 경우가 상당수이다.

코로나19로 인해 전 산업이 힘들다. 그러나 대한민국은 IT가 매우 강한 나라이다. 코로나19 이후의 전략으로 IT와 접목된 의료기술은 장비나 우수인력 면에서 다른 나라에 비해 훨씬 큰 경쟁력을 확보할 수 있다.

대한민국이 관광대국으로 가는 길에 있어 의료의 해외진출은 매우 고무적일 수 있다. 왜냐하면 의료의 경우 국가의 이미지에 커다란 영향을 미치기 때문이다. 또한 의료 강국인 대한민국에 의료관광객이 넘쳐나면 이 역시 관광 활성화에 큰 기여를 하기 때문이다.

# 이제 의료를 수출산업으로 봐야 할 때

7-10

의료가 수출산업으로 바뀌고 있다. OECD(경제협력개발기구)는 의료관광수출을 "한 국가의 국내 의료서비스 공급업체(병원)가 외국인 방문객(non-resident visitors)을 대상으로 의료 시술행위 등을 제공하는 것"이라 정의하고 있다.

최근 아시아 국가마다 의료관광시장에 적극 뛰어들고 있다. 대만은 언어와 문화의 이점을 이용해 중국인 의료관광객을 끌어들이기 위해 공항 부근에 의료관광 선문병원을 지을 계획을 세워놓고 있다. 태국은 민간 영리병원이 마음껏 활동할 수 있도록 규제를 모두 풀었다. 지난 해 외국인이 태국 병원 지분의 49%까지 보유할 수 있도록 허용했고, 의료서비스 가격 관련 규제도 풀었다. 싱가포르는 정부산하에 의료관광을 전담하는 의료관광마케팅 부서를 운영하고 있다. 싱가포르는 병원의 20%는 외국인 환자를 치료해 수익을 내고 나머지 80%는 자국민 치료에 주력한다는 '투 트랙(two track)'전략을 세워놓고 있다. 또 병원 직원 모두가 의무적으로 관광가이드 자격증을 따도록 했다. 일본도 최근 의료관광특구 선정작업에 착수, 의료체재 비자를 신설하고 유효기간도 늘려 놓았다.

나라마다 이처럼 의료관광을 활성화하려는 의도는 분명하다. 예를 들어 자동차 한 대를 수출하려면 선적, 부품수입, 인건비 등 수출에 따른 부대비용을 생각해야 한다. 그러나 의료관광은 환자와 가족 본인이 자기 부담으로 방문해 치료한다. 관광도 하고 치료도 하고 의료 관광객이나 방문 국가나 모두 '일석이조' 효과를 얻을 수 있다.

무역을 활성화하기 위해 관세제도를 철폐하고 양국 간 협약을 맺고 상품이 자유자재로 드나들 수 있는 시스템을 구축하듯이 의료 관광객이 자유롭게 대한민국을 방문하고 치료한 후 자유자재로 관광도 할 수 있는 시스템을 강화해야 할 시점이다. 수출을 많이 한 기업에만 수출 금자탑을 수여할 것이 아니라 의료 관광객이 많이 몰리는 병원에도 상을 주고 격려하자.

한국의 의료기술은 세계적인 수준이다. 그뿐만 아니라 의료비용이나 시설 면에서도 주변 국가에 절대 뒤지지 않는다. 다만 의료와 연관된 관광상품이 미흡할 뿐이다. 관광전문가와 의료전문가가 만나 관련 상품 개발을 서둘러야 한다. 또 외국 의료 관광객이 안전하게 치료할 수 있도록 세계적 보험회사와 연계한 의료관광보장보험상품 같은 것도 개발해야 한다.

[조선일보, 2013년 4월 2일, 건양대학교 김근종 교수 기고문]

### 세계의료시장이 변하고 있다

세계의료시장이 변하고 있다. 간단하고 반복적인 처치의 경우 치료병원에서 분리 운영하고 있으며 의료가 부가가치사업으로 매우 인기가 있다는 것을 전 세계의 주요 국가에서 인식하고 있다. 즉 의료로 인한 사회적 가치는 물론 경제적 가치를 인식하고 있다는 사실이다. 뿐만 아니라 의료의 국경이 사라져 이제는 아무리 먼 곳에 있는 나라에서도 단지 환자의 사진 한 장과 의료진단 관련 인적, 물적 증거를 의료 선진국으로 보내면 곧바로 처방과 진단이 가능한 시대가 도래하였다. 과거에는 환자가 의료기술이 뛰어난 지역으로 직접 이동하지 않으면 절대 진료를 받을 수 없었다. 그러나 지금은 환자의 사진 한 장만으로도 얼마든지 진단과 처방이 가능한 시대가 된 것이다. 또한 의사의 철저한 감독 아래 간호사의 역할이 더욱 중요한 시대가 되었다. 과거에는 의료비가 비싸서 치료에 어려움을 겪었으나 최근에는 대한민국의 경우 10대 암에 대해서는 치료비의 5%만 지불하면 된다. 대한민국이 전 세계의 의료 모범국가가 된 것이다. 여기에 더해 전문화된 안과, 심장병원, 암센터, 이식센터, 건강검진센터 등이 의료산업에 있어 부가가치가 매우 높은 산업으로 인식되어 각국에서 의료투자가 많이 이루어지고 있다.

대한민국이 관광대국으로 가는 데 있어 필요한 것이 많지만 그중에서도 가장 중요한 것 중의 하나가 바로 의료관광이다. 관광의 목적은 다양하다. 치료목적의 의료관광, 순수 관광목적, 유학, 연구, 학술세미나, 견학, 힐링 등. 이런 유형의 관광객이 대한민국을 찾을 때 비로소 관광대국으로서 국가의 GDP를 높일 수 있는 것이다.

# K-뷰티 열기 이을 국제미용대학을 만들자

7-11

최근 한류 열풍 덕에 태국, 싱가포르, 베트남, 동남아시아 지역의 K-뷰티 열기가 고조되고 있다. 이는 한국을 방문하는 아시아계 관광객이 화장품 매장을 방문하거나 피부 마사지 숍 등을 즐겨 찾는 것만 보아도 알 수 있다. 또 아시아 젊은이들이 한류 배우들을 보기 위해 수백~수천 명이 몰려들기도 한다. 이들은 배우 연기에도 관심이 있지만 하나같이 한류 배우처럼 예뻐지려는 꿈을 갖고 있다.

예뻐지려면 얼굴에 화장을 잘 해야 하는 것이 기본이다. 그들은 한류 배우들의 아름다움이 한국이 자랑하는 우수한 뷰티미용 기술과도 직접적인 관계가 있다고 생각할 것이다. 뷰티산업은 새로운 성장동력산업으로 점점 시장규모가 커지고 있다. 화장품의 경우 태국 공주가 사용한다고 해서 유명해진 '디어달링틴트'는 저렴한 가격과 우수한 발색 덕분에 태국에서 인기리에 꾸준히 판매되고 있다.

이런 상황에서 가장 필요한 것은 뷰티미용 전문가를 양성하는 것이다. 즉 외국인 대상, 특히 아시아권을 중심으로 한 가칭 '국제뷰티미용대학'을 설립하는 것이다. 마침 우리나라는 대학의 학령인구가 급격하게 줄어들어 지방대학은 신입생 유치가 더 어려워질 전망이다. 따라서 외국인 학생 유치에 총력을 기울여야 할 때다.

중국만 하더라도 화장하는 인구가 1억 명을 넘어섰고 매년 화장품 시장이 10%

안팎의 높은 성장세를 나타내고 있다. 국제뷰티미용대학 졸업생은 자국으로 돌아가 관련 업종에 종사하거나 교육기관에서 일할 확률이 매우 높다. 한국을 알리는 홍보 효과도 클 것이다.

한국의 성형, 피부미용 관련 기술은 이미 세계적 수준이다. 헤어스타일 한 분야만 하더라도 커트, 세트 롤, 업스타일 등 수십 가지가 있다. 헤어스타일은 얼굴을 예쁘게 보이게 하는 데 큰 역할을 한다. 교육과정에서 국제언어, 국제문화, 서비스, 피부관리, 네일아트, 반영구화장법뿐만 아니라 건강관련 테라피 교육도 필요하다.

매년 전 세계 수천 명의 학생들이 호텔경영 기술을 배우기 위해 스위스로 가듯이 뷰티미용 기술을 배우기 위해 한국으로 오도록 해야 한다. 그러려면 대학차원에서도 노력해야겠지만, 정부차원에서도 지원을 아끼지 말아야 한다. 한국만이 갖고 있는 경쟁력 있는 국제뷰티미용대학을 설립해 외국인 유학생을 유치하자.

[조선일보, 2015년 1월 15일, 건양대학교 김근종 교수 기고문]

# 대한민국의 관광, 문화체육관광부에서 독립시키자

## 제 8 부

# 문화체육관광부에서 관광을 분리하자

8-1

대한민국에 관광청을 신설하면 어떻게 운영할 것인가에 대해서는 선진국의 사례를 살펴보고 대한민국의 실정에 맞는 관광청의 형태를 조직하는 것이 가장 바람직한 행정이라 생각한다.

대부분의 사람들 특히 관광분야에 종사하거나 기업을 운영하는 사람들을 만나서 인터뷰를 하다 보면 우리도 프랑스나 일본처럼 관광을 강력하게 추진할 수 있는 행정기관을 만들지 않으면 결코 유럽의 관광선진국이나 일본에 뒤처질 것이라는 우려의 목소리가 강하다. 그렇다면 관광청을 신설하였을 때 조직을 어떻게 편성할 것인가를 한번쯤 고민해 볼 필요가 있다. 물론 관광을 전공하는 교수나 기타 연구원, 업계의 CEO는 관광을 특화시켜 부 단위 장관체제의 행정부로서의 기능을 가져야 대한민국뿐만 아니라 유라시아 중심에서 대한민국이 관광의 컨트롤 타워 기능을 수행할 수 있다는 이야기를 자주 한다. 물론 틀린 말은 아니다. 그러나 현실적으로 불가능하다고 본다. 현재 준정부기관으로서의 한국관광공사체제에서 관광의 기능이 이루어지는데 상급기관이라고 할 수 있는 청 단위도 존재하지 않는 상태이기 때문이다. 따라서 우선 다음과 같은 3가지 방안 중 하나로 조직이 운영된다면 이는 유럽이나 기타 관광의 선진국체제와도 유사한 형태로서 매우 바람직하다고 본다.

첫째, 독립된 기관으로서 관광청을 별도로 분리하는 방안이다. 현재 문화체육관광부에서 관광관련 행정조직을 별도의 기관으로 설립하는 방안이다. 관광청으로서의 기능과 관련해서는 외부조직의 경우 홍보나 마케팅 전담은 현행대로 한국관광공사의 주기능으로 그대로 존치해 두고 관광청을 통해 국내의 모든 행정조직을 관리하는 방안이다. 국민관광, 해외관광, 외국인 관광객 유치, 호텔관련 업무 등 관광기업관련 조직이나 협회 등을 망라하여 모든 기구들을 통합하여 유기적 관계를 유지하면서 관광청의 독립된 기구를 운영하는 방안이다. 물론 한국관광공사나 지방의 관광공사, 특·광역시의 관광재단, 문화관광재단 등이 있지만 일단 관광청을 설립하게 되면 이들과의 협업체제를 유지하면서 대한민국 관광의 컨트럴 타워 기능을 수행토록 하는 것이다. 문화체육관광부에서 관광을 분리, 현행 국 단위의 조직에서 7개 과가 별도로 문화체육관광부의 하부조직으로 관광청을 조직하면 된다. 별도의 인원 보강이나 보충 없이도 가능하다고 본다.

둘째, 일본과 같이 국토교통부 산하에 관광청을 두는 것이다. 관광의 특성상 교통, 항공과 밀접한 관계가 있기 때문에 국토교통부 산하에 관광청을 두는 방안이다. 관광은 철도, 항공, 버스 등과의 연계가 매우 중요하다. 현행 문화체육관광부에 소속되어 있는 과와 국 단위의 관광조직을 국토교통부로 이관하는 방안을 고려해 볼 필요가 있다.

셋째, 현행 문화체육관광부체제하에서 관광전담부서의 업무를 처리하는 방안이다. 이는 일종의 타 분야와 병립하는 형태의 조직이라고 할 수 있다. 물론 행정의 일원화와 관련 업무를 한 부에서 할 수 있다는 장점도 있으나 문제는 특화된 정책을 펼치기가 어렵다는 것이다. 여러 개의 부서가 독립적으로 존재하는 것이 아니고 복합되어 있기 때문에 부서별 이기주의나 부의 책임자 영역에 따라 예산의 편성이나 조직이 한쪽으로 기울어질 수 있다. 또한 책임자의 편향된 분야에 조직을 강화하게 되면 정작 실제 중요한 분야에서는 소외될 소지가 충분하다. 따라서 관광을 전략적 국가의 산업적 측면에서 볼 때 타 분야와의 차별성을 두지 않으면 결코 공존하는 형태로는 관광의 발전방안을 기대할 수 없다고 본다. 보건복지부 산하에 질병관리청을 두는 것과 마찬가지로 이제는 대한민국도 관광청의 설립을 서둘러야 한다.

참고로 2020년 대한민국 예산 지출대비 문화-체육-관광분야의 경우 1.6%, 교육분야는 14.9%에 해당한다. 관광분야의 경우는 2019년 1조 4,140억 원에서 2020년에는 1조 3,839억 원으로 4.6%가 감소하였다. 일본의 경우 관광청 한 기관의 예산이 2021년 기준 40,874백만 엔이다.

# '관광청' 중심 세계 주요 국가와 제휴하자

8-2

대한민국이 중심이 되어 유라시아 국가의 이벤트를 만드는 것이 중요하다. 왜냐하면 한류의 열풍과 방탄소년단(BTS), 싸이 등 유명연예인은 물론이거니와 문화와 관광의 연출을 대한민국만큼 잘 하는 나라는 유라시아 국가에는 없기 때문이다.

대한민국이 이 부분에서는 일등이며 전 세계에도 잘 알려져 있다. 그러나 문제는 대한민국이 중심이 되어 지국 내에서의 행사와 이벤드를 만들어 전 세계에 알리는 것도 중요하지만 이제는 축적된 노하우를 유라시아 국가에 전수시키는 것도 중요한 일이다. 이런 일을 기획하고 인근 유라시아 국가나 북한에 전수시키고 관련 전문가를 파견하며 그에 따른 관광객을 모집하는 기관은 대한민국 '관광공사'에서 이루어져야 한다.

관광청 하면 그저 여행일정만 짜고 관리하거나 관광지 관리 정도로 생각하여 그런 기관의 설립에 대해 부정적인 시각을 가진 분이 있다. 그러나 절대로 그렇지 않다. 향후 유라시아철도, 축제, 관광, 교통, 행사 등 모든 것에서 사람의 참여가 중요하다. 사람의 참여 없이는 불가능한 것이다. 바로 이런 점 때문에 관광이 아주 중요하다. 사람을 모으고 행사하고 주최하는 것이 관광에서만 가능한 일이기 때문이다. 중요한 것은 관광을 통해 북한을 포함한 주변국가와 유대관계를 가질 수 있어 한반도 평화정착에도 크게 기여할 수 있다는 점이다. 남한, 북한 등 한반도를 둘러싼 주변국가와의 관계 형성은 정치적 이념을 초월하여 순수한 관광자원을 가지고 협의한다면 얼마든지 공동의 평화와 번영을 가져올 수 있기 때문이다.

예를 들어 세계유산에 등재된 곳이 아시아 국가들만 해도 수백 곳에 달할 것이다. 중앙아시아 5개국 즉 카자흐스탄, 우즈베키스탄, 키르기스스탄, 중국, 몽골 등의 나라와 대한민국의 세계유산까지 합치면 그 수는 한없이 많다.

세계유산을 전 세계에 알리고 관광객을 유치하고 관련 행사를 전문적으로 수행하려면 사적인 기관도 중요하지만 공적인 기관은 더욱이 중요하다. 대한민국의 '관광청'에서는 그간 축적된 노하우를 가지고 아시아 국가들의 주최가 되어 관련 행사를 개최하고 관련 국가들과 공적인 기관을 통해 협의하는 것이다.

좁게는 아시아 국가들을 중심으로 하고 더 나아가서는 전 세계의 '관광청'을 중심으로 전 세계의 이벤트 행사를 각 나라의 '관광청'을 중심으로 하자는 것이다. 그런데 문제는 대한민국에는 소위 말하는 '관광청'이 없다는 데 있다. 상대국과의 협의는 동일한 기관에서 행하는 것이 가장 효과가 크다. 만약 대한민국에 '관광청'이 설립된다면 아시아 국가들과의 행사는 물론 전 세계적으로 이벤트가 엄청날 것으로 기대된다. 종교 하나만 놓고 볼 때 중앙아시아 지역은 실크로드의 중간지점으로 불교가 성행하던 곳이다. 이런 발굴은 문화재 담당 청에서 할 수 있지만 여기서 발굴된 불교문화에 대한 행사를 기획하고 여기에 관광객을 유치할 수 있는 기관은 바로 '관광청'에서 전담하는 것이다. 어디 이뿐인가. 아시아 국가들의 영화제 행사, 지역별 축제행사, 국제청소년 음악제, 아시안 노래 축제 등 이루 말할 수 없이 많다. 행사를 기획하고 전담하고 이의 관광을 홍보하면서 많은 관광객의 교류가 이루어지고 이를 통한 경제적, 사회적 가치를 창출시키는 것은 관광이라는 것을 깊이 인식해야 한다. 물론 한국관광공사에서도 할 수 있으나 현재의 공사 한 곳만 가지고는 국내관광의 활성화 전략이나 아시아 국가들과의 관광관련 협의를 모두 하기엔 벅차다. 향후 국민복지관광시대를 맞이해서도 현재의 공사기능만으로는 한계가 있다. 단지 정책을 입안하는 사람들의 입장에서 관광을 아주 하찮은 것으로 보기에 한 곳의 기관에서 모든 것을 행할 수 있다고 생각하는 착오이다.

대한민국의 '관광청'이 중심이 되어 이 모든 것을 다룰 수 있다고 상상해 보라. 문제는 관광으로 인한 평화가 덤으로 온다는 것이다. 자국에 많은 관광객이 방문하여 외화를 소비해서 지역주민의 소득이 창출되는 것을 싫어할 나라는 없다. 관광의 가치를 공유함으로써 서로의 문화와 관광의 패턴을 이해하는 것은 매우 중요하다.

세계가 점점 좁아져 지구촌화되는 현실에서 관광은 이국적인 사람들과의 관계성을 더욱 좁혀준다. 여행을 통해 사람들과 친해지고 낯선 사람들과의 동행도 쉬워지며 서로를 이해하는 것도 바로 여행을 통해 이루어진다. 그 핵심이 바로 관광이라는 것이다. 국가차원에서 관광을 가볍게 생각해서는 안 된다. 이제는 주4일제 근무시대가 머지않아 도래할 것이다. 그렇다면 가장 먼저 사람들이 움직이는 것은 여행이다. 이런 수요는 국내만 가능한 것이 아니라 아시아 국가들, 더 나아가 전 세계가 주4일제로 간다면 관광은 엄청난 수요로 넘칠 것이다. 이미 전 세계는 주4일제로 보편화된 상황이다. 사람이 많으면 행정이 요구된다. 이제 코로나19 이후에 여행의 수요가 급증할 것이라 본다.

대한민국의 '관광청'을 중심으로 아시아 국가들과의 교류를 넓혀나가자. 세계 최고의 한류를 자랑하고 방탄소년단이 뉴욕을 강타하여 CNN에 메인 뉴스로 나오는 것이 이제는 놀라운 사실이 아니다. 이들 방탄소년단을 보기 위해 전 세계에서 관람객이 오는 것이다. 관람객은 비행기를 타고 숙박을 하면서 소위 말하는 관광객의 개념으로 방문하는 것이다. 더 늦기 전에 대한민국은 문화체육관광부에서 관광을 분리하여 '관광청'을 설립하여 아시아 국가들의 관광이벤트를 우리가 주도적으로 이끌어서 교류의 폭을 넓히고 폐쇄적인 북한과의 교류 또한 관광을 통해 이루어내자.

# 정부 및 공공단체의 관광마스터 플랜, '관광청'에 맡겨라

8-3

대한민국 정부의 주요 부처를 비롯하여 공공단체에서는 지금 관광사업이 한창이다. 관광으로 지방경제를 살리고 농촌의 활성화를 도모하는 차원에서 정부나 지자체에서 행하는 각종 관광사업은 이제 대한민국뿐만 아니라 전 세계의 추세이다. 지금 농촌은 인구가 감소하고 도시로 떠나는 젊은 층으로 인해 많은 어려움을 겪고 있다. 이렇다 보니 정부의 주요 부처에서는 농촌이나 어촌을 중심으로 관광사업을 활발하게 진행하고 있다. 농촌의 관광사업과 관련해 정부의 각 부처에서 행하는 사업들을 살펴보면 우선 농림축산식품부의 녹색농촌체험 마을이라고 하여 농촌의 관광마을 조성, 생활 편의시설 등의 확충을 위한 지원사업이다. 사실 관광마을 조성사업은 농촌을 살리기 위한 하나의 방안이 될 수 있다. 그러나 관광마을 조성사업의 경우 농식품부에서 하는 것보다는 보다 전문화된 기관에서 이를 수탁하여 계획을 세우거나 관련 전문가의 입장에서 정책을 세울 필요가 있다. 물론 농식품부에서는 관련 전문가의 자문을 받거나 자체적으로 이를 행할 수 있지만 문제는 이후에도 관리하는 데 전문가의 도움이 필요하기 때문이다. 한마디로 처음부터 운영 이후까지를 종합적으로 관리할 필요가 있다. 농촌진흥청에서는 농촌전통 테마마을 조성사업의 일환으로 고유한 농촌전통문화를 테마로 발굴하여 이를 잘 보전하고 도농교류의 가교 역할을 할 수 있는 테마를 개발하는 사업을 하고 있다. 아주 좋은 사업이다. 그러나 이 역시 관광과 관련되어 있어 관련 부처보다는 보다 전문화된 기관에서 이를 계획하고 전반적인 플랜을 수립하여 관련부처에서 행하는 것이 좋은 방안이 될 수 있다. 정부의 주요 부처에서는 이를 행할 수 있는 전문기관, 예를 들면 '관광청'과 같은 정부의 기관을 설립하여 이들에게 건의하거나 '관광청'에서 정부 주요 부처의 관광과 관련된 사업을 행하는 데 있어 모든 부처의 계획이나 자신들의 부처에서 구상하는 사업들을 '관광청'이라는 기구를 통해 일괄적으로 진행한다면 사업 성공의 가능성이 더욱 높아질 것이다. 상호보완적 관계뿐만 아니라 협력관계가 구축되는 것이다. 물론 문화체육관광부에서 이를 수행할 수 있으며 문화체육관광부의 경우 복합적 기능으로 인해 특화된 관광사업을 수행하거나 관련 부처의 일을 수탁받아 할 수도 있다. 그러나 다소 일이 번거로워질 수 있다.

산림청에서 하는 아름다운 마을 숲 조성사업의 경우 농·산촌의 생활환경을 조성하고 녹색관광과 연계한 소득증대사업을 모색하는 테마로서 이 역시 매우 좋은 사업이다. 최근 전 세계를 중심으로 녹색관광에 대한 관심이 주목받는 시점에서 성공의 가능성이 아주 높은 사업이라고 할 수 있다. 그러나 이 역시 관광의 관점에서 보았을 때, 전문성 면에서 관광의 특화된 기구의 자문과 정책개발 및 시행을 놓고 볼 때 산림청에서 하는 것보다는 '관광청'과 같은 정부의 신뢰할 만한 관광전문기관에서 행한다면 성공의 가능성이 더욱 높아진다고 할 수 있다. 물론 사업의 주체는 산림청이라고 하지만 이를 계획하고 실행할 수 있는 오퍼레이션 매뉴얼을 만들 수 있는 곳은 '관광청'과 같은 특화된 기구만이 가능하다. 만약 산림청에서 지금과 같은 일을 계속적으로 수행한다면 아마도 관련 전문가의 조언이나 협업형태로 진행하였을 것이다. 그러나 상황이 발생할 때마다 외부의 컨설팅업체에 의뢰하여 자문을 받는 것보다는 정부의 공식화된 기구인 '관광청'을 통해 이루어진다면 사업 성공 가능성이 더한층 높아질 것으로 본다. 또 한 가지의 예를 들면 행정안전부에서 하는 아름다운 마을 가꾸기는 쾌적한 자연 및 생태 공간, 전통문화를 테마로 하는 사업이다. 행정안전부의 사업에서 아주 좋은 테마라고 생각한다. 그러나 이 역시 가만히 살펴보면 행정안전부의 사업과 업무의 특성상 얼마나 연관성이 있는지를 한 번 검토해 볼 필요가 있다. 정부의 다른 주요 부처에서 행하는 관광사업과의 연관성을 볼 때 별반 다르지 않다. 이외에도 해양수산부의 경우 어촌체험 관광마을 조성사업은 어업과 관광을 접목하여 어업인 소득증대 및 어촌경제 활성화 차원에서 의욕적으로 이루어지는 사업이다. 이 역시 관광객에게는 아주 좋은 방문의 장소로 보인다.

이제는 정부의 주요 부처에서 관광과 관련된 모든 사업을 행정적, 법적, 프로젝트 수행력, 사업 이후 관리 등의 종합적인 것을 고려한, 컨트롤 타워 기능을 갖춘 '관광청'의 신설이 매우 시급하다. 관광은 테마의 발굴도 중요하지만 얼마나 지속적으로 관리하느냐에 따라 성공과 실패가 갈릴 수 있다. 정부의 주요 부처에서 행하는 각종 관광과 관련된 사업의 경우 '관광청'과 같은 정부의 기관을 설립하여 사업이 이루어진다면 지금보다는 훨씬 더 성공의 가능성이 매우 높아질 것이라 본다. 정부의 주요 부처에서 행해지는 관광관련 사업의 범위가 점점 넓어지고 그에 따른 사업을 수행하는 데 있어 인적, 물적, 법적 등 다양한 요인이 발생한다. 이를 효율적으로 수행하기 위해서는 특화되고 전문화된 정부의 '관광청' 설립이 시급하게 이루어져야 한다. 현행 문화체육관광부에서 관광을 분리하여 관광의 독립된 기구를 설치하는 것은 그리 어려운 일이 아니다.

# 관광행정을 일원화하자

8-4

한반도가 중심이 된 유라시아관광이 머지않아 전 세계의 관광을 리드할 것으로 본다. 한반도가 전 세계의 국가 중 유일하게 남과 북으로 분단돼 서로 왕래할 수 없을 뿐만 아니라 같은 민족으로 70년 이상을 분단의 아픔을 가지고 있는 나라가 단 한 곳도 없기 때문에 더욱이 전 세계의 주목을 받는 것이다.

이제는 한반도가 분단으로 전 세계의 주목을 받듯이 관광으로 한반도가 주목받을 날이 머지않았다고 본다. 물론 북한의 핵무장으로 인해 긴장이 고조되고 있지만 핵무장 해제를 요구하는 세계 국가의 요구에 따라 북한은 머지않아 이들의 요구를 수용할 것이다. 이는 관광정책에 지대한 관심과 관광개발을 통해 외국인 관광객을 유치하려는 북한당국의 노력으로 인해 향후 관광이라는 키워드는 남과 북, 유라시아 국가의 키워드가 될 것이 분명하다.

세계의 모든 나라가 관광을 국가의 전략산업으로 인식, 국가마다 국가의 경제에 큰 도움을 줄 것으로 판단하여 관광산업의 육성에 온 힘을 기울이고 있다. 주변 국가 중 관광을 전략산업으로 가장 먼저 인식하여 2008년 관광청을 설립하고 3,000만 명의 외국인 관광객 시대를 연 일본이 대한민국보다 앞선 고지를 점령한 것만 보아도 일본이 관광을 국가의 전략산업으로 인식하였음을 알 수 있다. 정치인마다 관광산업의 중요성을 역설하고 있지만 정작 예산을 편성하는 과정에서는 소외되고 있다. 또한 현재 대한민국 정부에서 관광을 담당하는 고위 공무원이 없다. 즉 관광을 전문적으로 육성하여 국가의 전략산업으로 육성시킬 전문직 요원들이 부족하며 국 단위로 관광정책을 지속적으로 수립하는 데 큰 어려움이 있다. 관광의 특성상 타 산업국과의 연계는 필수적이며 융복합산업적인 특성을 감안하면 관광 자체로서의 컨트롤 타워 기능은 필수적이다.

국제협회연합(UIA) 기준에 따르면 2016년 대한민국은 국제회의 개최 국가 세계 1위의 위상을 확보한 국가로서 국제회의의 산업적 측면에서 보았을 때 매우 고무적인 일이라고 할 수 있다. 관광산업의 경우 국제회의와도 매우 밀접한 관계를 가지고 있다. 참가한 세계 주요 국가의 참가자들은 호텔숙박, 식사, 관광, 회의, 통역 등 다양한 부문에서 지출이 이루어지는 관계로 주변지역의 활성화는 물론이거니와 국가적인 차원에서 볼 때 엄청난 경제적 효과를 얻을 수 있다.

관광과 관련한 국제적, 국내적 업무가 늘어나면 당연히 이를 뒷받침 해줄 행정적, 법제적 시스템이 원활하게 이루어져야 관광산업의 발전을 기대할 수 있다. 코로나19 이후 대한민국의 관광은 지속적으로 발전할 확률이 매우 높다. 그러나 문제는 현재의 관광관련 정책과 관련 전문가의 체제로는 늘어나는 관광수요를 대처하기에 매우 미흡하다고 본다. 물론 한국관광공사가 이를 어느 정도 해결할 수 있지만 공사의 특성상 해외 홍보에 주력하고 자체적으로 정부의 타 부서와의 협력체계를 이끌어내는 데는 한계가 있다.

문화체육관광부의 역할도 문화와 체육 등을 관광과 종합적으로 다루어서 행정력이 수반되기 때문에 관광으로의 특화된 정책을 수립하는 데 있어 한계가 있다. 문화의 경우 대부분 비경제적 방향으로 정책을 수립한다고 볼 때 관광은 경제적 방향으로 정책을 수립해야 하는데 관광과 경제의 종합정책을 개발할 수 있는 여건이 아직은 미흡하다고 본다. 대한민국보다 훨씬 앞서 관광 선진국이라 할 수 있는 유럽의 경우 대부분 관광청을 설립하여 다양한 관광정책을 수립하고 있다.

관광을 복지관광의 개념으로 접근하기도 하고 지역경제를 활성화시키는 데 있어 관광이 중요한 키워드라는 것쯤은 이제 모두 다 알고 있다. 타 기관, 타 국가와의 교류가 그 어느 때보다 중요한 시기라고 본다.

## 정부는 국토의 중심 대전에 '관광청'을 설립하는 방안을 고려해 보라

지정학적으로 대전은 국토의 중심부에 위치했으며 동북아시아 시대를 맞이하여 크게 급부상할 도시임에 틀림이 없으나 아직까지 큰 주목을 받지는 못하고 있다. 이제 대전의 지정학적 위치를 호재로 삼아 아주 큰 그림을 그려야 한다고 생각한다. 코로나19 이후, 전 세계가 코로나 감염병으로부터 자유로운 시기가 온다면 대전을 유라시아 국가와 연계할 과학–교통–컨벤션 관광 중심도시로서 탈바꿈할 것을 제안한다. 이것이 가능한 것은 바로 대전이 철도중심의 도시로서 유라시아 철도와의 연계가 가능하기 때문이다.

교통 인프라가 구축되어 있으면 자연적으로 외부 사람들의 출입이 자유로워져서 관광객을 유치할 수 있는 계기가 된다. 대전은 이미 과학–교통–컨벤션 관광도시로서의 성공가능성을 갖추기 위한 기본적인 조건을 모두 가지고 있다. 특히 세종시의 정부청사로 인해 컨벤션 관련 국제회의나 민간단체 중심의 회의가 폭주할 것으로 본다. 이런 수요를 받아들이기 위해서는 지금부터 철저하게 준비를 해야 한다. 대전은 과학도시, 교통도시, 컨벤션도시 등의 대규모 행사를 개최할 수 있는 여건을 완벽하게 갖추고 있지는 않지만 어느 정도 일정 수준에는 올라와 있다고 본다. 이미 정부차원에서도 대전이 과학–교통의 중심도시라고 인정하는 것에 대해서는 의심의 여지가 없다. 그러나 중요한 것은 국가적인 행사를 유치하고 행정적으로 관리할 기관이 없는 것은 실로 안타까운 일이다. 따라서 이런 국가적인 행사와 정부청사와의 근접성으로 인한 외부 관광객들을 집중 관리할 '한국관광청' 설립이 대전에서 이루어져야 한다고 본다.

대전의 유성은 오래전부터 온천지대로 널리 알려져 있으며 6~70년대에는 유성으로 신혼여행은 물론 온천관광이 붐을 이뤘다. 이제 대전의 유성은 관광특구로서의 명성을 되찾아야 하는 것은 물론이거니와 과학-컨벤션관광의 거점도시로 거듭나야 할 시점에 왔다. 대전시 인근에는 세종특별자치시가 있으며 정부의 주요 관청이 밀집되어 있다. 이런 지리적 위치의 장점과 대전이 갖고 있는 무한성의 콘텐츠를 개발하여 복합적으로 연계시킨다면 향후 유라시아와 연계하여 독일의 베를린까지 철도로 갈 수 있는 교통의 메카도시로 가는 데 있어 의심의 여지가 없다.

관광과 교통은 필수불가결의 관계에 있다. 교통이 좋은 곳으로 관광객은 몰리게 되어 있다. 대전은 철도뿐만 아니라 인근에 청주공항이 있어 외부에서 접근가능한 도시이며 특히 대전은 과학도시로서의 명성을 갖고 있다. 과학은 이제 세계적으로 중요시되는 시대가 되었다. 달나라 탐사는 이미 오래전에 이루어졌고 화성관광, 달나라, 우주관광을 하는 시대가 온 것이다. 이는 바로 과학도시로서의 대전이 향후 부각될 수 있는 호재이기도 하다. 여기에 국가 제2 수도로서의 행정적 도시와 접근성에 있어 국내의 다른 어느 도시와 비교해도 경쟁력이 아주 높다.

이제 대전이 갖고 있는 모든 콘텐츠를 최대한 발휘하여 유라시아 국가와의 연계를 통해 국제회의, 과학, 교통, 관광의 복합도시로 거듭나야 한다. 관광은 모든 조건을 갖추었을 때 가능한 일이다. 가장 중요한 것이 교통이며 여기에 도시 내의 관광자원이 중요하다. 관광자원은 단지 자연자원만을 의미하지는 않는다. 대전의 관광은 탐구적, 연구적 관광이 주목적이거나 국제회의와 관련된 컨벤션 목적의 관광이다. 백제문화유산은 유라시아 국가의 문화와 비교해도 전혀 뒤지지 않을 정도의 콘텐츠를 가지고 있다. 이런 모든 것이 대전의 장점이다. 또 한 가지는 DMZ 지역에 관광청을 설립하는 방안도 심도있게 고려해 볼 필요가 있다. 북한과의 대화를 이끌어내기 위해 관광이 중요하기 때문이다.

대한민국은 70여 년간 남과 북이 이념적 갈등에 의해 지금까지 가로막혀 있으나 과거 손기정 선수가 베를린 마라톤대회에 참석하기 위해 대전을 지나 독일까지 열차로 이동한 역사적 도시이기도 하다. 이제 다시 그날의 영광을 되살리기 위해 정부차원의 노력도 중요하지만 우선 유라시아 인접국가들 간의 기관을 통한 협의체를 구성해야 한다.

# 대한민국과 일본의 외국인 관광객 유치 경쟁

8-5

한국과 일본의 관광관련 경쟁에서 한국은 일본보다 외국인 관광객의 자국 방문객 수에서 현저한 차이가 나타나는 것으로 조사되었다. 외국인 관광객 입국자 수에서 한국이 참패를 당한 것이다. 물론 코로나19 이전의 일이기는 하지만 충격적인 일이 아닐 수 없다.

한국과 일본의 연도별 외국인 관광객 입국자 수를 살펴보면 2013년에는 1,036만 명의 외국인 관광객이 일본을 방문한 것과 비교해 한국은 1,217만 명이 한국을 방문했다. 수치로만 비교해도 약 200만 명의 외국인 관광객이 한국을 더 방문했다. 이어 2014년을 비교하면 일본이 1,341만 명, 한국이 1,420만 명이 한국을 방문, 약 80만 명이 한국을 더 방문했다. 그러나 이런 차이가 2015년에 들어서 한국이 1,323만 명, 일본이 1,973만 명으로 무려 600만 명 이상이 일본을 더 방문했다. 이어 2016년을 비교하면 한국은 1,724만 명, 일본은 2,403만 9,053만 명으로 무려 800만 명 이상의 차이로 외국인 관광객이 일본을 더 선호한 것으로 나타나 점증적으로 일본은 외국인 관광객의 입국자 수가 늘어난 것이다. 그렇다면 왜 이런 차이가 발생했는지에 대해 한 번 짚어볼 필요가 있다.

일본은 외국인 관광객을 유치하고자 정부차원에서 발 벗고 나선 결과라 말하고 싶다. 일본의 관광정책='관광입국'이라는 등식으로 2003년 고이즈미 총리의 '관광입국' 간담회 개최를 시작으로 도입된 개념이며 일본은 VISIT JAPAN사업의 시작으로 본격적인 외국인 관광객 유치를 위한 전략플랜을 세운 것이다. 이어 일본은 2006년 '관광입국추진기본법'을 제정하고 2007년 제1차 '관광입국추진기본계획'을 수립하여 관광대국으로 가는 길을 위한 초석을 다진 것이다. 그러나 중요한 것은 일본은 단지 관광관련 기본법만 제정하고 이후 관광에 대한 관심을 이어가지 않은 것이 아니라 더욱더 강력한 외국인 관광객 유치를 위한 전략을 세웠다.

일본의 경우 단순히 정부차원에서 마케팅전략이나 홍보와 같은 것도 중요하지만 행정기능이 가장 큰 문제였다. 많은 예산과 관련 전문가들의 행정 강화목적을 위해 2008년에 '관광청'을 신설하고 외국인 관광객 유치에 전력을 기울인 것이다. 한국과 비교해 볼 때 '관광청'의 신설로 매우 공격적인 관광정책을 펼쳐나갔음을 알 수 있다.

정부차원의 노력 없이는 관광 활성화를 절대 기대할 수 없다. 물론 외국인 관광객을 유치하기 위한 민간차원에서의 노력도 중요하지만 문제는 보다 체계적이고 행정적인 힘 없이는 외국인 관광객 유치와 같은 거대 플랜을 절대 수행할 수 없다는 것이다.

한국과 일본의 외국인 관광객 수만 비교해 봐도 일본은 외국인 관광객 유치에 성공했다고 할 수 있다. 이는 일본이 관광정책을 정부차원에서 수립하고 정부가 직접 나서서 외국인 관광객 유치를 위해 전력을 기울였기에 가능해진 일이다. 보다 강력한 것은 일본에서 '관광청'을 신설하여 관광행정을 강화함으로써 외국인 관광객 유치를 위해 필요한 모든 행정력을 동원한 결과가 아닌가 싶다. 일회성 이벤트를 가지고 관광 활성화를 기대하기란 매우 어렵다는 말이다.

뿐만 아니라 지자체 차원의 노력만으로는 관광의 활성화를 절대 기대할 수 없다. 코로나19 이후의 관광에 대한 정책이 부재하다. 보다 강력한 행정체계를 구축하여 외국인 관광객 유치에 전력을 기울여야 할 것이다.

# 일본의 관광청

8-6

2008년 일본이 관광청을 설립하기까지의 이야기를 한 번 들어볼 필요가 있다. 일본은 일찍부터 관광에 눈을 떴다. 이는 관광으로 인한 경제적, 사회적 효과가 크다는 것을 정부차원에서 인식했다는 뜻이다. 일본은 인바운드 정책을 국가적인 차원에서 펼치지 않으면 외국인 관광객을 일본으로 유치하는 것이 매우 어렵다는 것을 2000년대 전후에 깊게 인식하게 된다. 2003년 1월에 일본은 외국인 관광객 4,000만 명을 유치한다는 거대한 프로젝트에 돌입하면서 관광입국추진기본법을 2006년 12월에 제정한다. 이어 2007년 6월에 관광입국추진기본계획을 수립하여 실제적으로 외국인 관광객을 유치하기 위한 전략을 세우게 된다.

일본의 관광정책과 실행은 주로 일본정부관광국(JNTO)과 국토교통성 외부기관으로 설립한 관광청에서 모든 일을 수행한다고 보면 된다. 일본 내에 산재한 관광관련 정책을 모두 일본 관광청이 중심이 되어 컨트롤 타워 역할을 수행함으로써 관광행정의 일원화를 도모하였다. 정부와 관광청, 일본 관광국이 중심이 되어 관광행정을 수립하고 집행, 각종 관광관련 계획을 세우는 데 있어 관광청이 정부와 지방과의 가교역할을 함으로써 이를 모두 해결한다. 이를 보면 어떤 정책이든 중심이 된 기구의 역할이 매우 중요하며 이를 통한 정책수립과 집행, 예산의 분배가 현실적으로 타당해짐을 알 수 있다. 이런 정책의 수혜에 힘입어 일본은 관광객 유치에 있어 괄목할 만한 수치의 업적을 달성하게 되는데 2014년 2월에 인바운드 관광객이

2,000만 명을 달성하고 2015년도에는 관광수지 부분에서 흑자를 기록하게 되는데 그 액수가 무려 1조 1,217억 엔의 흑자로, 세계국가 대상 관광평가에서도 4위라는 기록적인 업적을 달성하게 된다.

## 일본의 국가관광조직(JNTO)과 관광청의 관계

일본은 한국과 마찬가지로 국가의 관광조직인 일본정부관광국 JNTO(Japan National Tourism Organization)가 있다. 한국의 경우 한국관광공사가 관광의 조직으로서는 어떻게 보면 가장 높은 공기업의 형태로 운영되고 있지만, 일본과 다른 것이 일본은 일본정부관광국을 설립 운영하면서 일본 관광청을 상위기관으로 설립하여 운영한다는 것이다. 일본 관광청은 일본의 관광공사를 소관하고 있으며 상호 업무를 협력적으로 운영하고 있다. 이는 일본이 관광산업을 국가전략산업으로 인식, 외국인 관광객 유치에 온힘을 기울이는 차원에서 해석할 필요가 있다.

대한민국의 관광공사가 정부기관으로부터 매년 평가를 받듯이 일본의 관광공사도 독립행정법인 평가위원회인 국제관광진흥기구로부터 정기적인 감사와 평가를 받는다.

일본 관광공사의 조직도를 살펴보면 이사장과 이사 감사의 조직 아래 경영관리실을 두어 운영하고 있다. 특이한 것은 동북아 관광진흥을 위한 글로벌마케팅부를 운영하고 컨벤션 유치를 위해 컨벤션 유치부가 있다는 것이다. 인바운드 전략부와 지역의 프로모션을 연계하여 지역과의 협의에 중점을 두었다는 것이다. 세계 주요 국가에 해외 사무국을 개설함으로써 일본의 관광공사가 해외홍보와 마케팅에 주력하는 것을 알 수 있다. 일본의 관광공사에서 하는 역할 자체가 국내관광의 활성화와 해외마케팅 전략을 펼침으로써 관광청과의 긴밀한 관계를 유지하고 국가의 관광정책을 실행하는 것이다. 이런 맥락의 기점은 일본의 총리대신이 주도적으로 관광입국을 주장함으로써 관광과 관련된 관광공사는 물론 관광청의 협력체를 이끌고 있다. 총리대신이 직접 나서 관광의 중요성을 역설함으로써 외국인 관광객을 유치하기 위한 범정부차원의 노력이 자연스럽게 이루어진다는 것을 알 수 있다. 특히 외국인 관광객을 많이 유치하기 위해 수십 개국에 비자를 완화함으로써 외국인 관광객을 더욱 많이 유치하게 되었다.

일본이 관광의 중요성을 국가적인 차원에서 인식하여 성공한 것은 정부의 주요 부처들과의 긴밀한 협력이 있었기 때문에 가능했다고 본다. 일본 관광공사와는 별도로 관광청, 경제산업성, 일본무역진흥기구 연합으로 공동행동계획을 수립하여 관계기관과의 협의체를 구성, 관광산업을 활성화시키기 위한 노력이 범정부차원의 주요 부처에서 이루어지는 것을 알 수 있다. 이로 보아 대한민국이 아직도 관광청 하나 제대로 설립하지 못하고 관광공사 하나만으로 향후 늘어나는 외국인 관광객 수요에 대처할 수 있는지 매우 의문이 든다.

일본의 경우 이미 2030년까지 일본을 찾는 외국인 관광객 4,000만 명을 유치, 여행으로부터의 여행 지출액 약 4.7조 엔 달성에 목표를 설정하고 각 부처 간 노력이 대단하다고 할 수 있다. 일본정부에서는 일본의 관광상품을 홍보하기 위한 노력으로 "ALL JAPAN", "COOL JAPAN" 브랜드 전략을 세워 전 세계의 주요 국가에 홍보하고 있다. 특히 일본의 음식 중 스시를 선호하는 국가가 늘어남에 따라 음식에 대한 홍보 역시 국가적인 차원에서 나서서 노력하고 있다.

일본이 향후 몇 년 이내에 관광대국으로 가는 길이 험난하지 않을 것이라는 예상은 총리대신의 주도하에 관광입국을 강력하게 추진함을 보아 알 수 있다. 여기에 각 주요 부처들이 관광객을 유치하기 위해 협력을 아끼지 않고 있으며 관광특구 지정에 있어서도 각 지자체가 적극적으로 참여하여 관광산업이 계속적으로 발전할 것으로 본다.

대한민국도 이제는 문화체육관광부에서 관광에 대한 노력을 하기보다는 정부의 주요 부서에서 적극적으로 참여하여 관광산업을 국가의 전략산업으로 인식한 후 대통령 주재로 관광전략회의를 수시로 개최하여 외국인 관광객 유치와 지역의 관광산업을 발전시키기 위한 협력적인 토의가 이루어져야 한다. 이런 노력을 원활하게 하기 위해서는 무엇보다 문화체육관광부에서 관광을 분리시켜 관광청을 신설함으로써 각 부처와의 협력과 노력이 이루어져야 한다.

어떤 일이든 결과가 좋게 나타나면 그에 대한 정책은 신뢰가 가능한 것이다. 관광청의 설립과 더불어 관광의 효과가 이어지자 2016년부터는 관광관련 정책을 제안하거나 수립하는 과정에 일본정부가 직접 나서게 된다. 문제는 여기서 그치는 것이 아니라 각 부처에서 제안하고 수립한 정보와 정책이 모두 관광청을 중심으로 모아진다는 것이다. 전문화된 집단으로 정보나 정책이 들어가면 당연히 전문가 그룹을 통해 보다 실행력이 강한 정책이 수립된다는 사실을 일본은 이미 알고 있었다.

일본은 고령화와 농촌인구의 감소, 대도시로의 이동이 이미 오래전부터 이루어지고 있었다. 따라서 이런 문제를 어떻게 해결해야 할 것인지를 난제로 여겨왔다. 지방분권개혁화의 과제 중에서 가장 힘든 것 중의 하나가 바로 어떻게 재원을 확보하느냐이다. 이를 관광을 통해 해결하고자 하는 의도가 정부차원에서 아주 강했기에 관광청과 같은 기구를 설립하게 된 것이다.

관광청의 중요성을 인식한 일본정부는 2015년 이전만 해도 예산이 얼마 되지 않았지만 2016년 이후에는 예산을 파격적으로 증액하여 2배 이상 책정함으로써 2021년에는 일본관광청 관계예산을 40,874백만 엔으로 편성 적극 지원하고 있다. 물론 코로나19와 같은 전염병 문제로 인해 인바운드가 현저하게 줄어든 것은 사실이지만 만약 코로나19의 문제가 해결된다면 일본을 향한 전 세계의 관광객은 급증할 것으로 본다.

관광은 단지 산업적 측면뿐만 아니라 국민여가시대를 맞이했기에 여행의 가치가 점점 더 중요해지고 있다. 노년층의 희망 중 하나는 여행을 가는 것이라는 설문조사도 있다. 여가의 수요가 폭증하고 있다. 국가적 차원에서 이제는 관광을 복지의 개념으로 바라보아야 할 시점에 도달했다. 모두들 복지를 주장하고 있다. 물론 맞는 말이다. 국민들에게 지원해 주는 돈 중 일정 부분을 지역의 관광지에서 소비하도록 하자. 이들이 사용하는 돈은 지역경제를 활성화시키는 데 큰 기여를 하게 된다. 이 역시 관광으로 인한 경제적 효과도 달성하게 된다. 이제는 관광을 복지개념으로 인식하고 전 국민의 관광정책을 수립하고 집행하며 현장의 모든 행정을 컨트롤할 수 있어야 한다.

# 대한민국의 분산된 관광정책

8-7

최근 주요 선진국들의 관광정책은 삶의 질 중심의 여가 · 관광이 국민의 기본 권리인 행복추구권과 직결됨에 따라 관광산업의 경제적 효과와 함께 국민복지정책의 일환으로 추구해 나가는 추세이다.

2019년 세계여행관광협회(WTTC)에 따르면 세계 200개 국가를 대상으로 한 관광산업의 GDP 기여는 전체 평균이 10.4%, 관광으로 인한 고용창출 효과는 제조업의 2배, 2030년 세계관광인구는 약 18억 명으로 추산하여 관광산업은 저성장시대를 돌파할 수 있는 중요한 성장동력으로 인식하여 세계 각국에서는 관광산업을 국가전략산업으로 집중 육성하고 있다.

대한민국의 관광관련 정책은 현행 문화체육관광부를 비롯한 농림축산부, 환경부, 국토부, 해양수산부, 산림청 등 10개의 다양한 부처에서 다루고 있어 업무 분산으로 인한 전문성 약화가 대한민국의 관광경쟁력을 저하시키는 주요 원인으로 지적되고 있다.

대한민국이 관광의 경쟁력을 확보하기 위해서는, 분산된 관광관련 업무를 일원화시켜 중복된 관광정책 등을 최소화하고 이를 통한 예산도 절감해야 하며 관광분야에 대한 육성 · 지원 정책을 담당하는 조직 · 인력과 함께 이를 체계적으로 수립 · 시행할 수 있는 컨트롤 타워가 필요하다.

현재 관광관련 정책은 문화체육관광부에서 문화예술, 영상, 출판, 체육 등 여타 업무와 함께 담당하고 있어 관련 현안에 효과적으로 대응하는 데 한계가 있다는 지적이 제기되고 있어 향후 관광산업의 발전을 위해서는 관광행정에 대한 전문성, 국제관광의 활성화, 지자체마다의 관광관련 공사나 재단과의 원활한 소통이 무엇보다 중요하다. 최근 우후죽순처럼 늘어나는 수·분양 호텔의 경우 피해자가 속출하고 있다. 물론 수·분양 호텔의 경우 문화체육관광부나 한국관광공사가 담당하는 것은 아니지만 일단 호텔유형의 숙박시설로서 많은 투자가 이루어지고 있다. 문제는 투자자의 상당부분이 큰 피해를 보고 있다는 것이다. 이런 문제는 전문가적인 식견으로 보건데 만약 관광청과 같은 기관이 설립된다면 이런 문제도 사전에 방지할 수 있는 전문상담 역할도 수행할 수 있다. 현행 수익형 분양호텔은 공중위생법안에 속해 있어 사업을 진행하는 데 진입장벽이 매우 낮아 여기저기 우후죽순 격으로 분양호텔에 투자한 사람들은 투자대비 수익률은커녕 큰 손해를 보고 있다. 향후에는 이런 전문적인 것을 다루는 별도의 기관에서 감독을 철저하게 해야 한다.

코로나19 이후 여행의 수요가 급증할 것으로 기대되는바, 관광의 본질이 '이동'에 있는 만큼 관광과 교통은 밀접한 관계가 있다. 국민관광 시대에 대중교통 중심의 여행문화를 촉진하고 외국인 관광객 및 내국인 관광객의 지방 방문을 유도하기 위해 지역 간 지역 내 대중교통 접근성 및 편의성의 제고가 시급하다. 저출산, 고령화로 인한 지방의 소도시는 소비가 이루어지지 않으므로 관광을 통해 지방경제 활성화를 꾀해야 한다.

### 관광정책을 일원화시켜라

필자가 관광청 설립관련 세미나를 주최하면서 가장 많이 듣는 말 중 하나는 '관광청과 관광공사의 차이점이 무엇입니까?'이다. 사실 이런 말을 들을 때면 일본의 사례를 들어 설명해 주기도 하지만 필자의 견해를 말해주기도 한다. 일단 현행 문화체육관광부에서의 예산은 자체예산과 함께 각 지자체와 관광공사 등으로 구분하여 예산이 배분되어 운영된다. 그러나 필자는 이런 생각을 해보았다. 문화체육관광부에서 각각의 문화, 체육, 관광에 대한 예산을 집행하는 과정에서 어느 정도 전문성을 갖추고 예산을 집행하지만 실제로 전문적인 차원에서 세세하게 하려면 별도의 관광청과 같은 설립된 기구를 통해 각 부처에서 발생하는 관광관련 예산을 수립할 때 관광청에서 일괄적으로 받아 이를 주도면밀하게 분석하여 다시 각 부처의 관광관련 예산으로 이관하는 것이다. 이를 위해서는 우선 국무총리 주재하에 각 장관들이 참석, 반드시 이 자리에는 관광청장을 포함해서 관광현안에 대한 정책들을 제안받아 관련 부처에서 분산적으로 집행되어 실행되는 예산을 관광청에서 산출하고 이를 각 부처로 이관하는 방안을 고려할 필요가 있다. 물론 관광청을 설립하였을 때의 이야기이다. 예를 들어 의료관광의 경우 보건복지부에서 예산을 편성할 때 의료관련 예산은 정확하게 계상할 수 있다. 그러나 관광관련 예산을 수립하는 것은 쉽지 않다. 그만큼 전문성에 입각하여 예산을 편성해야 하는데 바로 이때 관광청에서 관련 예산을 수립하는 것이다. 이렇게 되면 관광관련 예산을 수립하는 데 있어 보다 정확하고 복지부에서의 일을 그만큼 덜어주는 역할을 할 수 있다. 뿐만 아니라 출입국관리국의 경우 법무부에서 예산을 편성하는 경우도 있다. 예를 들면 출입국관리에 따른 여권이나 비자의 경우 관광과 밀접한 관계가 있다. 이 역시 관광청에서 관련 예산을 수립하여 관련 부서에 이관하면 된다.

최근에는 내국인 관광수요가 급증해 국립공원이나 생태관광 목적지를 많은 관광객이 찾는다. 이런 경우 각 부처에서 관광관련 예산을 수립하거나 관련 정책을 개발할 때 관련 부처의 전문성 면에서 다소 미흡하거나 과거의 방식을 그대로 유지해오면서 정책의 반복성이 거듭될 수 있다. 이런 비효율적인 방식에서 탈피하려면 관광청에서 관련 예산이나 정책을 수립하여 각 부처에 필요한 것을 제공해 주거나 조언, 관련 예산을 수립하는 데 큰 역할을 할 수 있다. 또 한 가지는 각 지자체에서 관광관련 예산을 수립하여 중앙정부에 요청했을 때 각 부처에서 다른 방식으로 예산을 요청할 수 있다. 의료관광이라면 복지부에 요청할 수 있고 해양관광의 경우 해양수산부에 요청할 수 있다. 만약 관광청이 설립되어 운영된다면 전문적으로 이를 해결할 수 있다. 공무원의 경우 전문성을 갖출 만하면 타 부서의 전출로 많은 어려움을 겪고 있다. 물론 공무원의 입장에서는 당연한 것으로 받아들일 수 있지만 해당 업무를 진행하는 프로젝트 수행자는 상당한 어려움을 겪을 수 있다. 지자체에서 요구하는 각종 관광관련 개발이나 정책을 수립하는 데 있어 컨트롤 타워 기능을 갖춘 전문기관에서 일을 수행한다면 보다 일관성 있게 진행할 수 있고 지자체에서 실행하는 프로젝트의 성공가능성이 높다고 할 수 있다. 뿐만 아니라 각종 사업을 엄격하게 평가하는 것도 관광청에서 해야 할 일이다.

일본의 경우 내각총리대신의 주재로 정부 각 부처의 장관들이 참석하여 일본의 관광청을 중심으로 정부의 주요 부처와 긴밀한 협조관계를 구축하여 예산을 전문적으로 편성, 이를 다시 관계 부처로 이관하는 시스템으로 운영한다. 그렇다면 관광공사의 기능을 무엇으로 구분할 것인가? 한마디로 관광공사는 정부를 대신하여 대한민국의 관광자원과 문화재를 전 세계에 알리는 홍보의 역할을 지금보다 더 강화함은 물론 이를 전문적으로 실행해야 한다. 현행과 같이 국내관광, 국제관광, 홍보, 지자체 관광지원 등의 다양한 업무를 수행해서는 관광 활성화에 절대 큰 기여를 할 수 없다고 본다. 대한민국이 인바운드와 국내관광의 활성화를 도모하려면 무엇보다 한국관광공사의 역할이 매우 중요하다. 현재와 같이 만능의 역할을 수행하는 공사의 기능으로는 대한민국이 관광대국으로 가는 길에서 다소 한계가 있다고 본다. 한국관광공사의 경우 대한민국의 구석구석에 알려지지 않은 문화재나 세계문화유산

등을 전 세계에 알리는 데만 해도 엄청난 노력이 필요하다. 관련 예산은 물론이거니와 각종 홍보에 대한 매체, 전 세계의 대사관, 나라별 관광청 등 홍보할 곳이 너무 많다. 일본에는 JNTO(Japan National Tourism Organization)가 현재 일본 관광청의 하부기관으로 운영되고 있다. 여기에서는 일본 정부를 대신하여 관광홍보를 하는 것이 주요 사업이다.

# 관광진흥기본계획을 전문화된 기구에서 수립하자

8-8

「관광기본법」 제3조(관광진흥계획의 수립)와 관련하여 (1) 정부는 관광진흥의 기반을 조성하고 관광산업의 경쟁력을 강화하기 위하여 관광진흥에 관한 기본계획을 5년마다 수립 · 시행하여야 한다. 이는 관광기본법에 명시되어 있는 내용이다. 관광산업의 경우 다양한 분야가 융 · 복합개념으로 이루어진 것이 특징이다. 자연환경, 교통, 숙박, 출입국관리, 외식 등 관광의 행위가 이루어지기까지 관광객은 여러 과정을 거치는 관계로 상호의존성이 매우 높다고 할 수 있다. 뿐만 아니라 관광산업은 규모가 점점 커지면서 2030년에는 관광객이 18억 명으로 늘어날 것으로 추산하고 있다. 세계 GDP와 고용의 10%를 차지할 정도로 관광산업으로 인해 파생되는 경제적 효과는 매우 크다.

매 5년마다 관광정책을 수립 · 시행하기 위해서는 전문가의 의견과 평소 관광정책에 대한 전문성을 갖추고 지속적인 정책을 수립하는 사람 외에는 관광정책을 수립하는 것 자체가 매우 어렵다. 현행 10개 부처에서 관광관련 업무가 진행되는 것으로부터 탈피하여 하나의 일원화된 정책을 수립하는 기구에서 관련 정책을 개발해야 한다. 각 부처에서 발생하는 관광정책을 그때마다 협력적으로 다른 부처와 공동으로 한다면 과연 전문성이나 정책개발 후 지속성에서 얼마나 효력을 발생할 수 있을지는 의문이다. 왜냐하면 업무의 특성상 한 부서에서 해당업무를 지속적으로 수행할 수 없고 다른 부처나 부서로 직원이나 관련 담당의 책임자가 이동하게 되면 다시 인수받은 것을 이어 나가야 해서 많은 어려움이 따르기 때문이다. 따라서 관광청과 같은 정부의 독립기구에서 각 부처의 관광과 관련된 정책을 관광청으로 이관하여 이들 정책을 수립하는 것과 현행 부처에서 협력적으로 상황에 따라 정책을 수립하는 것에는 많은 차이가 있다.

코로나19 이후 여행수요가 폭발적으로 증가할 것으로 본다. 이제는 관광이 삶의 질 중심으로 깊이 파고들어 인간의 행복지수를 결정짓는 주요한 요인으로 작용한다는 사실에 주목해야 한다. 과거의 관광정책으로 현실의 사회현상에 대응하기에는 역부족이다. 과거에는 특정층, 즉 여유가 있는 사람, 소득이 높은 사람, 개인가처분소득 등과 연관되어 관광이 이루어졌다고 한다면 지금은 대중의 관광시대에 돌입한 것이다. 소득, 계층, 나이, 성별에 관계없이 누구나 삶의 질을 향상시키고 행복지수를 높이기 위해 관광을 한다. 과거 관광의 개발이 주로 하드웨어적인 관광지 개발 중심이었다고 하면, 지금은 소프트웨어 중심으로 과거의 시점에 존재한 것을 그대로 유지하면서 눈으로 보는 멘탈적인 관점으로 바뀌고 있다. 이런 현상은 고령화추세가 이어지면서 관광의 행위에 점점 커다란 영향을 미칠 것으로 보인다.

여행의 욕구를 충족시키면서 삶의 질을 어떻게 변화시킬 것인가를 관광을 통해 해결해야 할 시점이 왔다. 이러한 현상은 대한민국만 그런 것이 아니라 전 세계적인 추세이다. 따라서 관광정책은 전문가의 입장에서 개발하고 장기적인 계획을 수립하지 않으면 결국 그저 단순히 보는 정도의 관광으로 끝날 수밖에 없다. 여기에 사회의 변화와 함께 4차 산업으로 인해 관광산업 역시 많은 변화가 이루어져야 한다. 최근에는 신개념의 서비스가 등장하면서 우버택시, 공유숙박, 가상현실 등 다양한 것들을 관광에 접목시키고 있다.

정부의 주요 부처나 지자체마다 다양한 관광개발과 관련하여 협력적인 슬로건을 내걸고 여러 부처와 관광진흥기본계획을 수립하고 있다. 그러나 가만히 들여다보면 이들 정책 모두가 과거에 해오던 방식에서 별반 다른 것이 없다. 이제는 전문가적인 집단에서 관광을 바라보고 정책을 수립해야 할 시점이 왔다. 이제는 디테일에 신경을 써야 한다. 디테일은 전문가집단에서만 가능한 일이다. 코로나19 이후 외국인 관광객을 유치하기 위한 경쟁이 나라마다 치열할 것으로 본다. 과연 현행처럼 정부의 주요 부처에서 내놓은 관광정책을 가지고 경쟁력을 확보할 수 있다고 보는가? 현재도 지자체마다 관광개발이라는 명분 아래 각종 시설들을 방치해 놓아 산재된 골칫거리가 많다. 즉흥적 시각에서 바라볼 것이 아니라 관광전문가적인 입장에서 이런 불필요한 것들을 사전에 감지하여 방지해야 한다.

# 대한민국의 관광홍보

8-9

대한민국이 오늘날 외국인 관광객 2,000만 시대를 맞이하기까지, 물론 코로나19 이전의 일이지만, 한국관광공사가 지대한 역할을 하였다. 공사는 1961년의 관광사업진흥법과 1962년의 국제관광공사법에 의거 설립된 것으로 1982년에 현재의 명칭인 한국관광공사로 변경되었다. 한국관광공사는 2018년 1월 '2018년 공공기관 지정안'의 심의 · 의결에 따라 준정부기관으로 분류되었다.

한국관광공사는 1960년에 관광종사원제도를 처음으로 시행한 이후 1970년대에는 PATA총회 개최, 1980년대 한국관광공사로 명칭이 변경되고 1990년대에는 한국방문의 해를 개최, 이어 2000년대에는 월드컵 & 아시안 게임 관광기획단을 운영하였으며 2003년에는 금강산 육로관광의 실시로 전 국민의 호응을 널리 받았다. 이어 2014년에 본사가 원주로 이전하는 등 그간 관광관련 업무를 훌륭하게 수행하였다.

이제는 관광청을 설립하여 공사의 업무와 현존하는 조직에 대해 필자가 몇 가지 제언하면 다음과 같다. 향후에는 공사가 홍보와 마케팅 업무에 적극적으로 예산을 투입, 대한민국을 알리는 역할을 수행하는 것이 무엇보다 중요하다. 만약 관광청이 설립된다고 하면 현재의 한국관광공사 조직에서 국민관광본부와 관광산업본부의 2개 본부, 국제관광본부로 운영하는 것을 국내업무와 관련해서는 아주 중요한 부서를 제외한 나머지는 관광청의 주업무로 하면서 국제관광본부를 보다 확대시키는 방안을 고려할 필요가 있다.

향후 유라시아 중심의 관광을 대한민국이 주도적으로 이끌어나가기 위해서는 국제업무를 강화시킬 필요가 있다. 현재 관광공사의 주요 기능은 국내업무뿐만 아니라 국제업무도 통합적으로 운영하다 보니 전문성을 확보하는 차원에서 미흡하다고 볼 수 있다. 국제본부에서는 주로 해외업무를 담당하며 국가 간 관광교류를 활성화시키기 위한 국제관광교류팀을 만들어 향후 외국인 관광객을 유치하는 데 큰 역할을 하도록 조직을 구성해야 한다. 국제관광교류팀 내에는 국내관광을 홍보하기 위한 별도의 조직을 만들어 해외에서 관광과 관련한 행사나 문화행사 등을 관광공사에서 주도적으로 행하도록 한다. 그리고 현재 내국인 관광을 활성화시키기 위한 여러 가지 정책과 조직을 구성해 운영하고 있으나 이런 조직은 향후 지자체 단위의 관광공사나 기타 관광관련 단체 또는 기관에게 과감하게 업무를 이양해야 한다고 본다. 이제 각 지자체는 전문가의 영입으로 인해 관광이나 기타 문화관련 행사나 유치는 자체적으로도 얼마든지 할 수 있게 되었다.

관광산업을 국가의 전략산업으로 육성시키기 위해서는 내수 목적의 관광만 가지고는 한계가 있다고 본다. 정부에서 강조하는 일자리 창출을 위한 일자리 창출팀을 신설하는 것도 중요하지만 좀 더 거시적인 안목으로 보아 국민관광의 활성화나 국민복지차원의 관광, 국민해외여행 등은 가능한 지자체에서 행하고 관리감독이나 행정적인 면에서는 관광청이 전국의 주요 지자체나 협회 등을 관리하도록 한다.

이제 한국관광공사는 국제적 업무를 주도적인 사업으로 시행하고 관련 조직 역시 해외업무를 수행하도록 한다. 따라서 명칭도 한국관광공사보다는 국제관광공사나 국제교류관광공사로 하는 것이 타당하다고 본다. 일의 성격을 분류하자면 해외 홍보나 마케팅 업무를 주업무로 한다는 전제 아래 명칭을 부여해 본 것이다. 일단 해외 관광객을 유치하거나 국가 간 교류 등의 교섭활동을 한국관광공사가 주도적으로 하면서 관광청은 이를 뒷받침할 수 있는 행정적 협조를 정부와 긴밀하게 협의하도록 한다. 현재는 문화체육관광부에서 문화, 체육, 관광의 업무를 복합적으로 시행하다 보니 관광을 핵심산업으로 인식할 수 없다.

중국과 일본 등을 포함한 아 · 태지역의 국가에서 대한민국으로의 여행에 대해 호기심을 갖고 여행에 참여할 확률이 매우 높다. 대한민국의 관광자원뿐만 아니라 한류문화를 어떻게 주변 국가에게 홍보하느냐가 매우 중요하다. 한국관광공사의 역할이 매우 중요하다. 관광관련 정책이 지자체, 협회, 공사, 정부부처 등의 다양한 부문과 연계되어 적용되고 있다. 문제는 다양한 만큼 다양한 행정, 예산, 조직 등을 원활하게 컨트롤할 수 있는 기능이 더욱 절실해졌다는 것이다.

# 국토교통부 산하 '관광청'을 설립하자

8–10

일본과 같이 국토교통부 산하에 '관광청'을 설립해야 하는 이유에는 여러 가지가 있지만 우선 관광 · 교통이 상호 밀접한 관계가 있기 때문이다. 항공 · 철도, 항공 · 관광은 대한민국이 관광대국으로 가는 길에 있어 가장 중요시되는 분야이다. 국가 간 이동에 있어서도 항공을 통한 관광은 매우 중요하며 동북아 중심시대에 대한민국이 관광의 중심에 서기 위해서도 반드시 항공이 매우 중요한 역할을 한다. 최근 국가관광전략회의와 관련하여 관광 · 항공 간의 협력사업을 살펴보면 실제적으로 관광정책의 상당수가 국토교통부와 연계하여 이루어지는 것을 알 수 있다.

제1~4차 국가관광전략회의의 관광 · 항공 협력사업 과제

| 구 분 | 추진방향 | 주요 사업분야 | 관광-항공연계사업 |
|---|---|---|---|
| 제1차 회의 (2017. 12.16.) | 지역관광 접근성 제고 | 교통연계망 구축, 대중교통이용 편의성 제공, 대중교통 활성화 | 항공 · 철도 연계발권시스템 구축, 교통거점(공항, 기차역, 터미널 등)의 관광명소화, 대중교통 이용, 관광지도 제작 |
| | 국가 간 관광교류 확충 | 동북아관광 활성화로 신시장 창출 | 동북아 항공노선 확충, 역내 항공자유화 추진(공동교통패스 등) |

<table>
<tr><th>구 분</th><th>추진방향</th><th>주요 사업분야</th><th>관광-항공연계사업</th></tr>
<tr><td rowspan="2">제2차 회의 (2018. 7.11.)</td><td>국제적인 관광거점 조성</td><td>관광 거점도시 육성</td><td>숙박 · 관광 등 관광인프라 개선(지방공항 인근 관광지 연계, 지방공항 활용 관광상품 개발, 환승관광프로그램 등)</td></tr>
<tr><td>지역관광 역량 강화</td><td>지역관광 서비스 · 인프라 개선</td><td>지방공항 국제노선 확충</td></tr>
<tr><td rowspan="2">제3차 회의 (2019. 4.2.)</td><td>지역관광 거점도시 육성</td><td>국제관광도시</td><td>항공 · 크루즈노선 확충</td></tr>
<tr><td>지역 스마트 관광환경 조성</td><td>스마트 교통,<br>스마트 안내</td><td>한국형 MaaS 도입, 교통접점 공공와이파이 설치 확대 및 통합시스템 구축</td></tr>
<tr><td rowspan="2">제4차 회의 (2019. 12.12.)</td><td>한국 · 지역 유치 확대</td><td>지역과 함께하는 지방공항 입국 홍보</td><td>지방입국 환대기간 지정, 지방공항과 해외공항 연계(노선 및 상품)</td></tr>
<tr><td>외래객 지방공항 입국기반 조성</td><td>지방공항 인바운드 항공노선 확대, 지방공항 취항 항공기 활용 · 홍보</td><td>동남아 신규노선 확대, 부정기편 허용 확대(지방공항 7개소 포함), 항공기 외부도배(래핑), 기내안내자 제공</td></tr>
</table>

자료: 관계부처합동(2017~2019), 국가관광전략회의 발표자료(1~4차 요약) 장병권 자료 인용

국가관광전략회의의 자료를 살펴보면 공히 제1차, 제2차, 제3차, 제4차 모든 회의의 내용은 국토교통부와 업무상 많은 제휴와 연대가 필요한 사업이 대부분이다. 국제적인 지역관광 거점도시 확충을 위해서는 지방공항을 연계한 국제관광객 유치가 이루어져야 하며 지방공항을 활용한 관광상품 개발이나 환승 프로그램 등은 매우 중요하다. 특히 동북아 관광 활성화로 신시장 창출을 위해서는 동북아 항공노선의 확충과 역내 항공자유화 추진 등이 주요한 의제로 국토교통부와의 연계사업에 있어 매우 중요한 사업이다. 지역관광의 접근성이나 국가 간 관광교류 기반을 확충하기 위해서는 동북아 국가 간의 협력이 필요한데 이 역시 관광과 국토교통부 간에 밀접한 관계가 있다.

대한민국이 관광대국으로 가는 길에 있어 '관광청'의 신설이 매우 중요하다는 말을 여러 번 언급하였으며 이 책의 상당부분이 '관광청' 설립이 왜 필요한지를 설명하고 있다. 특히 국가관광전략회의를 통해 도출된 대부분의 사업이 국토교통부와 밀접한 관계가 있다고 볼 때 국토교통부 내의 '관광청' 설립은 당연한 일이며 현행 문화체육관광부에서의 관광의 역할이 매우 협소할 뿐만 아니라 체육이나 문화와 관광을 연계하는 것은 매우 어려운 일이다. 즉 관광사업을 발전시키는 데 있어 큰 역할을 할 수 없으며 관광부서뿐만 아니라 체육이나 문화담당에서도 관광과의 사업연계가 힘들다. 사업의 파트너나 관광사업의 발전상 교통과는 매우 밀접한 관계가 있다고 볼 때 현행 문화체육관광부의 조직 중 관광부문의 조직을 국토교통부로 옮기고 '관광청'을 신설하여 국토교통부 산하에 두어야 대한민국 관광의 발전을 도모할 수 있다.

### 관광청 신설에 따른 부정적 견해를 해결하자

관광을 국가의 전략산업으로 집중 육성하려는 움직임은 이미 전 세계의 선진국에서 오래전부터 시도해 왔다. 이는 관광산업을 진흥시키고 미래의 폭발적인 관광수요를 수용하기 위해서는 독립적이고 전문성을 확보한 기존의 공사나 국 단위보다는 더욱 체계적이고 행정적 능력을 갖춘 별도의 기관이 필요하기에 세계의 각국에서 앞다투어 관광청을 신설, 세계적으로 매년 수억 명의 관광객을 유치하려는 것이다. 물론 코로나19와 같은 감염병을 잠재시킬 수 있는 백신이 개발되고 관광객 모두에게 백신여권을 발행, 세계의 어느 국가든 자신이 원하는 나라에 관광을 가기 위한 제도가 마련된 다음의 일이지만 말이다. 그러나 지금부터 철저하게 준비하지 않으면 관광산업의 부흥을 기대하기란 결코 쉬운 일이 아니다. 왜냐하면 위기 다음에 기회가 찾아오기 때문이다. 관광청 신설에 대한 다음과 같은 견해를 펴고자 한다.

첫째, 관광청 신설에 대한 조직의 변화에 공무원들이 민감한 반응을 보일 것으로 보나, 관광청과 관광산업의 맥락에서 거국적 시각으로 살펴볼 때 관광산업의 활성화는 기존의 공사나 국 단위로는 한계가 있다. 중소기업청 역시 산하에 있는 많은 중소기업의 애로점을 해소하고 중소기업에 맞는 정책을 개발하기 위해 반드시 필요하다. 정부차원에서 중소기업들을 대상으로 한 각종 지원제도나 금융지원제도, 세계 중소기업들과의 경쟁적 차원을 생각할 때 중소기업청의 역할이 매우 크다고 생각하여 설립되었다. 이제는 관련 중소기업의 중요성이 더욱 커져야 한다는 목소리에 중소벤처기업부로 승격하였다. 마찬가지로 관광청 역시 대한민국의 관광관련 산업을 살펴보라. 그리고 코로나19 이전, 약 2,000만 명의 외국인 관광시대를 맞이한 것은 행정적인 별도의 기관이 없이는 절대 불가능한 일이다. 관광산업적 측면에서 살펴보자. 대한민국의 경우 호텔을 비롯한 각종 숙박시설은 말할 것도 없거니와 외식업, 면세점, 관광관련 단체, 여행사, 조리, 각 지자체마다의 관광이벤트 및 축제 등을 감안해 보자. 거기에 최근 불거지고 있는 분양호텔의 사태를 보자. 얼마 전 KBS의 집중보도를 통해서도 보도된바, 상당수의 분양호텔 피해자가 속출했지만, 이를 해결하려는 정부나 지자체의 어떠한 시도나 법적인 제재도 전혀 없다. 정부나 지자체는 방관만 하고 있다. 시장에 대한 분석 없이 무분별하게 허가를 내주어 많은 피해가 속출하는 것만 보아도 이제는 관광청의 신설을 통해 이런 고충을 해결하고 정책적 개발과 관련 법안 등을 만드는 것이 매우 시급한 정부의 과제 중 하나라고 필자가 주장하는 것이다.

두 번째는 현행 문화체육관광부 산하의 관광청 신설을 통해 도출된 안건을 국무회의에 올려서 정책적으로 연계하기 힘들다고 주장하지만 이것은 전혀 그렇지 않다. 질병관리본부가 질병관리청으로 승격, 한 단계 업그레이드 된 행정기관으로 거듭났을 때 정부에 건의하는 것이 이전 본부 단위의 건의와 똑같은 맥락이라 생각하면 절대 안 된다. 왜냐하면 한반도 중심의 미래 유라시아 관광을 남과 북이 협력하여 관광을 통해 남북이 관광으로 화해하고 관광을 통해 유라시아 중심국과의 상호 협력을 모색하려면 지금의 문화체육관광부 산하의 3개 기관이 복합된 단위로서는 도저히 행정적, 법적, 국제적 차원 등의 모든 것을 고려할 때 매우 어렵다는 것이다. 관광청을 중심으로 관광교류가 이루어지는 것과 국 단위로서, 물론 혹자들은 문화체육관광부라고 하는 부단위로 해석하지만, 실제는 복합적으로 연관되어 있지 않은 부서의 혼합으로는 경쟁력을 갖추기 어렵다. 관광행정의 교류가 이루어지려면 무언가 관광청과 같은 특화된 기구에서 하는 것이 매우 바람직하다고 본다. 물론 현행 문화체육관광부에서 관광을 다루면 되는 것이 아니냐고 반문할 수 있다. 그러나 현행 문화체육관광부에서는 관광을 특화된 하나의 산업으로 다루기는 역부족이다. 신설이라기보다는 문화체육관광부에서 관광을 독립시켜 그 산하에 관광청을 두는 것이다.

세 번째는 다수의 부처에서 관광청 신설에 대해 다른 부처에서도 청 단위의 행정개편을 요구할 수 있다는 주장은 다소 일리가 있지만 현재 전 세계의 관광관련 산업적 차원에서 살펴볼 문제라고 본다. 다른 나라에서 설치하지도 않은 것을 대한민국이 앞다투어 설치한다면 깊이 있게 고민해 보아야 할 것이다. 그러나 이미 대한민국보다 선진국이라고 할 수 있는 유럽의 많은 국가나 바로 인접한 일본에서 관광청을 신설하여 운영하는 것을 관심있게 주목할 필요가 있다. 다른 부처에서 각 부처마다 청단위의 신설을 요구한다고 해서 관광청 신설에 대해 부정적 견해를 가지고 있다면 이는 전 세계의 흐름에 역행하는 것이다.

# 중앙정부와 광역지방자치단체의 관광조직을 이해하자

8-11

| 구분 | 지역 | 공공부문 | | | | 민간부문 |
|---|---|---|---|---|---|---|
| | | 행정조직(과) | | 실행조직 | 광역/(기초) 연구조직 | |
| 국가 | 중앙정부 | 문화체육 관광부 | 관광정책국 | 한국관광공사 | 한국문화관광 연구원 | 한국관광협회 중앙회 |
| 광역 지방 자치 단체 (총 17개 시도) | 서울 특별시 | 관광체육국 | 관광정책, 산업과 | 서울관광재단 | 서울연구원 | 서울특별시 관광협회 |
| | 부산 광역시 | 관광마이스 산업국 | 관광진흥과<br>마이스산업과<br>2030엑스포 추진단<br>해양레저관광과 | 부산관광공사 | 부산연구원 | 부산광역시 관광협회 |
| | 대구 광역시 | 문화체육 관광국 | 관광과 | 대구관광뷰로<br>대구컨벤션뷰로 | 대구경북 연구원 | 대구광역시 관광협회 |
| | 인천 광역시 | 문화관광국 | 관광진흥과 | 인천관광공사 | 인천연구원 | 인천광역시 관광협회 |
| | 광주 광역시 | 문화관광 체육실 | 관광진흥과 | 광주관광 컨벤션뷰로 | 광주전남연구원 | 광주광역시 관광협회 |

| 구분 | 지역 | 공공부문 | | | | 민간부문 |
|---|---|---|---|---|---|---|
| | | 행정조직(과) | | 실행조직 | 광역/(기초) 연구조직 | |
| 광역 지방 자치 단체 (총 17개 시도) | 대전 광역시 | 문화체육 관광국 | 관광마케팅과 | 대전 마케팅공사 | 대전세종 연구원 | 대전광역시 관광협회 |
| | 울산 광역시 | 문화관광 체육국 | 관광진흥과 | – | 울산연구원 | 울산광역시 관광협회 |
| | 세종 자치시 | 문화체육 관광국 | 관광문화재과 | – | 대전세종 연구원 | 세종특별 자치시 관광협회 |
| | 제주특별 자치도 | 관광국 | 관광정책과 | 제주관광공사 | 제주연구원 | 제주관광협회 |
| | 경기도 | 문화체육 관광국 | 관광과 | 경기관광공사 | 경기연구원/ 고양 · 수원 · 용인 시정연구원 | 경기도 관광협회 |

자료: 한국문화관광연구원, 오훈성 · 김진영, 2020 인용

광역지방자치단체(총 17개 시도)의 관광관련 조직을 살펴보면 대부분은 문화체육관광국으로 편성되어 있으며 부산광역시는 관광마이스 산업국, 서울특별시는 관광체육국, 울산광역시는 문화관광체육국으로 되어 있다. 제주특별자치도의 경우 관광국으로 행정조직이 이루어진 것으로 나타났다.

이들 지역의 경우 대부분은 관광을 중요한 정책으로 여겨 조직을 편성한 것으로 보인다. 나머지 지역의 경우 정부부처인 문화체육관광부의 형태로 조직을 편성하였다. 공공부문의 실행조직을 살펴보면 중앙정부의 경우 한국관광공사, 서울특별시는 서울관광재단, 제주특별자치도는 제주관광공사 등으로 대부분의 실행조직은 관광중심의 조직이다. 실행조직 차원에서 살펴보면 모두 관광이 중심이 되어 실무조직을 이끌고 있다.

대부분의 광역시도에는 관광관련 실행기관이나 행정조직에 관광이 모두 들어가 있다. 일단 정부차원에서 볼 때 각 지자체에서 관광의 중요성을 인식하고 조직의 실무에서 업무를 수행한다고 볼 때 국가 전체의 관광관련 조직을 컨트롤할 수 있는 컨트롤 타워 기능이 현 시점에서는 매우 중요하다고 본다. 단지 전국의 지자체 중 일부의 조직이 관광으로 편성되어 있다면 현행 문화체육관광부에서 종합적으로 컨트롤할 수 있다고 본다. 그러나 현재의 조직을 살펴보면 관광관련 조직이나 예산편성, 관광개발, 관광정책 등의 주요한 사업을 문화체육관광부가 종합적인 차원에서 컨트롤하기에는 역부족이라고 할 수 있다. 일본이나 기타 관광청을 설립한 국가의 사례에서 보듯이 이들 국가 대부분이 대한민국과 같이 각 지자체마다 관광관련 조직을 운영하고 있어 이들을 컨트롤할 수 있는 통합적인 기구가 필요해서 관광청을 설립했기 때문이다.

관광의 필요성이 과거 개발방식의 시대에서 지역의 관광개발을 위해 요구되었다면 이제는 국민여가시대를 맞이하여 국민의 행복지수를 높이는 데 관광이 필요해진 것이다. 즉 국민복지차원에서 관광의 문제를 다루어야 할 시점이 온 것이다. 전 국민이 여가를 어떻게 활용할 것인지를 정부차원에서 고민해야 한다. 국민의 행복지수를 높이는 것이 무엇보다 중요하기 때문이다. 단순히 경제적 이득만을 취하던 시대에서 국민여가와 관광 등에 대한 복지차원에서의 접근이 필요해진 것이다. 따라서 전문가의 종합적인 사고가 필요하다.

대한민국에 향후 여가문화가 정착되고 국민복지차원에서 관광에 접근한다면 국민의 행복지수는 더한층 높아질 것이다. 자살률이 전 세계 1위를 차지하는 것 자체도 국민이 행복하지 않아서 발생하는 것이다. 어떻게 행복지수를 높일 수 있는지는 바로 여가와 관광으로 해결해야 한다. 이미 전국의 17개 시도에서는 관광관련 행정조직이 편성되어 조직이 늘어나는 추세이다. 이제는 이들을 종합적인 차원에서 관리하고 통제 및 감독, 평가가 체계적으로 이루어지지 않으면 향후 이들 조직은 무용지물이 될 수 있다.

광역지방자치단체의 관광조직을 이해하자

| 지역 | 공공부문 | | | | 민간부문 |
|---|---|---|---|---|---|
| | 행정조직(과) | | 실행조직 | 광역/(기초) 연구조직 | |
| 강원도 | 문화체육 관광국 | 관광마케팅과 관광개발과 | 강원관광재단 | 강원연구원 | 강원도 관광협회 |
| 충청북도 | 문화체육 관광국 | 관광항공과 | – | 충북연구원 | 충청북도 관광협회 |
| 충청남도 | 문화체육 관광국 | 관광진흥과 | – | 충남연구원 | 충청남도 관광협회 |
| 전라북도 | 문화체육 관광국 | 관광총괄과 | 전라북도 문화관광재단 | 전북연구원 | 전라북도 관광협회 |
| 전라남도 | 관광문화 체육국 | 관광과 | 전라남도 문화관광재단 | 광주전남연구원 | 전라남도 관광협회 |
| 경상북도 | 문화관광 체육국 | 관광정책과 관광마케팅과 | 경북관광공사 | 대구경북연구원 | 경북관광협회 |
| 경상남도 | 문화관광 체육국 | 관광진흥과 | – | 경남연구원/ 창원시정연구원 | 경남관광협회 |
| 경기도 | 문화체육 관광국 | 관광과 | | | |
| 제주도 | 관광국 | 관광정책과 | | | |
| 전국 시, 군, 구 | 각 시, 군, 구 단위에 관광관련 실/과가 설치되어 있음 | | 강릉(강릉관광개발공사), 통영(통영관광개발공사), 거제(거제해양관광개발공사), 문경(문경관광진흥재단), 당진(당진항만관광공사), 단양(단양관광관리공단), 영덕(영덕문화관광재단) | | 기초단체단위 관광협회지부 |

광역지방자치단체의 관광조직을 살펴보면 정부조직인 문화체육관광부의 조직을 유지하고 있는 것을 알 수 있다. 전라남도의 경우 관광문화체육국으로 조직을 편성함으로써 관광의 중요성을 부각시키고자 관광을 조직의 앞자리에 놓아두고 있으며 경상북도와 경상남도의 경우 정부의 조직과 달리 문화관광체육국으로 관광을 두 번째 위치에 놓고 있다.

기초단체의 경우 강릉, 통영, 거제, 문경, 당진, 단양, 영덕 등의 경우 별도의 관광공사나 재단을 운영하고 있는 것으로 나타났다. 광역지자체의 경우 경상북도는 경북관광공사, 전라남도의 경우 전라남도 문화관광재단, 전라북도 역시 문화관광재단을 운영하고 있으며 강원도의 경우는 강원관광재단을 운영하고 있다. 광역지자체는 대부분 관광의 중요성을 인식하며 관광재단이나 공사의 형태로 운영하는 것을 알 수 있다.

현재와 같은 각 광역지자체나 시, 군, 구에서의 관광관련 재단 또는 공사의 기관을 하나로 묶어 광역지자체별로 관광청이라는 하나의 독립된 기관으로 명칭을 부여하고 이들의 조직을 단계적으로 흡수하여 하나의 기관으로 통합해야 한다. 전국의 광역지자체에서 현행과 같이 문화관광재단이나 관광재단, 관광공사 개념의 별도조직으로 분산되어 있다면 광역지자체 자체도 업무의 분산으로 인해 행정적, 제도적으로 많은 문제가 도출될 수 있다. 특히 예산의 낭비로 이어질 수 있으며 각 조직을 편성할 때마다 별도의 인원을 채용함과 동시에 행정업무가 늘어나 결국 그 부담은 국민한테 돌아갈 수밖에 없다. 따라서 정부차원에서 관광청을 현재의 문화체육관광부에서 관광국과 관광과 7개의 부서로 편성되어 운영되는 것을 독립하여 관광청이라는 부처의 산하기관으로 하면 현행 문화체육관광부의 조직을 그대로 지자체에서 유지할 것이 아니라 각 지자체에서 여러 개의 기관으로 난립되어 존속하고 있는 관광관련 재단이나 공사를 하나로 묶어 지자체의 관광청으로 통합 운영하는 방안이다. 이렇게 되면 정부차원에서 관광청의 독립된 기관을 통해 각 지자체의 통합된 하나의 기관인 관광청을 컨트롤할 수 있으며 더욱 중요한 것은 소속된 기관의 지위를 상향시킬 수 있다는 것이다. 왜냐하면 기존의 소규모단위 기관보다는 관광청이라는 기관에 소속됨으로써 관광의 중요성을 부각시키는 것은 물론이고 관련 직원들에게 소속감을 더 불어넣을 수 있기 때문이다. 뿐만 아니라 행정의 일원화로 효율성을 높일 수 있다. 관광청의 하부기관으로 현행 문화체육관광부에 속해 있는 민간협의체인 관광협회는 중앙정부차원의 관광청이 한국관광협회가 들어가고 나머지 광역지자체의 관광협회는 그 지역의 관광청으로 민간협의기구에 들어가면 된다. 물론 관광협회는 중앙이나 지방 모두가 민간단체이기 때문에 소속은 문제가 없다고 본다. 프랑스의 경우에도 민간협회차원의 관광협회가 정부나 지자체의 소속으로 활동하고 있고 실제 이들의 역할이 차지하는 비중은 매우 높다.

대한민국의 경우 별도의 관광청을 신설하는 것이 아니라 어떻게 보면 현행 문화체육관광부에서 관련 업무를 맡은 관광관련국이나 과단위의 소속 공무원은 그대로 관광청에 흡수되는 것이다. 마찬가지로 광역지자체의 경우 현행 문화체육관광국에서 관광관련 업무를 담당한 공무원 역시 광역단위의 관광청에 소속되고, 현재 유지되고 있는 재단이나 공사의 직원은 준공무원 자격으로 관광청에 소속되며 원래의 공무원 조직으로 문화체육관광국 소속은 파견형식으로 관광청에 소속될 수 있다. 문제는 현행 문화체육관광부에서 장관의 직위에 소속된 공무원의 경우 장관에서 청장 단위로 조직의 하향을 염려하겠지만, 관광청이라는 독립된 기관에 소속됨으로써 현행 문화, 체육, 관광이라는 각각의 업무를 복합적으로 다루는 것보다는 훨씬 더 전문성을 확보하여 자존감을 높일 수 있다고 본다.

현행대로 정부단위에서 복합적 기능의 부서로 편제된다면 각 지자체는 계속해서 관광재단이나 관광공사 또는 문화관광재단 형식으로 조직이 늘어날 수 있다. 왜냐하면 문화체육관광부의 조직체를 그대로 따라 하는 지자체가 될 수밖에 없기 때문이다. 이제는 독립된 관광청을 신설함으로써 모든 조직을 일원화시켜 행정의 효율화, 업무의 전문성 등을 추구해야 한다. 더욱이 중요한 문제는 현재 유지되고 있는 각 지자체의 관광관련 조직단위를 컨트롤할 수 있는 컨트롤 타워 기능이 없다는 것이다.

# 대한민국 차기정부에서 해결해야 할 과제

## 제 9 부

# 정부조직법 일부를 개정하자

9-1

2020년 6월 15일, 국민의 힘 김석기 의원을 비롯한 12명의 국회의원이 정부조직법 일부 개정법률안의 대표발의를 한 바 있다. 요지는 문화체육관광부의 사무에서 관광에 관한 업무를 분리하여 관광만을 전담하는 관광청을 신설하여 국가의 경제발전, 관광산업의 발전과 함께 국민행복추구권을 이룰 수 있도록 하려는 법안이다.

한국MICE관광연구 제20권 제2호에 게재된 김형철 교수의 연구에 따르면 대한민국이 관광청이나 관광부가 설치되지 않은 이유를 전문가집단의 연구를 통해 명확하게 도출시켜 그 의미가 매우 크다고 할 수 있다. 연구자에 따르면 이미 관광분야의 오랜 실무와 행정경험을 갖춘 전문가집단을 통해 다양한 의견을 듣고 이를 바탕으로 연구한 논문으로서 매우 의의가 있다. 연구결과를 요약하면 대한민국의 관광청이나 관광부의 설립을 위해서는 무엇보다 관광으로 인해 발생되는 국가의 GDP에 미치는 영향이 스페인이나 싱가포르 등에 비해 현저히 떨어지는 것이 무엇보다 중요한 원인으로 꼽힌다. 물론 그 이유는 매우 타당하다고 사료되나 실제로 일본 관광청 설립의 사례를 비교해 보면 관광청의 설립 이전 즉 2008년 이전만 해도 일본의 외국인 관광객 유치실적은 대한민국에 비해 현저하게 떨어져 있었다. 외국인 관광객 유치실적은 대한민국이 일본보다 약 3~4백만 명 많았다. 그러나 이후 관광청의 설립으로 인해 일본은 외국인 관광객 유치실적이 대한민국의 2배에 달할 정도로 외국인 관광객 유치에 있어 매우 성공적인 상황을 유지하고 있다. 물론 코로나19 이전의 일이기는 하지만 말이다.

대한민국이 관광청이나 관광부의 설립에 대해 미온적인 태도를 보이는 것은 정부에서 관광에 대해 소비성이나 기타 향락적인 차원으로 인식함으로써 별로 중요시하지 않은 데서 기인한다고 본다. 관광을 바라보는 시각 자체가 부정적인 데서 문제가 발생한다고 본다.

관광이라는 중요한 단어를 제외하고 우리가 일상생활을 여유롭고 평화롭게 이어나가는 것은 그리 쉬운 일이 아니다. 이미 여행은 우리의 일상생활에서 차지하는 비중이 점점 높아지고 있다. 개인 가처분소득의 증가와 이에 맞물려 삶의 질 향상은 여행이나 관광으로 이어진다는 사실을 명심해야 한다. 물론 세계적인 추세이다. 이런 추세와는 달리 현행과 같이 정부의 모든 부서에서 관광을 다루는 것은 전문성 면에서 매우 뒤떨어진다. 이미 전 세계는 관광산업의 비중이 얼마나 큰지를 실감하고 관광전문가 집단의 구성과 조직을 통해 관광을 통한 일자리나 국가경제, 지역경제의 활성화에 도움이 되고자 많은 노력을 기울이고 있기 때문이다.

관광부나 관광청의 설립은 이미 전 세계의 흐름이다. 현행 지자체마다 관광관련 조직을 운영하고 협회, 학회, 각종 관광단체 등을 종합적으로 컨트롤할 수 있는 컨트롤 타워 기능을 갖춘 강력한 국가조직이 필요한 시대가 이제 우리의 눈앞에 다가왔다. 정부차원에서 적극적으로 이를 검토하여 관광산업을 통해 일자리 창출 등의 기회를 젊은 이들에게 부여해야 한다. 제조업의 일자리에도 한계가 있다. 4차 산업이라 하지만 실제 4차 산업에서 젊은 청년들이 일자리를 찾기란 쉽지 않다. 문화체육관광부에서 관광을 분리, 독립하여 관광만의 특화를 시도하자.

# 청와대에 관광비서관제도를 부활시켜라

9-2

과거 1970년대에는 관광개발 계획단을 운영하여 관광개발과 관련해서는 청와대에서 직접 관리를 하였다. 1971년에 관광사업법에 관광 휴양업을 추가로 지정함으로써 관광사업의 범위를 법적으로 확대시켰다. 이는 분명컨대 관광을 국가의 전략산업으로 인식하였기에 가능했던 일이다.

1970년대만 해도 관광에 대한 인식이 경제적 가치에 중점을 두었으며 그 당시 외화획득이 관광을 통해 이루어진다는 확신이 있었기에 외국인 전용 관광호텔 및 관광휴양시설이 도입되었다. 정부의 강력한 의지 아래 관광정책을 수립하였기에 그 당시 외래 관광객이 연평균 32.1%의 높은 성장률을 보였으며 1978년에는 외국인 관광객 100만 명 시대를 열었다. 분명한 것은 정부의 강력한 의지가 있다면 대한민국도 아시아에서 최고의 관광대국으로 성장할 가능성이 있다고 본다. 물론 코로나19 이후의 일이지만 말이다.

1975년에는 관광사업을 국가전략사업으로 지정하여 관광단지개발촉진법을 제정하여 경주보문관광단지, 중문관광단지 등 외국인 관광객을 위해 최고급 수준의 호텔 및 관광단지가 들어서기 시작하였다.

이제는 관광을 거시적 안목에서 바라보고 외국인 관광객을 유치하는 데 온 전력을 쏟아야 한다는 의미에서 청와대에 관광비서관제도를 운영하라고 강력하게 요구한다. 일본의 사례에서 보듯이 일본이 관광청을 설립하여 전 세계 관광의 경쟁순위에서 2019년에 4위를 달성한 것은 정부차원에서 관광을 주요한 핵심산업으로 인식하였기에 가능했던 것이다.

관광산업을 정책적 전략산업으로 육성하려면 먼저 청와대부터 관광에 대한 인식을 전환해야 하며 이와 아울러 최고위층에서 관광정책을 수립하는 일부터 집행하는 모든 과정을 체계적으로 진행함으로써 정부 관련부처와의 협의를 이끌어낼 수 있는 관광비서관이야말로 관광전략 수립 시에 매우 필요하다. 만약 관광청의 설립이 관계부처와의 중복이나 갈등 등 여러 가지 요인에 의해 어렵다면 청와대차원의 관광비서관제도를 둠으로써 관광에 대한 국가의 관심을 이끌어낼 수 있다. 일본의 수상이 관광을 국가의 전략산업으로 인식, 관계부처와의 지속적인 협의체를 직접 구성하는 것은 향후 일본이 외국인 관광객을 유치하는 데 주도적인 역할을 수행하려는 의도로 볼 수 있다.

이제는 아시아권의 이목을 한반도 중에서도 대한민국에 쏠리도록 힘써야 한다. 그중에서 하나가 바로 관광이다. 유럽이나 기타 미주 지역에서 대한민국을 방문하는 것은 거리적으로 상당히 멀며 시간도 많이 걸린다. 서울을 중심으로 비행기로 4시간 이내 인구 100만 명 이상이 거주하는 도시가 100개가 있다. 이들 도시와 대한민국의 관광교류는 매우 중요하다.

청와대 차원에서 관광비서관제도를 부활시켜 관광청을 설립하고 한국관광공사, 관광청, 관광비서관 이들 3부서가 주기적으로 국내 및 국제 관광정책을 포괄적으로 수립한다면 대한민국이 아시아 최고의 관광국가로 거듭날 수 있을 것이다.

이제 대한민국도 외국인 관광객 유치를 위한 전략을 세울 때가 왔다. 새로이 구성되는 정부에서는 관광청과 관광비서관 제도를 운영하여 명실 공히 대한민국이 아시아에서 최고의 관광부국으로 거듭나야 할 것이다. 고용창출과 지역경제의 활성화, 국민소득은 외국인 관광객의 방문을 통한 관광수입이 채워준다는 사실을 명심하자.

# 전국의 관광관련 재단(공사), 누가 관리할 것인가?

9-3

㈜서울마케팅이라는 이름으로 2008년에 설립된 공기업 개념의 재단은 기대만큼의 큰 성과를 거두지 못하고 있다. 사실 공기업 개념의 공사나 공단, 재단 등은 목적상 수익을 거두기가 쉽지 않은 구조이다. 왜냐하면 공기업의 경우 그 목적이 공공성에 큰 비중을 두기 때문에 공공성에 비중을 두다 보면 영업에 따른 이익을 내기가 쉽지 않다. 필자 역시 대전광역시시설관리공단 이사장으로 재임하는 동안 수익을 내기 위해 노력하였으나 쉽지 않았다. 그 이유인즉 지방자치단체에서 관리하던 사업이 대부분 공단으로 위탁되었고 시설 이용자 대부분이 시민이다 보니 시민들의 의식 역시 공공성이라 생각하기 때문이다. 마찬가지로 전국 대부분의 지자체에서 운영하고 있는 문화관광재단, 관광공사, 문화재단 등에서 수익을 내는 것 자체가 무리이다. 위탁사업 대부분이 공공성에 큰 비중을 두기 때문이다. 사실 공사의 경우는 공단이나 재단과는 달리 이익에 큰 비중을 두어 도시개발공사 같은 공기업의 경우는 수익을 내는 경우도 있다. 그러나 지하철공사와 같은 상당수 공기업의 경우 수익을 내기는 매우 어렵다.

서울관광마케팅㈜의 경우도 다른 지자체에서 운영하는 재단과 마찬가지로 대행사업이 대부분이다. 그러나 여기에 의존하다 보면 대행사업이 줄거나 자체수익사업의 모델을 개발하여 추진할 수 없을 경우 적자는 당연히 발생할 수밖에 없는 구조가 공공기업이나 재단이다. 대부분의 공사나 공단 등은 선문성을 확보하고 기관 책임자의 경우 당연히 전문가를 영입해서 운영해야 하나 현재는 그렇지 않다는 데 문제가 있다. 물론 대부분이 그런 것은 아니지만 공기업의 수장인 책임자를 임명하는 과정에서 선거의 공신들이 그 자리를 차지하는 경우가 많다. 이런 경우 전문성이 없이 조직을 이끌다 보면 인사의 잡음, 조직관리, 영업의 방침 등 모든 것이 흔들릴 수 있다.

관광관련 재단이나 공사는 전국의 지자체를 중심으로 10개 이상이 운영되고 있다. 물론 광역이나 지방의 소도시를 중심으로 한 것까지 포함하여 족히 30개는 넘을 것으로 본다. 이 중에는 아주 훌륭하게 업무를 추진하여 해외에 나가서까지 사업을 전개, 성공하는 재단이나 공사도 있다. 그러나 현실적으로 이런 경우는 그리 많지 않다는 것이다. 공익성 면에서 특히 관광사업의 경우 수익을 기대하기가 어렵기 때문에 재단법인으로 운영하는 것이 옳을 수 있지만 자체적으로 수익을 내는 구조를 찾아 노력해야 한다. 사업의 구조도 전문성을 갖춘 관광재단이라면 사업의 활로를 찾아야 하는데 물론 쉽지는 않지만 역으로 제안하는 사업들을 찾아야 한다. 대부분의 시나 구, 군 단위의 재단이나 공사 등에서는 위탁사업이 들어오면 사업의 타당성을 검토한 후 위탁받거나 위탁받지 않는 경우가 대부분이다. 그러나 대부분 위탁받지 않을 수 없다. 따라서 역으로 사업을 제안하라는 의미는 자체적으로 관광의 전문성을 확보한 재단이라면 공공성과 수익성 있는 사업을 정확하게 진단하고 사업을 계획할 수 있어야 한다. 그러나 이런 부문을 관리하거나 통제할 수 있는 전문기관이 현재는 없다. 일본과 같이 관광청이라고 하는 국가의 큰 기구가 컨트롤타워 기능을 할 수 있도록 관리하는 기관이 필요하다는 것이다. 물론 문화체육관광부의 관련 담당국이 있지만 이 역시 쉽지 않다. 여기에 관광공사의 경우 지자체에 사업공모를 해서 사업이 확정된 재단이나 공사에 예산을 부여하지만 관리나 감독, 사업의 전반적인 컨트롤을 할 수 있는 환경은 아니다.

향후에는 전국의 지자체에서 관광재단이나 공사의 형태를 빌려 운영하는 지자체가 점점 늘어날 것이다. 지자체에서 수익을 창출할 수 있는 것이 마땅치 않은 구조에서 대부분의 지자체에서 수익의 활로를 관광을 통해 찾으려고 노력한다. 그러나 관광재단이나 공사의 경우 수익의 활로를 찾는 돌파구보다는 공공성을 강조하면서 수익을 창출할 수 있는 방안을 모색할 필요가 있다.

지자체에서 설립한 관광재단의 역할이 필요하다. 지역의 관광지 홍보, 알려지지 않은 관광지 개발 등을 이들 재단이나 공사가 맡아서 해야 한다. 그리고 또 한 가지 최근 전 세계적으로 몸살을 앓고 있는 오버투어리즘(overtourism)을 재단차원에서도 관리해야 한다.

이제는 전국의 주요 도시 및 도, 군 단위마다 관광재단이나 공사를 설립하여 운영하고 있고 설립을 준비 중인 지자체가 상당수 있다. 문제는 관련 지자체에서 설립한 기구를 누가 관리하고 통제할 것인가이다. 물론 관리와 통제가 능사는 아니지만 이들에게 전문화된 관광관련 컨설팅이나 경영조언을 해줄 수 있는 종합적인 컨트롤 타워 기능을 갖춘 기구가 하루빨리 설립되어야 한다. 그리고 현행 제도에서 문화관광재단은 지자체 장이 설립할 수 있다. 그렇다면 향후에도 계속해서 설립은 이어질 것이며 자칫 예산의 낭비가 될 수 있다. 또한 지자체에서 설립하는 공사나 공단의 경우 역시 행안부 소속으로 설립을 허가하는 경우 이를 관광전문기관에 맡겨야 한다. 이들 기관 즉 관광청에서 설립에 대한 철저한 통제권한을 부여하는 것은 물론이거니와 만약 까다로운 절차를 거치게 된다면 철저한 감독과 관리를 설립된 관광청에서 해야 한다.

# 관광행정을 분리시켜라

9-4

각 지자체마다 관광산업을 활성화시키기 위해 많은 노력을 기울이고 있다. 특히 지방분권화가 점증적으로 확대되면서 종래에 중앙정부 중심의 조직에서 추진되던 정책들을 지자체로 이관하는 추세이다. 이는 우리나라뿐만 아니라 전 세계적인 추세이다. 가까운 일본만 보더라도 국토교통성조직체제에 들어 있던 관광의 조직이 독립된 기관으로 '관광청'을 조직하여 운영하는 것만 보아도 알 수 있다.

현행 문화체육관광부의 조직을 살펴보면 관광정책국은 4개 과, 즉 관광정책과, 국내관광진흥과, 국제관광과, 관광기반과로 구성되어 있다. 관광산업정책관은 관광산업정책과, 융합관광산업과, 관광개발과로 구성되어 있다. 사실 이들 조직을 별도로 분리하여 '관광청'을 설립하면 가능한 일이다. 즉 현행 조직이 그대로 '관광청'으로 설립된다면 큰 문제가 없다고 본다. 일본 역시 우리와 달리 국토교통성의 조직 안에 관광조직이 묶여 있던 것을 별도로 분리하여 '관광청'을 설립한 것이다. 현행 문화체육관광부에서 문화체육부만 존속하고 '관광청'이 그 산하기관으로 이동하는 개념이다. 물론 예산이나 그에 따른 별도의 조직도 일부는 포함될 것으로 본다. 그리고 중요한 것은 공무원체제의 조직에서는 문화체육관광부라는 부 단위가 청이라는 조직보다 큰 것은 확실하나 문제는 나열식의 조직을 가지고는 디테일과 현행 지자체마다 늘어나는 관광관련 재단이나 공사의 개념으로 설립되는 다양한 조직을 컨트롤할 수 있는 것에 한계가 있다고 본다. 즉 현행 문화체육관광부에서 컨트롤 타워 기능을 수행하는 것보다는 독립된 기관인 '관광청'이라는 조직에서 컨트롤 타워 기능을 수행하는 것이 경영의 효율화와 전문성을 더욱 잘 확보할 수 있다고 본다. 그리고 중요한 것은 현행 한국관광공사의 업무나 문화체육관광부의 업무, 지자체의 재단이나 공사와 같은 조직에서 하는 업무의 상당부분이 중복된다는 것이다. 어느 한 조직으로 분류되어 전문화를 갖추는 것이 시급하다고 할 수 있다. 여기에 더해 정부 10개의 부처에서 쏟아져 나오는 각종 관광관련 정책들을 보면 이 역시 어느 전문화된 기관에서 정책을 수립하여 각 부처의 협력을 얻어내어 개발해 준다면 이는 협력과 협업에서 아주 중요한 업무의 중요성을 인식시켜 줄 수 있다. 현행 한국관광공사에서 하는 업무가 문화체육관광부에서 하는 업무와 중복되는 것을 피하고 가능한 모든 관광관련 업무는 '관광청'에서 이루어지고 정부는 예산을 편성할 때 큰 그림만 그려주고 나머지는 '관광청'에서 이를 기획하고 예산을 내려주고 심의하며, 평가하면 된다. 현행 문화체육관광부에서 하는 공모식 예산이나 지자체, 관광공사, 각 정부의 주요 부처에서 시행하는 정책들이 중복되는 경우가 많다.

문화체육관광부에서 하는 업무를 소개하면 관광정책국의 주요 사업으로는 지역관광콘텐츠 육성 및 활성화, 관광불편해소 및 안내체계 구축, 관광 전문인력 양성 및 취업지원, 음식관광활성화 및 서비스 개선 등 여러 가지가 있다. 이들 정책들을 살펴보면 한국관광공사나 지역의 관광관련 재단에 일괄적으로 편성해도 무방한 사업들이다. 이런 모든 것들을 문화체육관광부라고 하는 큰 조직에서 복합적으로 행할 것이 아니라 각 전문화된 사업들을 '관광청'에서 진행하고 여기서 분류하여 정부부처의 관광사업을 편성해 주는 것이다. 한국관광공사 역시 '관광청'이라는 독립된 기관의 하부기관으로 편성된다면 보다 원활한 의사소통이 이루어질 수 있다. 왜냐하면 관광이라는 핵심사업을 전문화된 기관 간에 상호 협력하는 것하고 그렇지 않은 이질적 집단에서 협력하는 것에는 큰 차이가 있기 때문이다. 하나의 사업을 이해시키려면 이질화된 집단에서는 상당히 어려움을 겪을 수 있어 나중에는 정책 내용보다는 힘의 논리가 지배되어 중요한 정책이 예산에서 빠질 수 있기 때문이다. 관광 전문인력 양성 및 취업지원과 같은 것은 관련 전문기관인 '관광청'에서 해야 할 것이며 현행 문화체육관광부의 조직에서 행하는 것보다는 훨씬 더 효율적으로 이뤄질 수 있다. 일본이 관광청을 설립한 것 역시 전문화된 사업을 전문기관이 평가하고 집행하지 않으면 효율성을 가져오지 못하기 때문이었다고 본다. 일본이 관광청을 설립한 후 오히려 더 많은 인력을 보충하였다는 것은 그만큼 일의 능률성과 효과성이 입증되었기 때문이라 생각한다.

다음으로 관광의 특성상 교통과 항공은 매우 밀접한 관계가 있다. 대부분의 사업이 국토교통부와 연계되었기 때문이다. 따라서 관광청을 설립한다면 현행 문화체육관광부 산하에 두는 것이 아니라 국토교통부 산하에 두는 것이 타당하다고 본다. 일본은 이미 국토교통성 산하에 관광청을 두고 있다. 향후 대한민국의 관광발전을 위해서라도 국토교통부 산하에 두는 것을 심각하게 고민해야 하며 현행 문화체육관광부의 관광조직을 국토교통부로 그대로 옮겨놓아 그 산하에 두는 것이 가장 최적의 방안이다. 문제는 정부기관의 이기심이 발생하여 옮기는 것에 다소 부정적일 수 있다는 것이다. 그러나 이미 많은 선진국에서 관광청을 설립하듯이 우리도 이를 받아들일 필요가 있다.

이제는 대학도 백화점에서 수많은 물건을 파는 진열장식으로 해서는 경쟁력을 잃어버릴 수 있다. 즉 전공학과가 너무 많다는 것이다. 대학이 경쟁력을 잃어가는 원인에는 여러 가지가 있다. 즉 학령인구가 줄어들고 수도권 집중현상 등 많은 요인들이 내재되어 있다. 그러나 더욱 중요한 것은 차별화가 없다는 것이다. 어느 대학을 가도 자기가 원하는 학과가 있다는 것은 그만큼 해당학과의 경쟁력이 점점 떨어진다는 것이다. 학과의 개설이 중요한 것이 아니라 남과 다르게 차별화를 시도한 후 유일한 학과로서의 경쟁력을 갖추어야 한다. 현행 문화체육관광부와 같이 문화,

체육, 관광 등 여러 가지 분야가 복합적으로 일렬로 늘어선 형태의 부 단위로서는 세계 주요 국가와의 경쟁력에서 절대 이길 수 없다. 일본이 관광경쟁력 평가에서, 물론 전 세계 국가를 대상으로 한 것이지만, 4위를 달성한 것은 '관광청'의 신설에서 그 해답을 찾을 수 있다. 이제는 지자체마다 취업과 산업의 연계성, 그리고 국민복지를 관광에서 찾으려고 하는 시점에서, 늦었지만 관광의 전문성을 갖춘 기관이 하루빨리 설립되어야 한다. 물론 코로나19 이후의 일이지만 지금부터 준비해야 한다.

# 투어리스티피케이션(touristification)에 주목하라

9-5

젠트리피케이션(gentrification)은 지주계급 또는 신사계급을 뜻하는 젠트리(gentry)에서 파생된 용어이며 1964년 영국의 사회학자 루스 글래스(Ruth Glass)가 처음 사용한 용어이다. 하위층 계급이 살던 지역에 어느 날 갑자기 중산층이 유입되면서 고급주거지역으로 변모, 기존에 살던 하위층 거주민이 주거비용을 감당하지 못하여 다른 지역으로 떠날 수밖에 없는 현상을 일컫는 데서 유래한 것으로 관광의 경우도 마찬가지로 기존의 하위층 거주민이 살던 지역이 관광지화되면서 부동산 가격이 폭등, 이를 견디지 못하고 그 지역을 떠날 수밖에 없는 현상이 발생하는 것과 똑같다.

관광지화를 뜻하는 투어리스티파이(touristfy)와 젠트리피케이션(gentrification)의 합성어인 투어리스티피케이션(touristification)이 지구촌 곳곳에서 발생하고 있다. 관광지가 처음에는 별로 알려지지 않아 적정한 수의 관광객이 방문하였지만 점차 관광지의 인기가 높아지자 그 지역에 관광객이 넘쳐나 관광객과 지역주민이 공동으로 사용해야 할 공용시설들이 관광객으로 인해 오히려 지역주민들에게 큰 피해를 입히게 된다.

세계관광의 대국이라 하는 스페인 같은 나라에서는 이런 현상을 쉽게 목격할 수 있는데 이들 일부지역의 경우 지역주민의 수십 배에 달하는 관광객이 입장함에 따라 쓰레기, 소음, 부동산 폭등, 아파트 불법임대, 지역 공용시설 파괴 등의 현상이 발생하자 지역주민들이 나서 관광객은 더이상 오지 말라는 표어까지 내걸고 몸살을 겪고 있다. 어디 이뿐인가. 연간 수백만이 방문하는 바르셀로나시에서는 관광객들을 환영하는 것이 아니라 오히려 관광객으로 인해 발생하는 각종 사건들이 공포 분위기를 조성하는 경우 시민의 큰 걱정거리가 되었다. 따라서 이들 지역에서는 관광객의 하루 입장객을 제한하여 받아들이고 있으며 이러한 정책을 펼치는 곳이 그 유명한 보케리아 전통시장이다. 이들 지역은 시간별 · 요일별로 입장객의 한도를 정해 통제하고 있다. 또한 계속해서 늘어나는 관광객에 대비하여 호텔을 건립하거나 새로운 시설을 확대하는 것에 대해서도 적정 공급 수와 수요를 감안하여 건립을 제한하고 있다.

남극지역에서도 관광객의 입장을 제한하는 것으로 나타났다. 이들 지역에서는 2009년 남극조약 비준을 통해 사전에 승인국의 허락 없이는 크루즈선에 500명 이상을 태워 동시 입항할 수 없는 조치를 취하였다. 이탈리아 베니스의 경우에는 2012년부터 "No Tourist(관광객이 싫다)"라는 표어를 내걸고 지역주민들이 환경운동단체와 크루즈선의 입항을 거부하는 캠페인을 벌이기도 했다. 매일 넘쳐나는 관광객들로 도시의 환경이 점점 삭막해지자 지난 50년 동안 베니스의 인구는 60% 이상 감소했다.

관광으로 인한 경제적 효과와 함께 관광지가 관광객의 인기에 의해 당초 예상했던 것보다 훨씬 많이 도시의 관광지를 방문함으로써 그에 대한 피해 역시 막심하다. 따라서 관광지에 대한 관리는 처음부터 철저히 하지 않으면 결국에는 환경에 대한 피해뿐만 아니라 해당 지역의 투어리스티피케이션(touristification)으로 인해 지역의 주민들에게 커다란 피해를 줄 수 있다는 사실을 명심해야 한다. 처음부터 관광지에 대한 철저한 계획을 수립할 필요가 있다.

대한민국이 한반도 유라시아 중심에서 최고의 관광지로서의 위상을 드높이는 것도 중요하지만 지금부터라도 철저한 계획을 수립하여 관광지를 보호하는 것은 물론이고 지역의 주민들을 보호할 수 있는 정책을 수립해야 한다. 지역이 유명해진 것과 달리 조상 대대로 살아온 사람들이 자신들의 터전을 버리고 다른 지역으로 이동해서 거주할 수밖에 없는 환경이라면 관광으로 인한 피해가 아닐 수 없다. 유명한 관광지라고 하면 먼저 적정인원을 수용할 계획을 세우고 이에 맞추어 관광지를 관리해야 한다. 새로운 곳에 대한 호기심은 점점 깊어지고 그러한 곳에 관광객은 몰리게 되고 그런 현상으로 인해 관광의 가치가 경제적 효과 이외에 다른 피해가 크다면 지금부터라도 관광대국으로 가는 길에서 피해의 확산을 방지할 대책이나 계획을 철저하게 수립하자.

# '관광 빅 데이터' 전문가를 육성하자

9-6

빅 데이터는 매일 폭발적으로 증가하고 있으며 시간에 따라 아주 빠른 속도로 변하고 있다. 물론 포맷과 형식이 다양하다는 특징을 갖고 있다. 빅 데이터를 효과적으로 분석하고 데이터를 정제한 후 이를 활용하면 미래를 예측하는 데 아주 좋은 정보를 제공할 수 있으며 특히 의사결정에 있어 새로운 가치를 창출할 수 있는 정보를 제공해 준다.

빅 데이터는 날씨, 주식, 경영 등 다양한 부문에서 활용하고 있으며 미래예측에 있어서만큼은 향후 빅 데이터를 적극 활용할 필요가 있다.

이제 관광산업도 빅 데이터를 활용하지 않으면 안 되는 시대가 도래하였다. 관광사업의 경우 교통, 숙박시설, 날씨, 객실수요예측 등 다양한 요인들에 의해 사업과 관련하여 빅 데이터를 활용하지 않으면 결국 경쟁에서 뒤처질 수밖에 없다.

예를 들면 관광수요를 예측하는 데 있어 빅 데이터를 활용한다면 집단별 관광수요를 정확하게 예측할 수 있다. 빅 데이터 차원에서 접근하다 보면 사회경제적 계층, 성별, 인종, 연령대별로 숙박수요에 영향을 미치는 결과 등을 도출해 낼 수 있다. 관광숙박업의 수요에 영향을 미치는 결정요인들에 대해 특정계층의 관광목적지 선호도를 알 수 있으며 이런 빅 데이터의 자료를 근거로 숙박업을 운영하는 경영주의 경우 어느 지역에서 어떤 계층의 숙박수요가 발생할 것인지를 알 수 있다. 빅 데이터를 가지고 호텔을 건립하는 데 있어 정확한 수요를 예측하는 것은 곧 경영의 성공으로 가는 길이라고 할 수 있다.

이제는 경험에 의존하는 시대가 아니라 과거나 현재시점에서 발생하는 많은 데이터를 분석하는 관광분석전문가의 시대가 도래한 것이다. 이들 전문가들은 소득계층별 선호하는 관광목적지나 숙박의 형태, 음식의 선호도, 교통선호도 등에 대한 다양한 빅 데이터를 토대로 분석한 후 이를 관광사업자에게 실시간으로 제공하는 시대가 온 것이다.

관광수요가 시간의 흐름에 따라 어떻게 변화하는지를 빅 데이터를 활용하여 이를 경영에 도입한다면 향후 10년 후의 바로 이 시간에 대한 관광수요를 예측할 수 있다. 과거에는 경험이나 단지 막연한 수치를 예상하는 것이 전부였다면 현재는 어느 업종에서나 빅 데이터의 활용은 경영에 있어 엄청난 효과를 가져올 수 있다.

얼마 전 한국관광데이터연구소는 관광활동과 관련한 민간과 공공기관의 거대한 자료들을 다양한 형태로 분석한 '관광거대자료 플랫폼'을 만들었는데 이들은 이동통신, 신용카드, 내비게이션, 한국관광통계, 전 국민 관광실태조사 등의 데이터를 활용하여 지역별 내·외국인 방문객 수, 방문시기, 방문목적, 방문자의 특성 등을 확인할 수 있었다. 특히 외래 관광객이 선호하는 관광지 등을 빅 데이터를 활용하여 정보를 획득, 자료를 활용하여 지자체나 관광사업을 운영하는 경영주들은 마케팅이나 사업의 플랜을 세우는 데 자료로 활용할 수 있다. 과거에는 이런 빅 데이터가 없어 사업계획서를 작성하거나 홍보계획을 수립하는 데 많은 시행착오를 겪어 이에 따른 비용의 손실도 매우 컸다.

대한민국이 관광대국으로 가는 길에 있어 무엇보다 중요한 것은 빅 데이터를 관광업에 적극적으로 적용시키자는 것이다. 이미 빅 데이터를 활용하는 업체도 많지만 문제는 이 분야의 전문가가 부재하다는 것이다. 관광사업은 외화획득과 국민의 관광복지차원에서 매우 중요하다. 가칭 '관광 빅 데이터전문가'를 양성하여 관광객의 예측 및 동향, 관광업의 마케팅 활동 등 다양한 부문에서 이들 전문가를 활용할 수 있도록 관련 전문가를 육성해야 한다. 이러한 것을 체계적으로 갖추었을 때 비로소 대한민국이 외래 관광객 3,000만 명 이상을 유치할 수 있다. 물론 코로나19 이후의 일이기는 하지만 이제부터라도 철저하게 준비해야 한다.

# 관광전문가의 남북교류를 추진하라

9-7

대한민국이 관광대국으로 가는 길이 머지않아 실현될 수 있다는 것을 확신하는 이유 중 하나는 오래전부터 세계에서 가장 많은 관광관련 학과의 전공을 대학에서 운영하고 있기 때문이다. 4년제 대학, 2년제 대학, 고등학교, 직업학교 등에서 배출하는 관광 전문인력만 해도 연간 수천 명이 된다. 대학에서 관광관련 강의를 하는 박사급만 해도 수백 명이 넘는다. 이들은 여행, 관광, 조리, 외식, 통역, 가이드, 문화관광해설사 등의 전문가들이며 관련 분야만큼은 자타가 인정할 정도의 실력파다.

이제는 우물 안에서 벗어나야 한다고 생각한다. 이러한 우수인력이 대한민국에만 거주하는 것 자체가 좀 아쉽다는 것이다. 북한을 제외한 몽골, 인도네시아, 미얀마, 태국, 중국, 베트남, 러시아, 네팔 등 유라시아 인접국가에서 대한민국에 유학을 오는 학생들이 많다. 이들 중 상당수는 관광분야를 배우기 위해 오는 학생도 많다. 이런 것을 감안하면 유학생들을 대한민국으로 불러들이기만 할 것이 아니라 직접 대한민국의 정부차원이나 민간교류차원에서 해당국가와의 MOU를 통해 가칭 "K-TOURISM UNIVERSITY(한국관광대학)"를 세워 운영하라는 것이다. 그리고 중요한 것은 이 기회에 정치적 이념을 초월한 남과 북 그리고 유라시아 국가의 관광전문가 교류를 통한 대한민국 한류의 붐을 이들 나라에도 알리는 것은 물론이거니와 우리의 기술을 전수시키는 데도 정부에서 앞장서야 한다. 특히 북한의 경우는 관광에 관심이 많으며 이미 북한의 일부 지역은 외국인 관광객을 유치하기 위해 관광특구도 개발, 이를 제대로 활용하려면 대한민국의 관광관련 학자들의 교류는 매우 중요하다. 왜냐하면 관광은 단지 하드웨어적인 것만으로 활성화시키기는 매우 어려워 관련 노하우의 전수가 필요하기 때문이다. 우리나라에 그간 축적된 관광노하우는 세계적인 수준이다.

이제 대학도 서서히 경영이 어려워지고 있다. 국내의 학령인구는 점증적으로 감소하고 머지않아 대학을 입학하는 숫자보다 대학의 수가 많아져 결국 대학이 문을 닫게 된다. 이런 위기를 사전에 예방하려면 지금부터 유라시아 인접 국가에 대한민국의 우수한 관광교육을 전수시킬 대학을 설립하여 운영하는 것이 필요하다. 물론 미니 대학의 개념으로 약 1,000명 내외로 운영할 수 있다. 현재 대한민국에서 운영하는 교육시스템 그대로 옮겨놓으면 아무 노력 없이도 지금까지의 축적된 노하우를 가지고 관광교육 체인대학을 세울 수 있다. 북한 자체에 대한민국의 관광관련 대학을 세운다는 것은 상당히 어려울 뿐만 아니라 많은 시간이 소요될 것으로 보기 때문에 유라시아 국가와의 관광교류부터 먼저 시작하는 것이다. 학회차원에서 정부에 건의하고 이어 정부에서 적극적으로 북한에 공문을 발송, 이를 유라시아 지역과도 연계해서 추진할 필요가 있다. 민주평통자문단에서 추진하여 단계적으로 시행할 필요가 있다. 관광은 정치를 배제할 수 있고 각국의 이익과도 부합되기 때문에 상당히 긍정적으로 받아들일 수 있다.

이제 교육도 수출의 시대가 온 것이다. 대한민국은 IT기술도 뛰어나다. 거기에 서비스 정신과 서비스 관련 지식은 거의 박사급으로 완전할 정도다. 유라시아 국가의 경우 IT기술이나 서비스분야에서 우리보다 뒤처진 것은 사실이다. 중국만 보더라도 서비스분야의 종사자들이 우리만큼 서비스가 탁월하지 않다. 매년 외국의 항공사에서 대한민국 출신의 스튜어디스를 선호하는 이유가 바로 여기에 있다.

북한과 유라시아 국가와의 협의를 통해 대한민국의 우수한 관광교육시스템으로 해당국가에서 많은 학생들을 지도하고 교육시켜 대한민국의 위상을 높여야 할 시점에 왔다.

### 국내대학, 유라시아 지역 대학과의 공동학위과정 개설하라

지금까지의 국내대학은 대부분 미주 지역을 중심으로 학위과정을 연계하려고 많은 노력을 기울여왔다. 물론 결실도 있었다. 국내대학에서 2년, 외국대학에서 2년간 공부하면서 공동학위과정에 학생들이 관심을 갖고 양쪽을 오가면서 학업을 진행하였다.

이제는 국내대학이 유라시아 지역 대학과의 공동학위과정을 개설하는 것에 대해 적극 나서라고 권한다. 왜냐하면 향후 이들 지역은 전 세계의 주목을 받을 것이기 때문이다.

자, 그렇다면 대한민국으로서는 유라시아 관련 관광, 문화, 역사 연구가 필수적이다. 북한이 포함되기 때문에 북한지역의 연구도 진행되어야 하지만 다행히 현재 북한관련 연구도 상당수 축적되어 있기에 얼마든지 가능하다.

대한민국의 관광지식과 문화지식 그리고 IT기술로 첨단화 시스템을 갖춘 대학에서 공부하도록 하는 것이다. 모든 시스템을 유라시아 나라와 공유하면서 '유라시아-대한민국' 공동학위과정은 물론이거니와 '유라시아 문화·관광전문인력 양성 프로그램'을 개설하는 것이다. 물론 학위과정도 좋고 그 이외에 전문가 수준의 교육프로그램도 가능하다. 인력은 충분하다고 본다. 일단 해당 국가의 유학생이 대한민국에 거주하고 있으며 또한 대한민국의 유학생들이 이들 지역에 거주하면서 공부하고 있다. 이들을 잘 활용하자는 것이다. 여기에 KOTRA, 한국관광공사, 한국문화원, 유라시아문화단체, 한국문화단체, 학회, 연수원 등 상당수의 단체가 현재 운영되고 있다. 이들을 하나로 연계하여 공동학위과정을 한곳에서 하기보다는 한번은 대한민국에서, 다른 한 번은 유라시아 지역의 대학에서 진행하는 것이다.

정부에서는 거대한 프로젝트를 수행할 전담 TF팀을 당장 구성하여 시행하도록 하자. 여행전문가, 서비스전문가, 관광개발전문가, 유라시아전문가, 유라시아 철도 관련자, 한반도-유라시아 문화전문가, 관광관련 교수 등 인적 자원은 풍부하다. 이제는 이런 계획을 대한민국이 독자적으로 할 것이 아니라 유라시아 전문가 집단과 함께 기획하고 실행하는 프로그램을 운영해야 한다.

# 차기 정부, 관광대국으로 가기 위한 목표를 세워라

9-8

대한민국이 관광대국으로 가는 길에 있어 가장 중요한 것 중의 하나는 바로 미래를 위해 거대한 목표를 세우라는 것이다. 차기 정부에서는 관광을 국가의 전략산업으로 육성하기 위한 미래 플랜을 세워 적극적으로 추진하지 않으면 아시아 국가의 중심에 설 수 없다는 것을 알아야 한다.

우선 관광대국으로 가는 길에 있어 첫 번째로 관광기본법부터 전면 개정하여 변경하는 방안을 수립해야 한다. 관광기본법은 1975년에 제정하여 이미 70년이 다 되어가고 있다. 그 사이에 관광에 대한 흐름이 많이 변하였으며 삶의 질 역시 괄목할 만한 수준으로 상승, 이에 걸맞은 관광기본법의 제정과 수정이 불가피하다는 것이다. 관광기본법이라기보다는 일본이 관광으로 나라를 세운다는 개념인 관광입국추진 기본법으로 변경했듯이 대한민국도 획기적인 관광산업기본법, 관광입국기본법, 지속성장 관광기본법, 관광경제기본법 등 다양한 형태의 법으로 개정해야 한다. 관광 발전을 위한 고용창출, 창업, 중·소상공인 형태의 관광기업 활성화 등의 다양한 산업을 복합적으로 활성화하기 위한 법 개정이 필요하다고 본다.

두 번째로는 국회 발의를 통해 하루속히 관광청을 신설하여야 한다. 관광청의 신설은 대한민국이 관광대국으로 가는 길에 있어 가장 중요한 것 전략 중 하나이다. 이는 여야를 막론하고 국민적 공감대 형성이 매우 필요하지만 국가의 전략산업으로 관광청을 신설해야 하는 이유는 현행 문화체육관광부만으로는 대한민국 관광의 컨트롤 타워 기능을 수행하는 데 매우 한계가 있기 때문이다. 즉 관광정책의 수립과 집행, 예산 등에 있어 한계가 있으며 지역관광의 협력 도모에서도 매우 어려움이 있다. 관광의 경우 지역과의 상생관계 및 행정의 일원화는 매우 중요하다. 현행 제도에서 관광행정의 분산화를 하나로 일원화시키는 전략이 필요하다. 이를 위해 관광청에서는 국가의 주요 관광정책 수립, 국제관광 활성화 방안 수립, 세계 주요 국가의 위상에 걸맞은 행사의 주최, 정부 주요 부처의 관광관련 정책 컨트롤 타워, 미래의 관광전문인력 육성, 관광전문 공무원제도 운영 등 다양한 정책을 독자적으로 수립하는 정책 등을 펼쳐나가야 한다. 현행 한국관광공사의 경우는 이러한 정책을 수립하거나 독자적으로 펼쳐나가는 데 한계가 있다. 지자체에서 각종 관광개발이나 정책을 집행하는 데 있어 전문성이 결여되어 예산 낭비, 인력 부족, 미래의 관광 비전 제시 부족 등으로 이어져 관광이 전문성으로 해결하지 않으면 후일 큰 예산의 낭비라는 엄청난 비난을 받을 수 있다. 현재도 그런 사례가 많다. 따라서 관광청을 통해 이를 감독하고 지도 및 관련 전문가의 자문과 예산 등을 상호 조율하는 컨트롤 타워 기능을 갖추어야 한다.

세 번째는 정부의 관광에 대한 인식전환을 촉구한다. 정책을 수립하는 기관에서의 관광에 대한 부정적 시각은 부정적 결과를 도출해 내는 결과를 가져올 것이며 관광을 산업적 차원에서 접근하는 시각으로 보아야 한다. 물론 관광이 국민 삶의 질 향상을 위해 필요하지만 삶의 질을 추구함과 동시에 관광으로 인해 발생하는 경제적, 사회적 효과를 인식해야 한다. 지도자가 바뀔 때마다 관광정책의 중요성이 인식되기도 하고 묻혀버리는 경우가 종종 있다.

관광은 지속적으로 성장과 개발이 필요한 산업이다. 특히 대통령이 관광에 대한 육성과 발전에 대한 강력한 의지를 갖지 않으면 결국 관광으로 인한 산업적 효과를 기대하기란 매우 어려운 실정이다. 대통령 주재 국가관광전략회의를 지속적으로 개최하며 전국의 관광기업관련 경영자, 전문가 집단의 회의를 통해 대한민국이 관광대국으로 가는 길에 있어 무엇이 가장 중요한 것인지를 이들의 회의를 통해 도출해낼 수 있는 시스템을 대통령이 만들어야 한다. 경제가 갈수록 어려워지는 현실에서 전 세계 인구의 약 1%인 6천5백만 외국인 관광객을 대한민국에 유치하려는 전략이 필요하다.

# 참고문헌

경주세계문화엑스포조직위원회(2013), 경주세계문화엑스포 이스탄불－경주세계문화엑스포 2013 기본 계획 및 타당성분석(연구책임 류정아).

경향신문(2014.5.11), 유라시아 구상의 성공조건.

고상두(2007), 유라시아의 체제전환과 국가건설, 이론적 논의와 평가지수, 국방연구.

고재남(2006), 중앙아시아의 전략적 부상과 전망, 주요 국제문제분석, 54(2): 67－92.

교통문화체육관광위원회(2018), 대한민국 관광경쟁력 강화와 지방관광산업 활성화방안연구.

교통신문(2016.4.21), 외래객 지방 분산과 국제 관광거점 만들기.

교통신문(2017.10.10), 급증하는 해외여행, 대책은 없는가?

교통신문(2018.6.12), 서울관광재단에 바란다.

국립중앙박물관(2009), 세계문명전.

권규호(2015), 한국의 인구구조 변화와 장기성장전망, 한국개발연구원, 정책연구시리즈.

권오성 · 탁현우(2018), 지방분권 강화를 위한 지방재정체계의 개편에 관한 연구.

권원순(2015), 한－러 운송협력의 현황과 전망, 시베리아 횡단철도(TSR)와 한반도 종단철도의 연결과 한－러 경제협력, 유라시아연구, 1(2): 89－121.

기획재정부(2014.9.18), 광역두만강 개발계획(GTI) 제5차 총회참가결과.

기획재정부(2019), 국가균형발전특별회계 예산안편성지침.

吉澤淸良, 國의 觀光政策(2020).

김광민(2012), 중국의 서진과 유라시아, 역사학보, 216: 399－412.

김근종(2010), 서비스를 팔아라, 중앙경제평론사.

김근종(2014), 의료관광서비스산업의 활성화를 통한 일자리 창출방안, 무역연구, 10(4): 309－425.

김근종(2015), 100만명 의료관광객 유치 프로젝트, 새로미.

김근종(2015), 대한민국 의료관광대국으로 가는 길, 새로미.

김근종(2015), 좋은 서비스가 나를 바꾼다, 중앙경제평론사.

김근종(2015), 호텔실무개론, 기문사.

김근종 · 이주연(2012), 의료관광활성화를 위한 스파상품조사, 의료관광연구, 제1권 제1호, 한국의료관광학회, p.98.

김근종 · 김경한 · 이창남(2013), 투자자 소유병원을 통한 국제의료관광 활성화 방안, 무역연구, 8(1).

김남현(2017), 관광클러스터의 소규모 관광기업 간 소셜네트워크, 사회적 자본, 지식공유, 혁신간의 구조적 관계, 관광연구저널, 31(5): 121-136.

김민철 · 문성종 · 부창산(2008), AHP를 이용한 제주지역의료관광분야의 우선순위 분석에 관한 연구, 관광연구, 한국관광학회, 제22권 제4호: 281-283.

김상태 · 박상곤 · 김동현(2016), 관광과 정부의 역할, 한국문화관광연구원.

김상현(2014), 중앙아시아 문화정보 공유와 지식네트워크 구축을 위한 제언.

김선례(2011), 러시아, TSR로 유라시아 물류허브를 노린다, Russia & Russian Federation, 8권: 40-43.

김연규(2010), 터키의 범(汎)투르크주의 신(新)외교노선과 중앙아시아, 러시아와의 유라시아 연구, 중소연구, 34(1): 175-208.

김영래 · 여정태(2008), 한국관광개발정책의 특성에 대한 비판과 성찰, 한국관광학회, 32(6): 145-163.

김영식(2004), 시베리아횡단철도와 한반도종단철도의 연결과제와 경제적 파급효과, 지역발전연구, 4(1): 27-45.

김운안(2013), 동북아 평화협력구상과 유라시아협력확대, 한국정책학회, 동계학술발표논문집, pp.484-491.

김정덕 외(2009), 영리법인 병원 도입유형과 비영리법인병원 지원방안에 관한 연구, 한국병원경영연구원, p.25.

김창현(2003), DMZ와 접경지역의 관광자원 활용방안 연구, 경기대학교 대학원 석사학위논문.

김철희(2010), 국제개발협력 전문인력 양성 · 활용기관의 역할과 과제, 국제개발협력 전문인력 양성 및 활용방안 세미나 자료집.

김향자(2016). 지역관광자원 개발방향연구, 한국문화관광연구원.

김향자 · 최지은(2017), 지역관광자원 개발방향 연구Ⅱ : 정책제안편, 한국문화관광연구원.
김현정(2018), 대한민국 관광경쟁력 강화와 지방관광산업활성화 방안, 국회교육문화체육관광위원회, 커넥티드 관광컨설팅 대표.
김현주(2018), 일본 관광성장의 동인, 탄탄한 제도적 틀에서 답을 찾다, 한국관광정책, 3.
김현희(2015), 전기자동차 마을 체르마트, 한국헤밍웨이.
김형철(2010), 한국MICE 관광연구, 제20권 제2호.
나희승(2015), 유라시아 철도 네트워크 구축방안, 한국교통연구원, 8.
나희승(2016), 단계별 남북 · 대륙철도 구축방안과 한 · 러 철도협력, 한국시베리아연구, 13(1): 107-132.
노경식(2006), 의료기관 지분참여 활성화와 각종 의료규제와의 관계에 관한 법률적 검토, 보건복지부, 김&장 법률사무소.
뉴질랜드 관광청(2020).
대한상공회의소(2018), 인구변화에 따른 소비시장 신풍경과 대응방안 연구.
류광훈 · 김희수(2018), 관광산업발전을 위한 지원체계 구축방안 연구, 정책연구, 한국문화관광연구원, 2018.07.
류정아 외 5인(2013), 문화 · 관광분야 유라시아 이니셔티브 전략수립연구, 한국문화관광연구원.
매일경제(2014.12.5), 한국관광, 서울중심에서 벗어날 때다.
문화체육관광부(2014), 2014-15 한-러 상호방문의 해 계기 러시아 관광객 전략적 유치 방안.
문화체육관광부(2018), 관광사업체 기초통계조사.
문화체육관광부(2019), 지역관광발전지수 동향분석.
문화체육관광부(2020), 2020년도 예산 · 기금운용계획 개요.
문화체육관광부(각연도), 관광동향에 관한 연차 보고서.
문화체육관광부(각연도), 한국관광통계.
박문수(2014), 중국인 관광객증가가 산업에 미치는 영향과 정책제언, 산업경제, 산업경제연구원, pp.71-82.
박병규 외 5인(2012), 통일의식조사, 통일평화연구원.
박상남(2004), 중국의 서부전략과 중앙아시아, 국제지역연구, 8(4): 1-25.

박은정(2018), 한국관광산업을 혁신하는 관광벤처기업, 한국문화관광연구원, 한국관광정책, 겨울호.

박정민(2013), 김정은 시대의 대러시아 정책 지속과 변화, 현대북한연구, 16(3): 272-304.

박정호(2009), 카자흐스탄과 우즈베키스탄의 국가발전전략 비교연구, 대외경제정책연구원.

박종원(2014), 유라시아 이니셔티브, 실크로드 익스프레스의 성공적 추진을 위한 제언, 월간교통, pp.44-47.

박주영(2018), 오버투어리즘 현상과 대응방향, 한국문화관광연구원.

배준구(2011), 프랑스의 지역간 협력과 특징: 쥐라 산악지대와 론강의 사례를 중심으로, 프랑스 문화연구, 22: 33-62.

산업연구원(2018.8), 서비스산업 비즈니스 모델 혁신경쟁력 분석 및 시사점, 산업경제.

새전북신문(2014.9.25), 전주 한옥마을이 글로벌 관광명소 되려면.

성동기(2007), 상하이 협력기구(SCO)회원국들의 역학적 관계분석 및 전망, 동북아문화연구, pp.595-612.

성원용(2012), 남 · 북-러 철도협력의 현황과 발전전망: 나진-핫산 프로젝트를 중심으로, 슬라브학보, 23(1): 227-260.

세계경제포럼(WEF), 2015 국제관광경쟁력 발표자료.

세계일보(2014.11.9), 외래관광객 숙박시설 확충시급.

손경원 · 문회철(2015), 유라시아 철도물류망 구축 현황 및 과제, 한국무역학회, 5.

스페인 에너지 · 관광 · 디지털아젠다부(http://www.minetad.gob.es/turismo).

스페인관광청(2016), 스페인 관광청 연례보고서, TURESPANA ANNUAL REPORT.

신범식(2003), 유라시아 지정학적 환경변화와 러시아의 대응, 국제정치논총, 43(4): 295-323.

신윤숙(2001), 유라시아 횡단철도 연결에 따른 철도여행의 관광상품화 전망, 문화관광연구, 3(2): 109-134.

심상진(2018), 한반도 공동번영을 위한 관광개발방향, 국토연구원, 9.

심원섭(2011), 관광정책 추진체계 개편방향 연구, 한국문화관광연구원.

심원섭(2011), 해외관광정책 추진체계 사례분석, pp.210-211.

심원섭(2012), 미래 관광환경변화 전망과 신관광정책방향, 한국문화관광연구원.

심원섭(2016), 해외관광정책추진체계 사례분석, pp.210-211.

아시아경제(2014.10.6), 대전시, 러시아 의료관광객 지역축제와 연계유치.
안병민(2014), 러시아 남, 북, 러 철도, 항만 협력사업: 유라시아 이니셔티브 1단계 나진, 하산프로젝트, CHINDIA Plus, vol. 88: 64-65.
안희자 · 심원섭(2013), 창조경제시대 산업간 융합을 통한 관광산업발전방안, 한국문화관광연구원.
연합뉴스(2014.8.3), 코레일 1만킬로 실크로드 익스프레스 원정대 추진.
오우라(2019), 관광분야 빅데이터 활용사례분석, 한국문화관광연구원.
오원교(2005), 신유라시아주의: 세계화 시대의 러시아적 대안 문화론, 슬라브학보, 20(1): 165-193.
OECD(2016), OECD Tourism trend & polices.
오종진(2011), 터키의 ODA(공적개발원조) 정책방향과 기여외교, 한국중동학회, 32(1): 33-62.
오훈성 · 김진영 · 김향자(2020), 지방분권화에 따른 지역 관광정책 방향, 한국문화관광연구원.
우준모(2005), 러시아의 지정학적 목표, 국제정치논촌, 45(1): 255-280.
원동욱(2014), Issue Special 중국의 유라시아정책: 경쟁과 협력이 교차하는 게임의 공간 시진핑 구상과 충돌 가능성, CHINDIA Plus, pp.117-143.
유지원(2017), 여행산업 강타한 인공지능(AL), 티티엘뉴스.
유지윤(2006), 관광산업 복융합화 촉진방안, 한국문화관광연구원.
윤인주(2015). 김정은 시대 북한의 산업 평가 및 전망, 북한연구학회보, 19(1): 93-123.
은재호(2013), 선진각국의 정부변동에 따른 조직변화분석, 기본연구과제, pp.1-378.
이건민(2013), 유라시아 이니셔티브, 국토, 통권 386호.
이선희 · 김근종(2014), 관광서비스론, 백산출판사.
이선희 · 김근종 · 지진호(2009), 현대관광의 이해, 대왕사.
이시우(2010), 유라시아 체제와 한반도, 황해문화, 통권 68호, pp.228-243.
이영주(2019), 2019년 지역관광정책 과제와 이슈, 웹진 문화관광, 9월호.
이영주(2020), 관광객 지방분산 방안, 한국관광정책, 79: 18-24.
이용원(2017), 가와하라 스스무 관광마을 만들기, 국토연구원, 430: 61-71.
이원희 · 박주영 · 조아라(2019), 관광트렌드 분석 및 전망, 한국문화관광연구원.

이재훈(2014), 실크로드 익스프레스(SRX) 실현 철도망 구축과 정책과제, 한몽경상학회 학술대회 자료집.
이정민(2018), 인바운드 활성화정책 각국의 관광청 운영실태 및 성과, 한국관광정책, p.6.
이창수(2013), 몽골경제발전전략 CGE 분석 및 사례연구, 대외경제정책연구원.
일본경제신문(2019), 3월 4일자.
일본관광청(2018, 2019, 2020), 일본판 DMO 형성.
일본관광청(2020), 관광청 관련예산개요 자료.
일본관광청(http://www.mlit.go.ip).
일본교통공사(2019·2020), 시행연보, pp.191-201.
일본의 관광입국추진기본법(2006).
장병권(2016), 관광대국 달성을 위한 5대전략과 10대과제, 문화체육관광부 공무원 특강자료.
장병권(2017), 한국관광정책의 중장기 추진방향, 한국관광정책, p.3.
장병권(2018), 관광대국으로 가는 길, 백산출판사.
장석인(2011), 신성장동력 산업생태계 활성화방안 연구, 산업연구원.
장인수(2019.8.20), 에어비앤비, 하루 이용자 400만명 기록, 파이낸스 투데이.
전국 광역지자체 홈페이지(2020).
전국경제인연합회(2016), 한 · 일관광의 성과비교와 한국관광에 주는 시사점.
전북발전연구원(2010), 전주 한옥마을 조성사업의 도심 재생 성과분석 및 개선방안.
전 훈(2013), 프랑스 지방분권법, 경북대학교출판부.
전 훈(2016), 주요 외국의 지방자치제도 연구-프랑스, 한국법제연구원.
전 훈(2016), 프랑스지방자치의 새로운 변화, 법제논단, 권1호: 1-25.
정부부처합동(2017, 2018, 2019), 국가관광전략회의 발표자료.
정재도(2014), 프랑스의 지방분권제도에 관한 연구, 서강법률논총, 3(2).
조아라(2016), 일본의 2016년 예산분석 및 정책방향, 한국관광정책, 63: 90-95.
조아라(2018), 지역관광 추진조직 육성 기본계획 수립 연구, 한국문화관광연구원.
조아라(2018). 한국형 DMO와 지역관광 거버넌스, 한국문화관광연구원.
조영관(2013), 카자흐스탄과 투르크메니스탄의 철도연결과 시사점, 대외경제정책연구원.
진장원 · 권태호(2015), 동북아시아 지역에서 한반도 종단철도와 시베리아 철도의 연결을 위한 전략, 아시아연구, 18(2): 119-141.

최경은(2008), 중국 출국 관광시장의 개방정책 변화와 발전추세, 지리학 연구, 42(3).

최경훈 · 박계각 · 이수관 · 윤대근(2012), TKR과 연계한 TSR의 경제적 타당성에 관한 연구, 해양환경안전학회지, 18(4): 345-351.

최동규(2004), 비무장지대 안보관광자원의 지속적인 관광화 방안, 경희대학교 대학원 석사학위논문.

최자은(2013), 지역관광발전 추진체계 개선방안 연구, 한국문화관광연구원.

최재수(2001), 남북화해에 따른 유라시아 대륙의 교통체계와 개편, 국제고려학회논문집, 3호: 55-75.

KCTLI(2016), 관광산업발전을 위한 효율적인 관광행정조직체계 검토.

통계청(2018), 인구주택총조사에 나타난 1인 가구의 현황 및 특성.

프랑스 관광청(2020).

하나투어(2019), 2019년 해외여행 7대 트렌드 전망.

한국관광공사 직업정보가이드북(2016), 한국문화관광연구원.

한국관광공사 홈페이지.

한국관광정책(2018), No. 74.

한국관광학회(2009), 관광학총론, 한국민족문화대백과사전.

한국문화관광연구원(2014), 지속가능한 관광개발 포럼 공개세미나 자료집.

한국보건산업진흥원(2019), 외국인 환자 유치실적 통계분석보고서.

한국일보(2014.6.24), 한국이 여는 새로운 실크로드.

한종만(2006), 러시아 시베리아와 한국과의 경제협력 과제와 전망, 한국시베리아연구, 제10집, pp.145-177.

헝가리 관광청(2020).

ATBA(2019), Travel Trends report 2019.

Borzyszkowski, J. & Marczak, M.(2011), Objectives and tasks of national tourismorganizations(NTOs): example of selected European post-communist countries, e-Review of Tourism Research, (eRTR), vol. 9, no. 2: 47-64.

Choy. D.(1993), Alternative roles of national tourism organizations, Tourism

Management, 14(6): 357–365.

Connel, John(2006), Medical Tourism: Sea, Sun, Sand and Surgery, Tourism Management, p.27.

Conseil interministeriel du tourisme(2019), 4eme Conseil interministeriel du tourisme.

Deloitte(2008), Medical Tourism: Consumers in search of value.

Denice V. Suslove(2008), Economic Cooperation between Russia and Republic of Korea: Problems and Prospect, Joongjae Yeonku, 18(2): 201–233.

Eurostat(2014), Feasibility study on the use of mobile positioning data for tourismstatistics.

Eurostat(2017), Tourism statistics: Early adopters of big data.

Jayapalan, N.(2001), An Introduction to Tourism, New Delhi: Atlantic Publishers and Distributors.

KCTI(2016), OECD Tourism Trends Polices 2016.

Khoo, Lesile(2003), Trends in Foreign Patient Admission In Singapore Moh information paper.

OECD(2011), Science, Technology and Industry Scoreboard 2011.

Schumpter, J.A.(1955), History of Economic Analysis, London: Routledge.

Throsby D.(2008), The economic circle model of the cultural industry, Cultural Trends, 17(3): 147–164.

UNWTO(2018), The 12th UNWTO/PATA Forum on TOURISM TRENDS AND OUTLOOK, The future of Technology in/for Tourism–Revitalizing the Tourism Industry through Big Data.

UNWTO, Tourism Highlights, 2014 edition.

Vladimir Nekhoroshkov(2010), Perspects of Development of the Trans–Siberian and Trans–Korean Railways Connection Project: Investment Aspects, International Journal of Railway, 3(4): 113–116.

Weaver(2007), Industry convergence Driving Forces, factors, consequences.

WEF, The Travel & Tourism Competitiveness Report.

https://www.caim.info/revue-gestion-et-finances-publiques-2017-6-page-13.htm

https://www.entreprises.gouv.fr/files/dge/organigramme-dge.pdf

https://www.entreprises.gouv.fr/files/directions_services/tourisme/acteurs/cnt/livret-CNT.pdf

https://www.gouvermement.fr/action/la-reforme-territoriale

https://www.jnto.go.jp/jpn/about_us/profile/index.html

https://www.mlit.go.jp/cormmon/000019700.pdf

https://www.mlit.go.jp/kankocho/about/soshiki.html

https://www.oecdilibrary.org/sites/tour-2018-17-en/index.htmlitemId=/content/component/tour-2018-17-en

https://www.senat.fr/rap/r03-042_mono.html#toc24

## 저자약력

**김근종**

제주대학교 관광학과 졸업
경기대학교 대학원 관광경영석사
경기대학교 대학원 관광경영박사
제주그랜드호텔 근무(메종글래드 제주)
서울리버사이드호텔 근무
서울북악파크호텔 매니저 근무
관광영어통역안내사 취득
관광호텔총지배인자격증(호텔경영사) 취득
전) 한림성심대학교 호텔식당경영과(국내 최초 학과 개설) 조교수
전) 한국의료관광학 회장
전) 지방공기업 전국 특 · 광역시 환경공단노사협의회 초대회장
전) 대전광역시시설관리공단 이사장
전) 제6대 대전광역시장 당선인 인수위원(관광분과)
현) 민주평화통일자문위원
현) 한반도통일문화관광복지포럼 공동대표
현) 대한민국관광청설립추진포럼위원장
현) 성공한국과 미래대전포럼 공동대표
현) 건양대학교 글로벌호텔관광학과 교수

[주요 저서]
최고의 성과를 올리는 협력의 리더십(2018), 중앙경제평론사
100만명 의료관광객 유치 프로젝트(2014), 새로미
현대관광의 이해(2015), 대왕사
호텔실무개론(1995), 기문사

저자와의
합의하에
인지첩부
생략

# 관광대국으로 가는 길

2021년 10월 25일 초판 1쇄 인쇄
2021년 10월 30일 초판 1쇄 발행

**지은이** 김근종
**펴낸이** 진욱상
**펴낸곳** 백산출판사
**교 정** 성인숙
**본문디자인** 이문희
**표지디자인** 오정은

**등 록** 1974년 1월 9일 제406-1974-000001호
**주 소** 경기도 파주시 회동길 370(백산빌딩 3층)
**전 화** 02-914-1621(代)
**팩 스** 031-955-9911
**이메일** edit@ibaeksan.kr
**홈페이지** www.ibaeksan.kr

ISBN 979-11-6639-195-8 03980
**값 25,000원**